Norte Argentino
Los circuitos clásicos

Fotografía, Ossian Lindholm
Textos, Ana Inés Figueroa Alexander

MAIZAL
EDICIONES

Introducción

El Norte Argentino es una mezcla perfecta de paisajes, historia, colores, sabores y música.

Desde tiempos prehispánicos estuvo habitado por pueblos de culturas avanzadas que, alrededor de 1480, comenzaron a ser conquistados por los Incas provenientes del Cuzco. Éstos ingresaron por la Quebrada de Humahuaca, una región muy poblada y rica en recursos naturales, sobre la que ejercieron la fuerte influencia de su organización y cultura.

Así pudieron comprobarlo los conquistadores españoles cuando llegaron medio siglo más tarde, en 1536, también provenientes del Perú, aprovechando la red vial construida por los Incas. Los distintos pueblos se comunicaron en quechua, idioma impuesto por estos como lengua general a lo largo y ancho de su imperio.

Viajar hoy por estos lugares tan llenos de historia es, además, internarse por caminos sinuosos que dan vueltas entre montañas sedimentarias de colores, ya sea en los Valles Calchaquíes o en la Quebrada de Humahuaca. Es transitar bajo laureles, nogales y cedros, imponentes gigantes de la selva de montaña, que se esconde en las laderas orientales que reciben la humedad llevada por los vientos alisios provenientes del Atlántico. Es internarse en la inmensidad de la Puna, donde huellas que parecen interminables nos llevan a rincones casi surrealistas.

El Norte Argentino está surcado por cordones montañosos que van de norte a sur. Entre uno y otro corren valles, cada uno con un ecosistema propio y una cultura que los distingue de los restantes.

Al transitar de este a oeste, a medida que se asciende, el clima se torna cada vez más seco ya que los vientos húmedos que llegan desde el Atlántico, al chocar con cada cordón montañoso van descargando de a poco su humedad en las laderas orientales, cubriéndolas de vegetación.

Hay una marcada estacionalidad. En el seco invierno, de días diáfanos con cielos azules, casi violetas a veces, los lechos de los ríos se tornan arenosos.

El verano en cambio, pinta las laderas montañosas del verde oscuro propio de una vegetación abundante de hojas lustrosas. Gracias a las lluvias, los ríos bajan torrentosos, con el color de sus aguas teñidas por sedimentos rojizos.

Llegar al Norte es encontrarse con huellas de las culturas prehispánicas más avanzadas; con las primeras ciudades españolas; con santuarios incas e iglesias solitarias.

Todo ello situado entre paisajes de colores, quebradas y valles, entre los que encontramos selva, monte, desiertos, ríos colorados y cascadas cristalinas.

Gauchos a caballo. Vinos, telares y platería colonial. Locro, empanadas, humitas y tamales. Guitarras, sikus, quenas y charangos; de los que brotan zambas, vidalas, carnavalitos o bagualas. Palabras que evocan la vida en esta región.

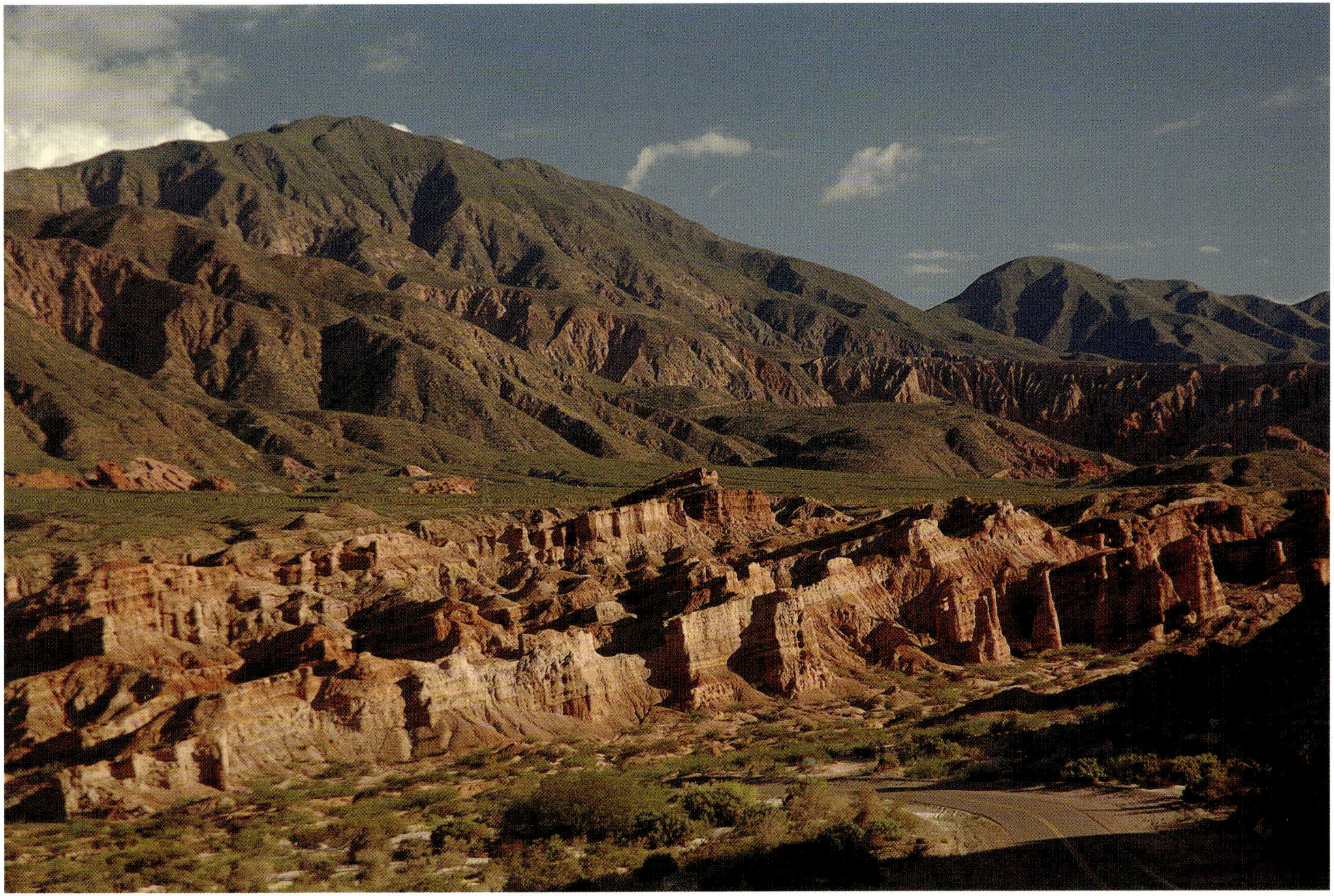

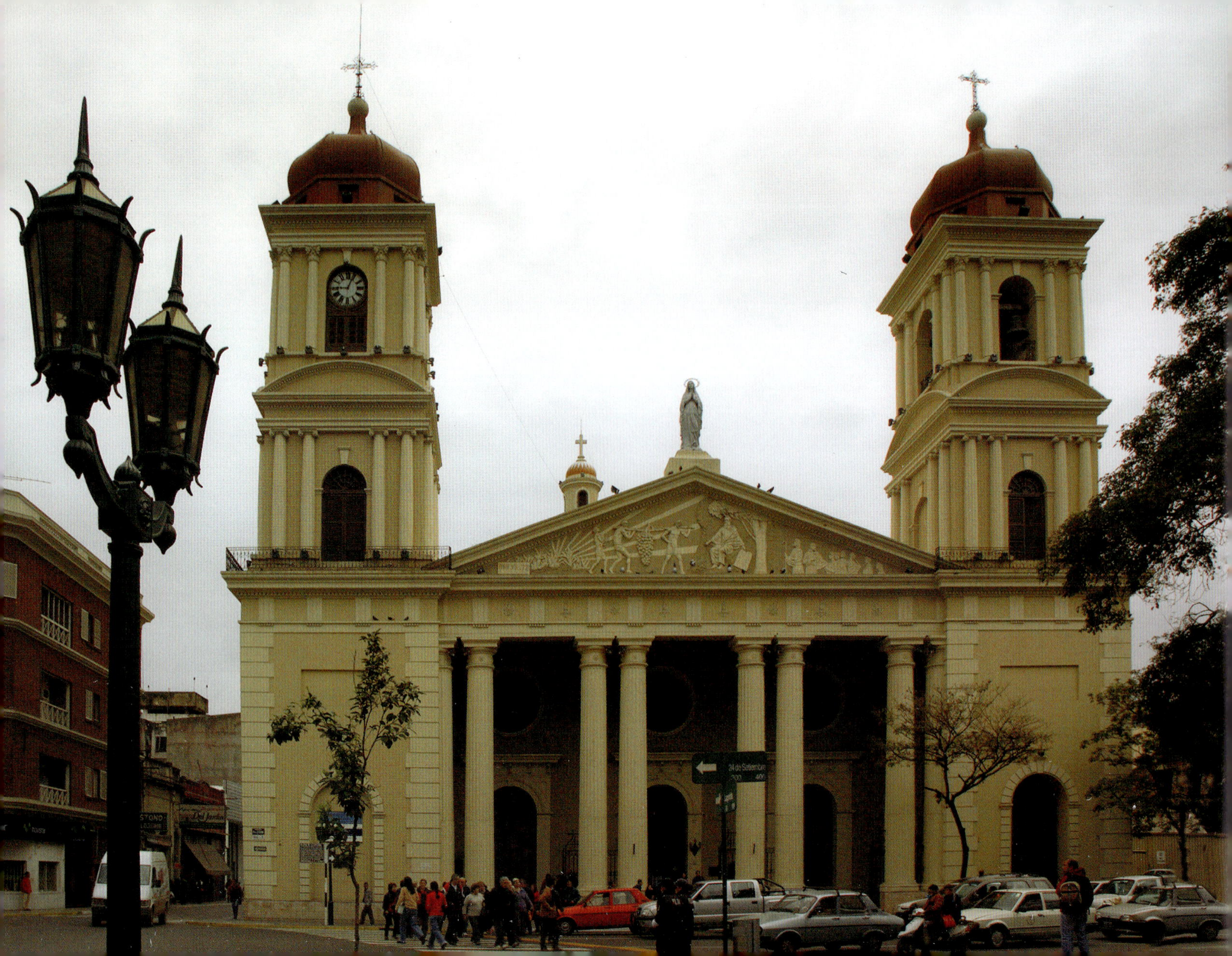

De la Ciudad de Tucumán a Quilmes por Tafí del Valle

Si venimos del Sur, ya sea en avión o en automóvil, es frecuente comenzar el recorrido del Noroeste Argentino partiendo de la ciudad de San Miguel de Tucumán.

Al ingresar en ella nos encontramos con siglos de una historia que ha influido enormemente a la Argentina que hoy conocemos. Diseñada según la planta urbana en damero, típica de la ciudad hispanoamericana, su centro lo marca la Plaza Independencia.

Luego, con sólo caminar por las inmediaciones de esta Plaza, encontramos la Casa de Gobierno, que combina arquitectura francesa con rasgos modernistas; la Catedral donde se conservan reliquias de su fundación: la gran cruz de madera de quebracho y las imágenes de los vicepatronos de la ciudad, San Judas y San Simón, con la iglesia y convento de San Francisco y la Casa Padilla, hoy Museo de la Ciudad.

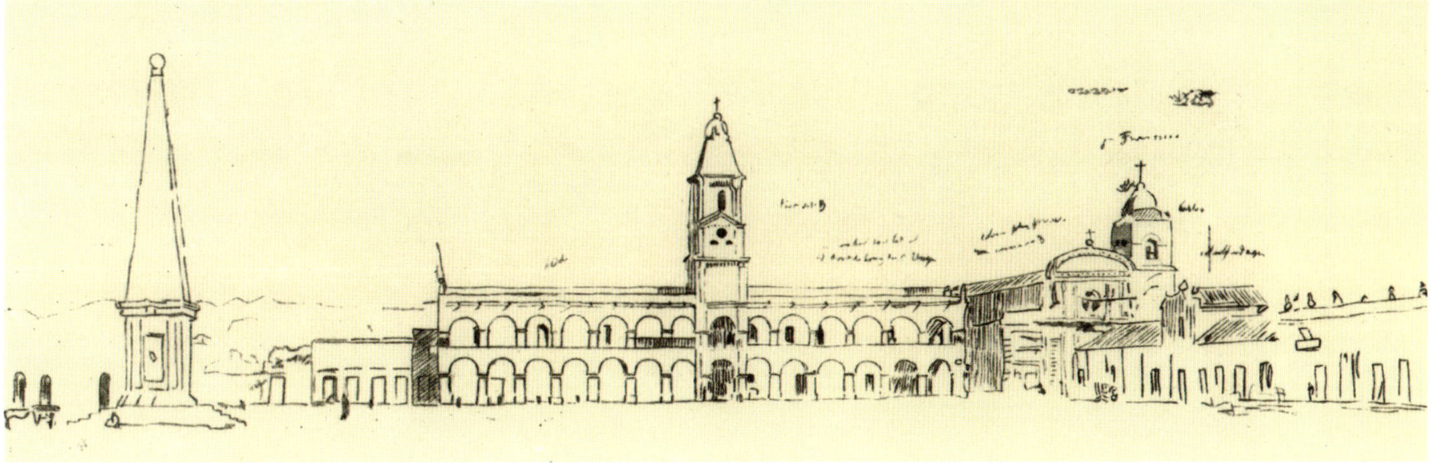

Plaza de la Independencia, Juan León Palliere (1823–1887).

Catedral de San Miguel de Tucumán. (pág. 4)

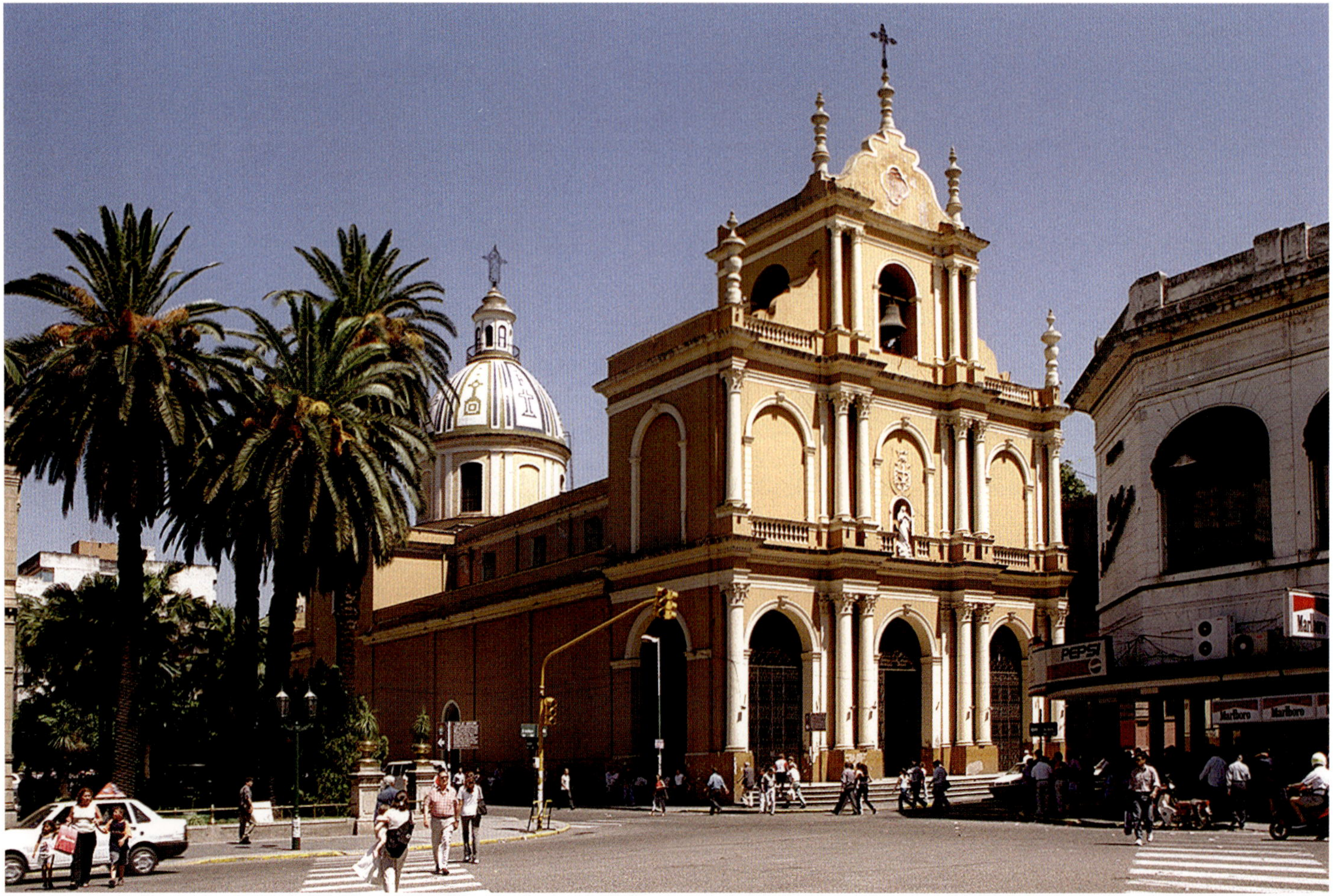

Iglesia y Convento de San Francisco.

Iglesia y Convento de San Francisco.
En este mismo solar funcionó el templo y colegio de los Jesuitas. Luego de su expulsión de América, a fines del siglo xviii, los Franciscanos se hicieron cargo. En su interior se guarda la primera bandera enarbolada en Tucumán, en 1814.

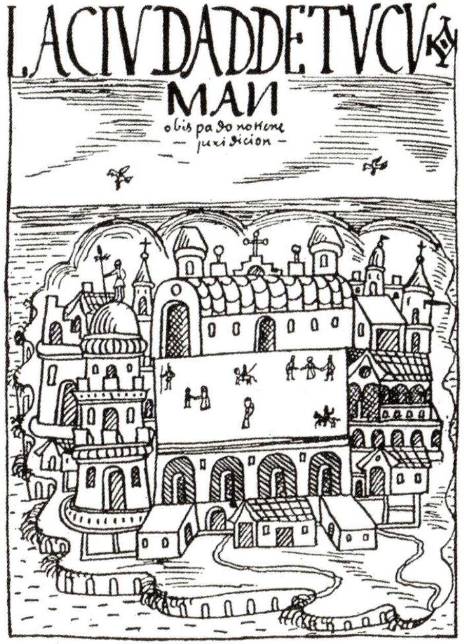

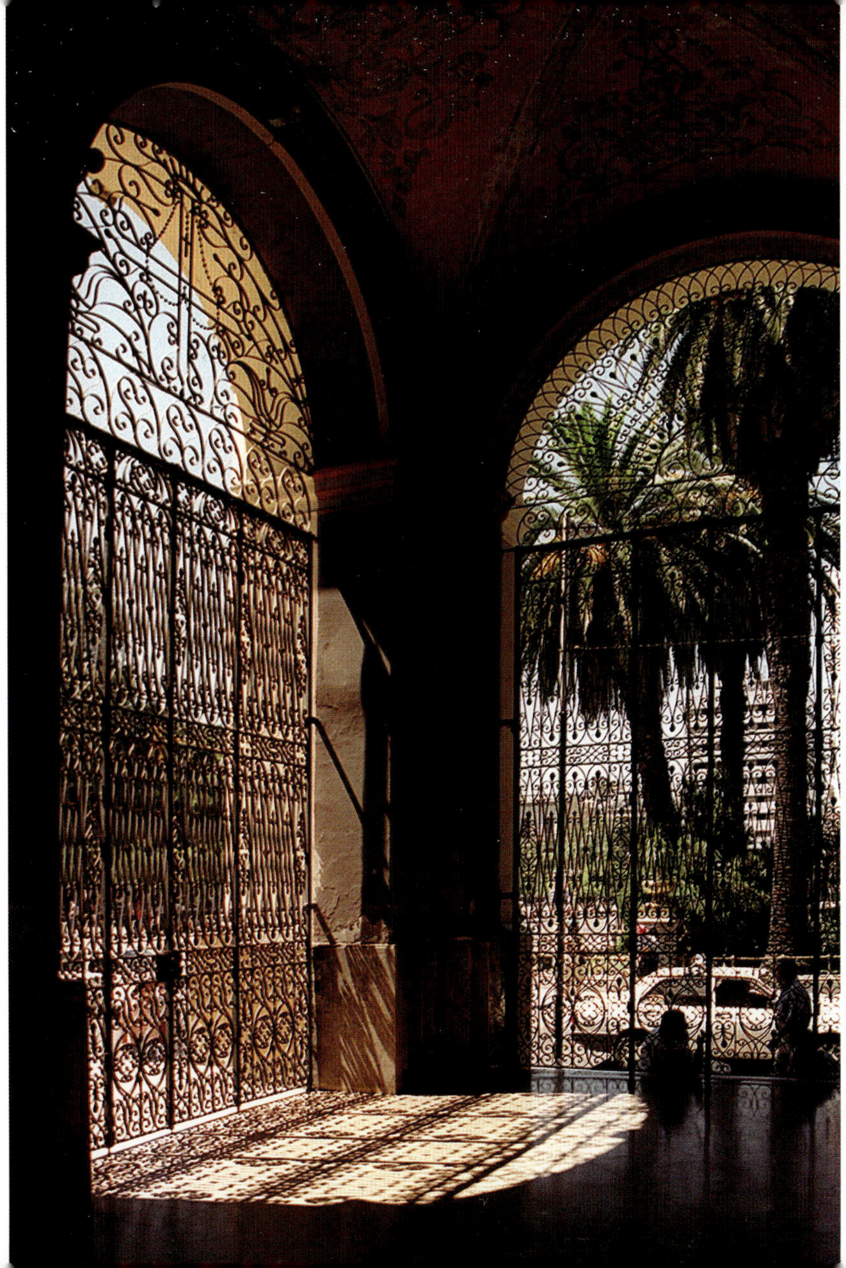

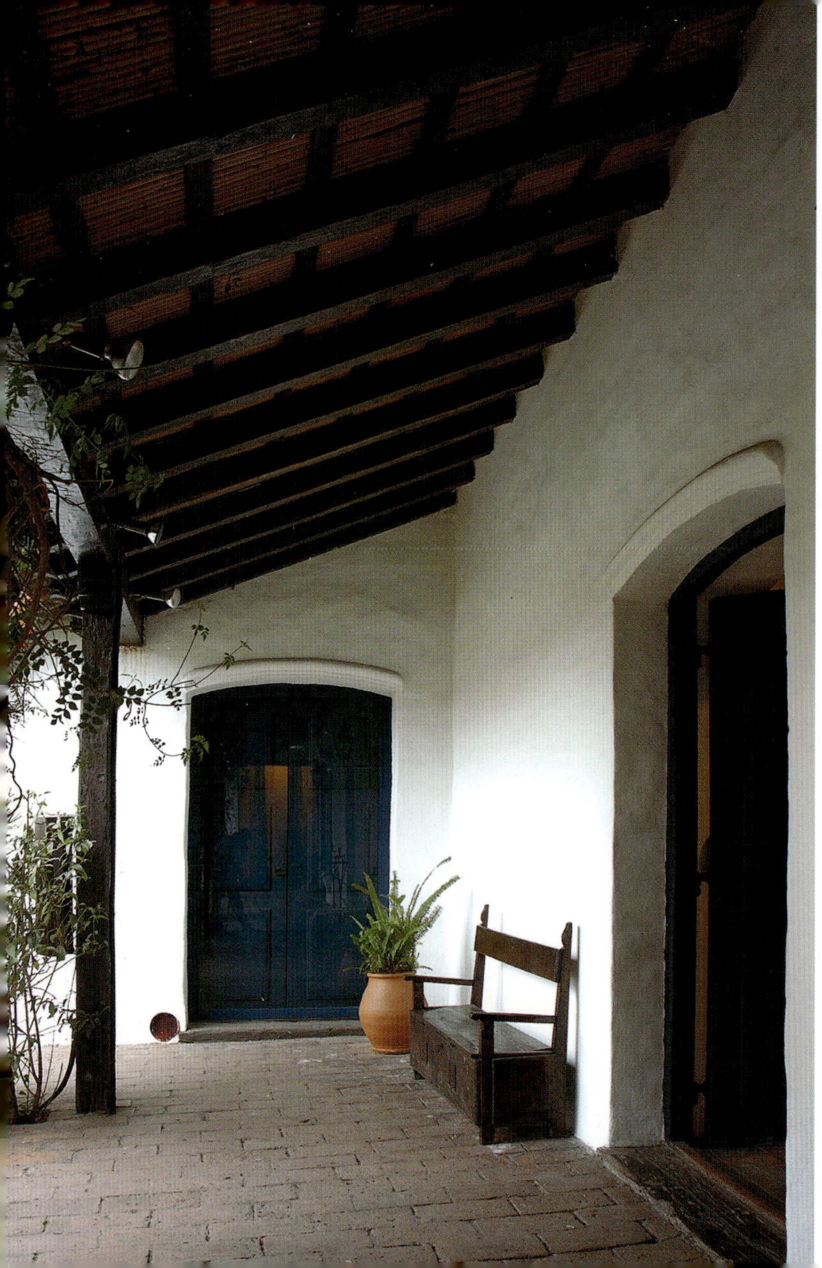

Una cuadra más adelante está la Casa Histórica o de Tucumán, donde el 9 de Julio de 1816 los 32 congresales firmaron el Acta de la Independencia Argentina.

Tucumán es ciudad de criollos e inmigrantes; la caña de azúcar y los ingenios que la rodean marcan un estilo de vida particular. Ciudad de comercio y de estudiantes gracias a la afamada Universidad Nacional de Tucumán, la cuarta surgida en el país.

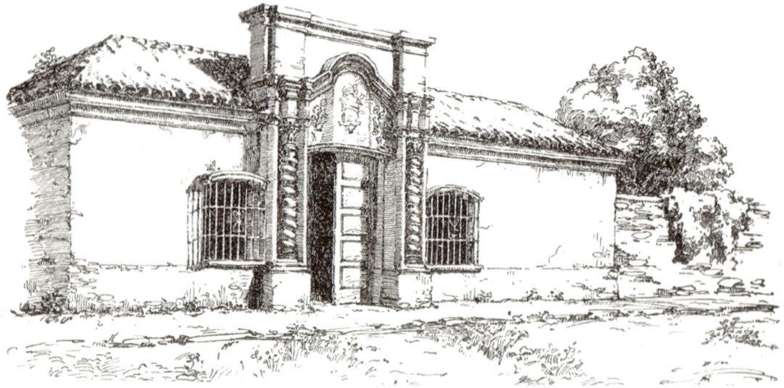

Casa Histórica de Tucumán.
Es un ejemplo de las construcciones del período virreinal. Su sala histórica fue testigo de la declaración de la Independencia de las Provincias Unidas del Río de la Plata.
En el Patio posterior se exhiben altorrelieves realizados por Lola Mora.
Funciona como Museo Nacional.

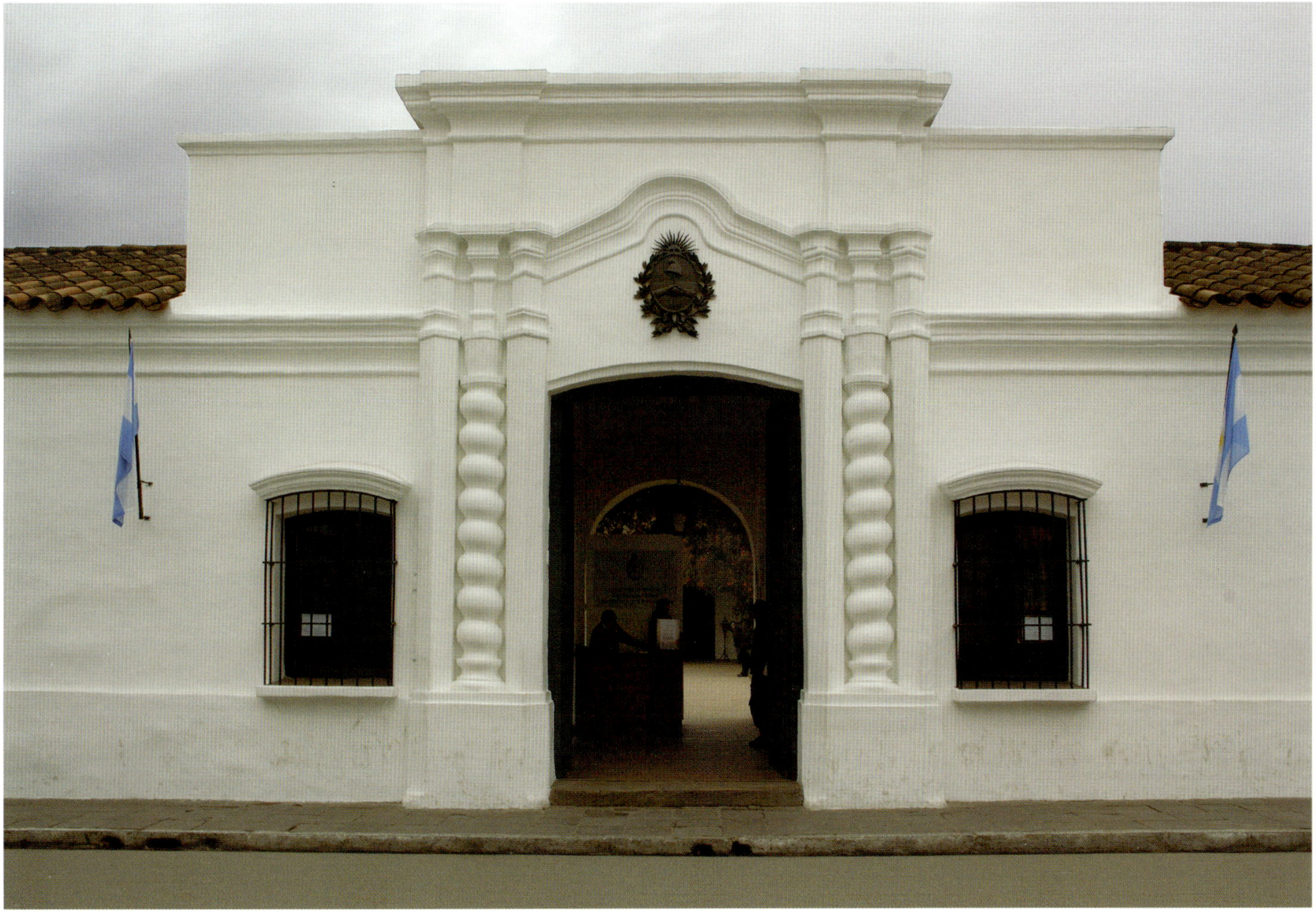

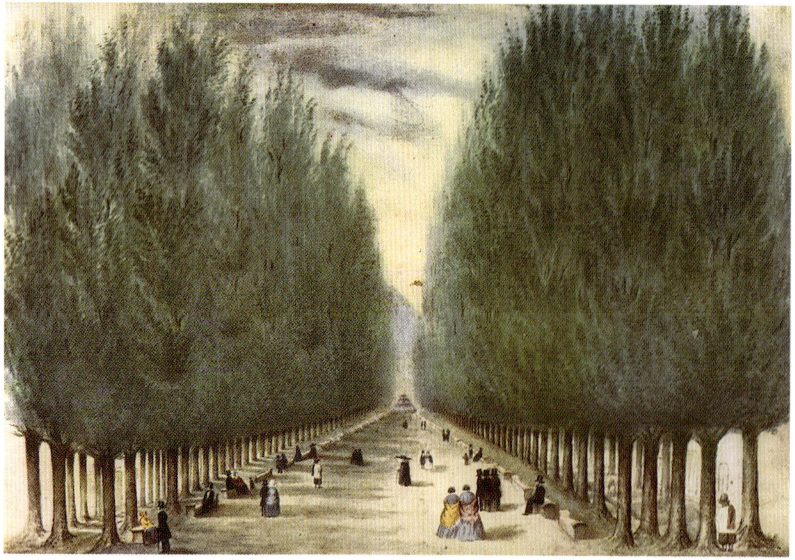

Alameda de Tucumán, Ignacio Baz (1820–1887).

Casa del Obispo Columbres.
Museo de la Industria Azucarera.
Aquí se encuentra el primer trapiche que funcionó en la provincia en 1821 y otros testimonios relativos a la industria azucarera de la provincia. Está emplazado en lo que es hoy el Parque 9 de Julio.

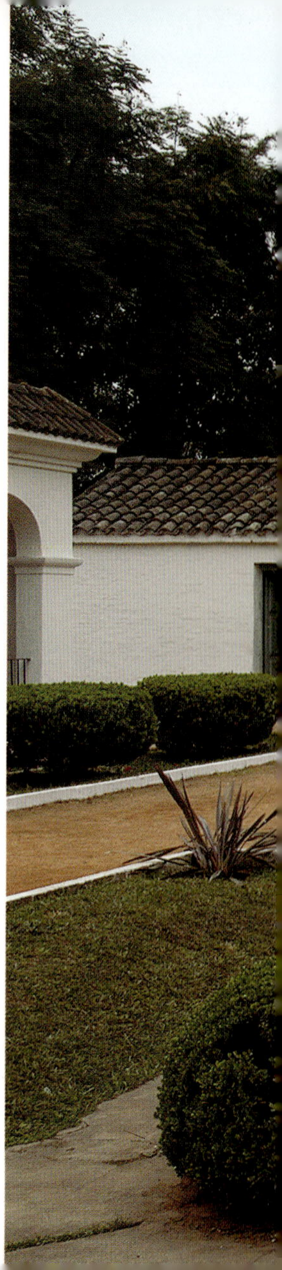

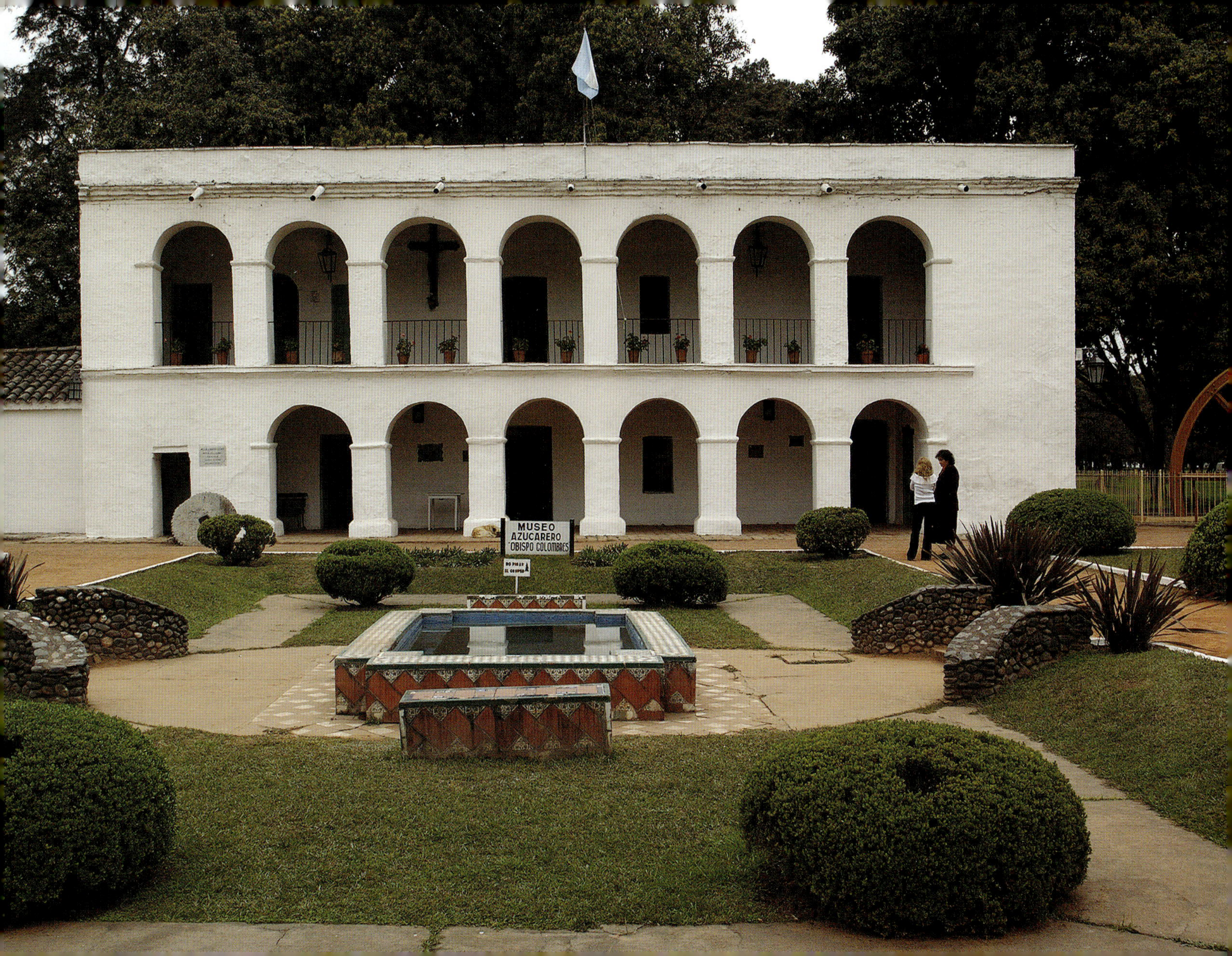
MUSEO
AZUCARERO
OBISPO COLOMBRES

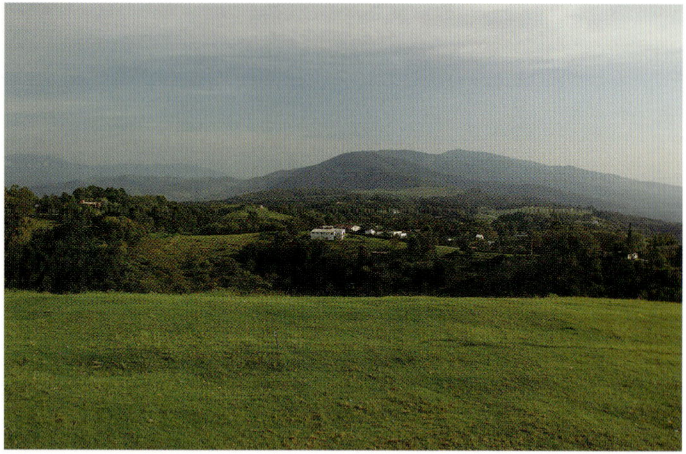

Vista desde el Cristo de San Javier hacia el Cerro El Taficillo.

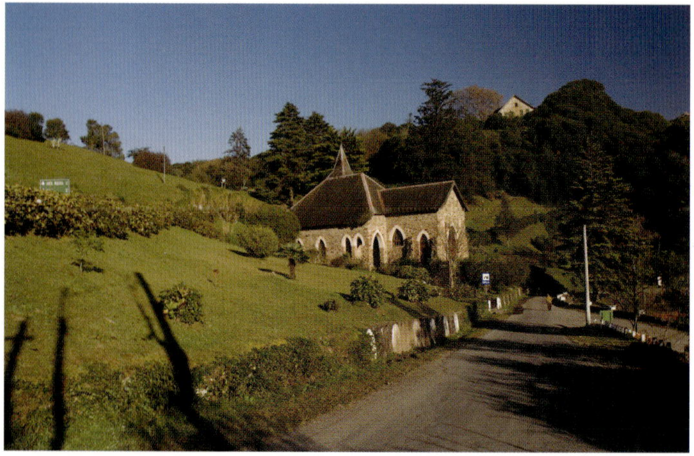

Capilla en Villa Nougués, Tucumán.

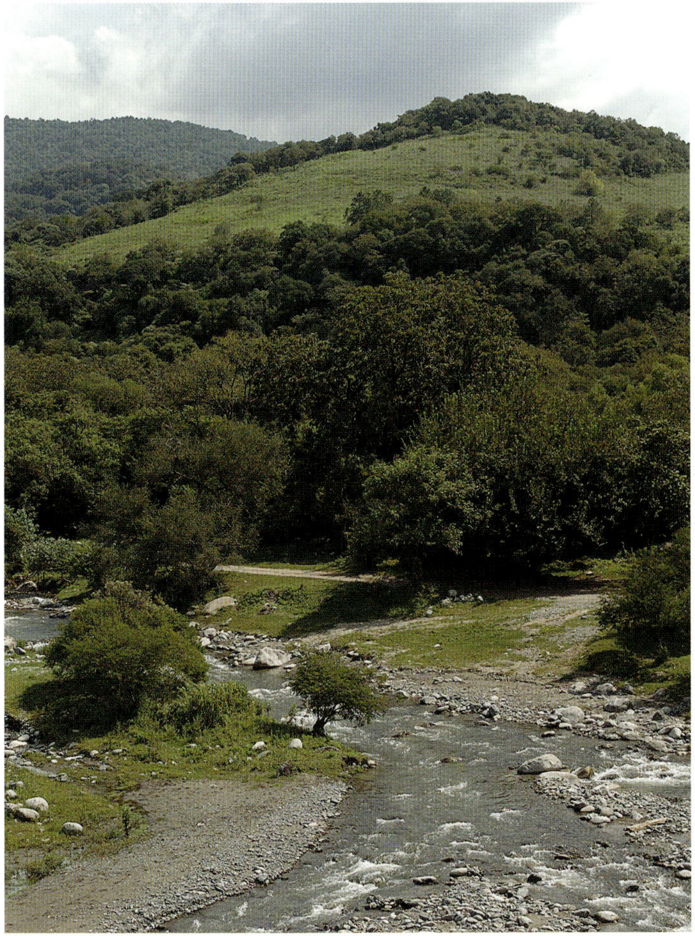

Río Grande, a unos minutos de El Siambón.

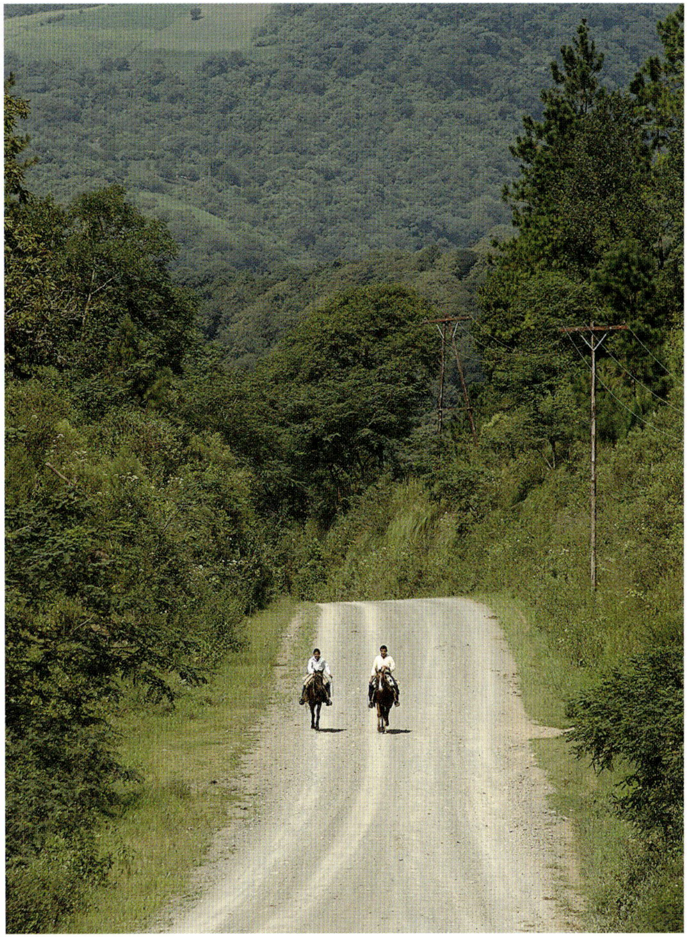

Gauchos a caballo.

La Provincia de Tucumán es llamada Jardín de la República por su follaje verde que se mantiene todo el año. Tiene clima subtropical, es cálida y la única ciudad, de las que se van a recorrer, ubicada en una llanura. Detrás de ella se levantan las Sierras del Aconquija, la primera barrera que enfrentan los vientos alisios.

En busca de estas serranías, vamos a salir de la ciudad con rumbo sudoeste atravesando cañaverales y plantaciones de cítricos, especialmente limones.

Reserva Experimental de Horco Molle.
La fauna típica del Norte se encuentra representada en esta reserva, donde los investigadores cuentan con un laboratorio natural para realizar actividades relacionadas con la conservación del medio ambiente.
Tapir (Tapirus terrestris).

Aquila Mora (Geranoaetus melanoleucus).

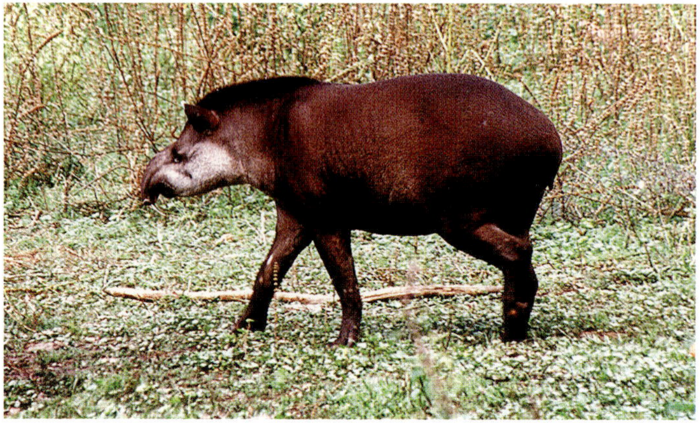

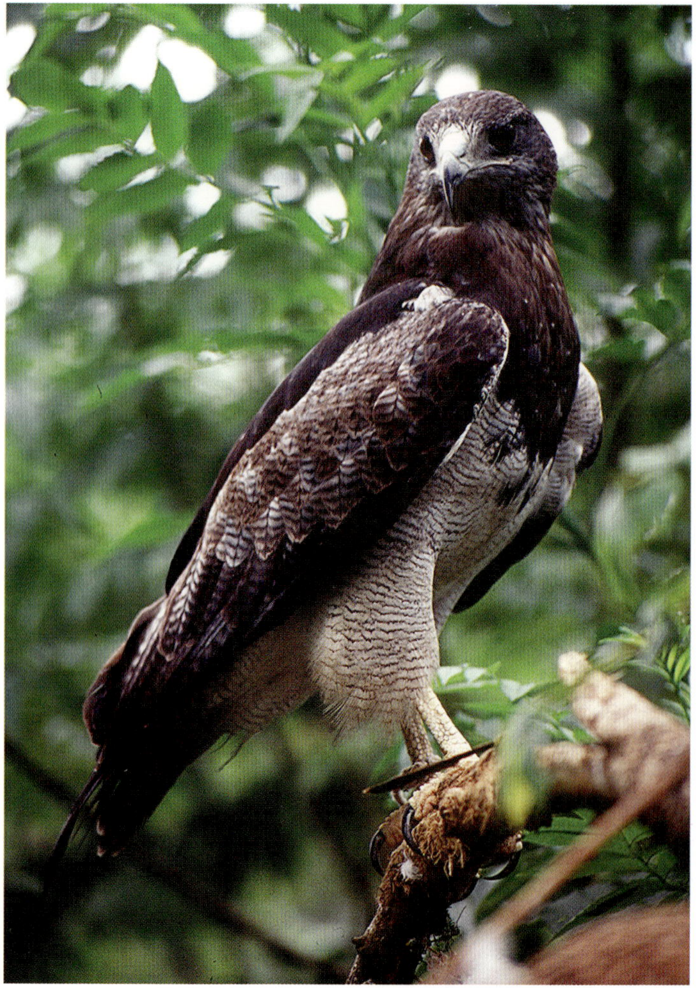

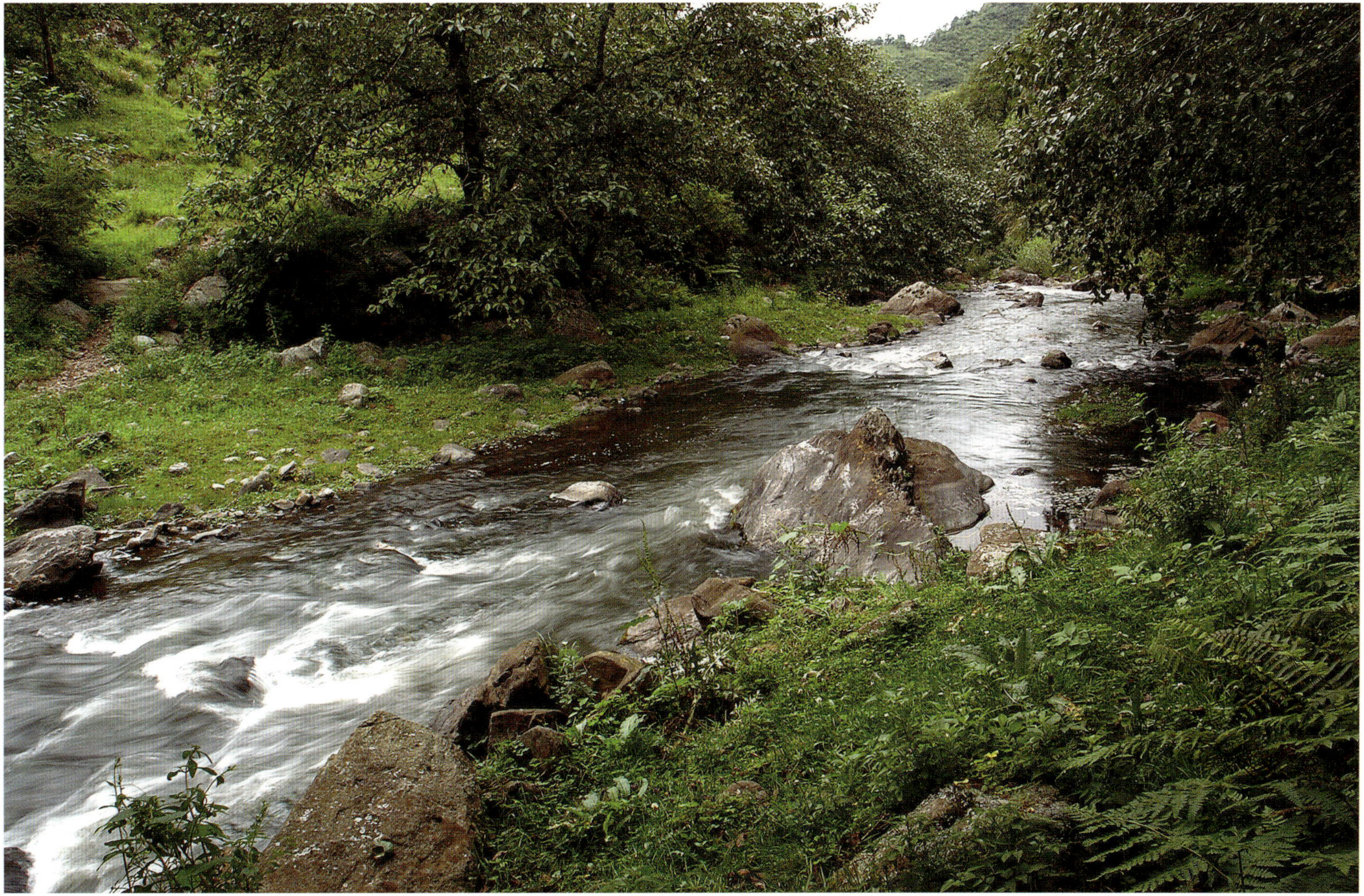

Tucumán, Quebrada Los Sosa.

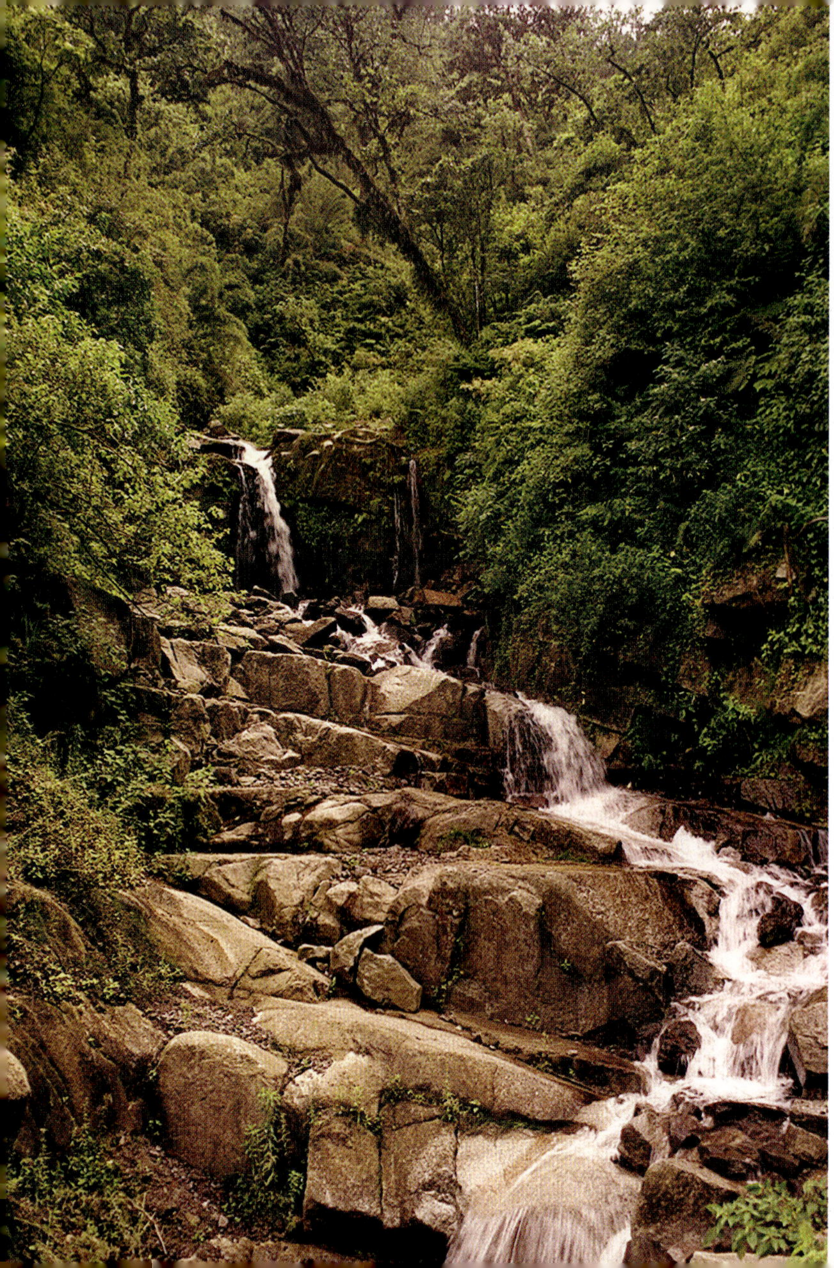

En la zona de Acheral tomamos hacia el oeste, y nos enfrentamos con un cordón montañoso que parece negro por la selva que lo recubre. La trepada es suave al principio, hasta ingresar en la Quebrada de Los Sosa por un camino lleno de curvas, que asciende mostrándonos todos los niveles de la selva de montaña.

Al fondo de la Quebrada corre el río homónimo formando saltos por encima de las rocas que ha arrastrado en épocas de grandes crecidas estivales. La vegetación se vuelve cada vez mas densa: árboles centenarios y un sotobosque formado principalmente por cañas *(Chusquea boliviana)* y helechos.

Después de recorrer cerca de 50 kilómetros de cornisa, el río se achica indicando que estamos cerca del abra. La vegetación se torna menos tupida y nos encontramos rodeados de alisos *(Alnus jorullensis)*, árboles que crecen a 2.000 metros y marcan la línea divisoria entre la frondosa vegetación de la selva y los pastizales de altura. La selva termina tan rápido como apareció y tan pronto pasamos el abra, ingresamos al Valle de Tafí.

Tucumán,
Quebrada Los Sosa.

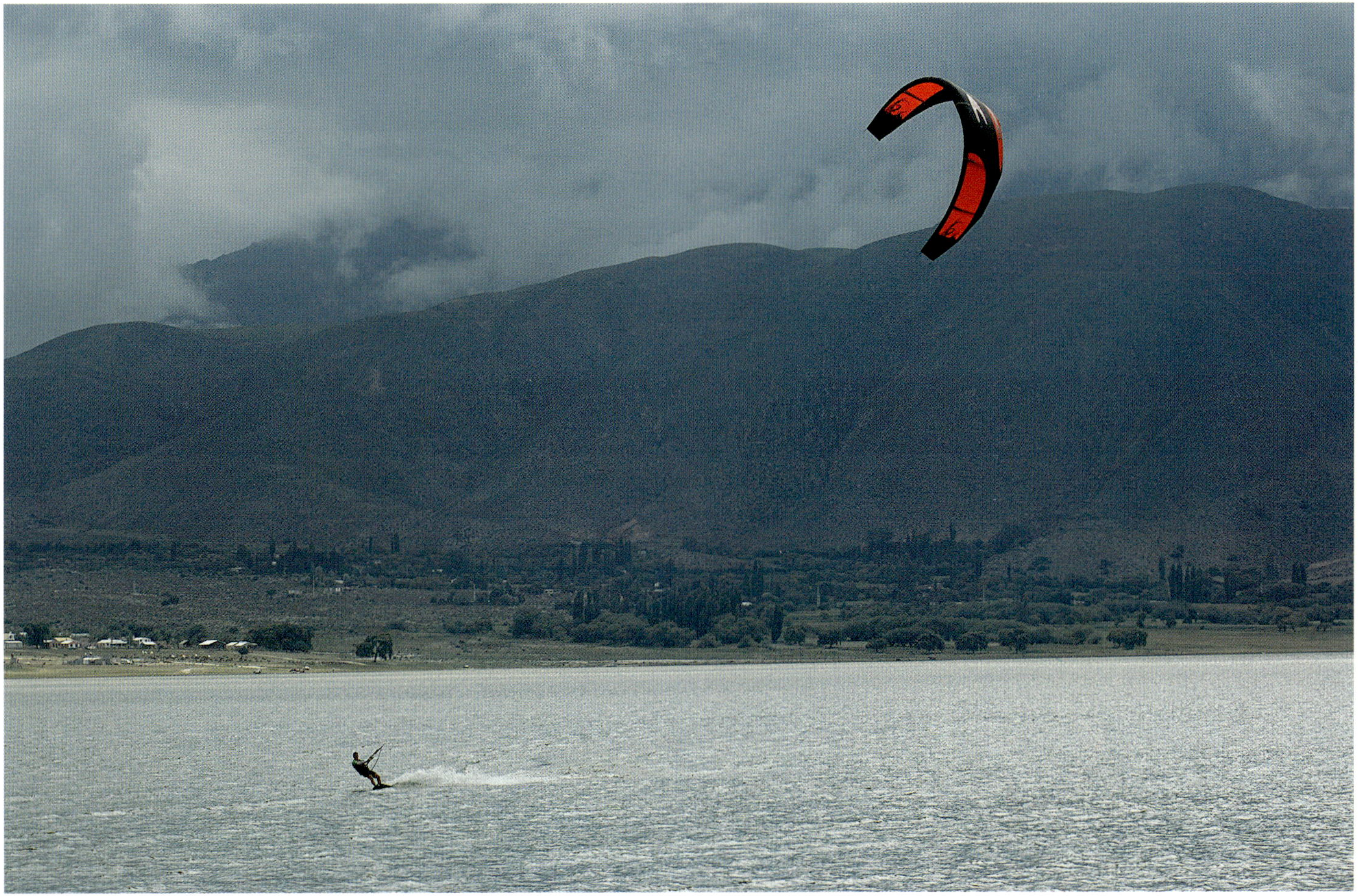

El Mollar, deportes acuáticos en Embalse La Angostura.

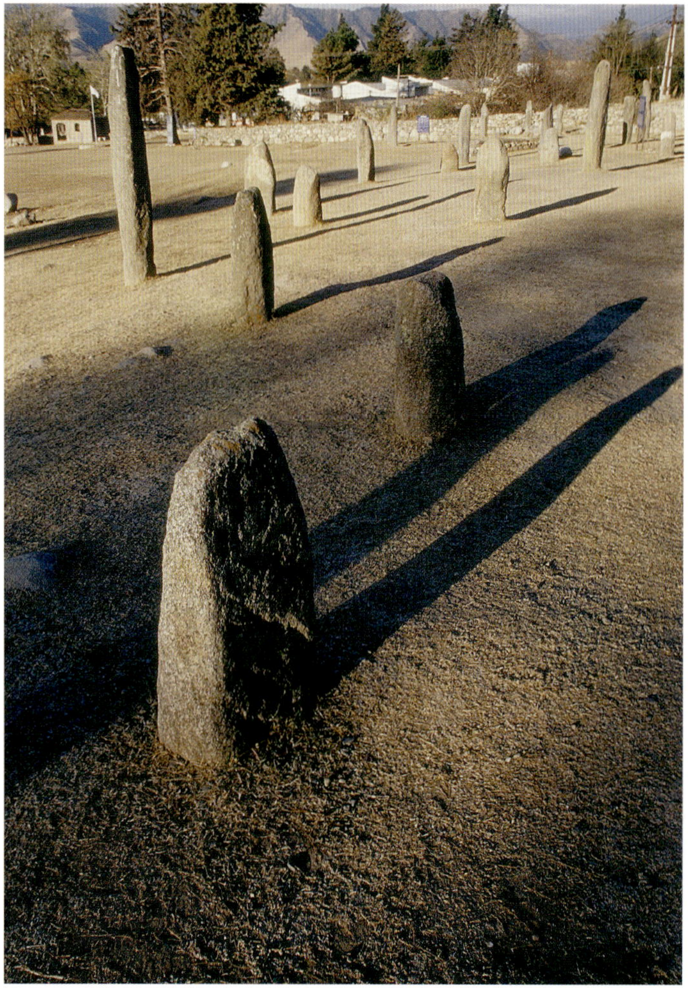

El Mollar es el nombre de un pueblo de veraneo situado a orillas del embalse La Angostura, en cuyas aguas se reflejan las nubes asentadas en las cumbres. Tafí tiene un microclima de transición entre los calurosos y fértiles llanos al Este y los áridos valles al Oeste. El clima fresco de Tafí del Valle instó a los tucumanos a construir aquí sus casas de veraneo para escapar del riguroso calor de la ciudad. Es el mismo clima que permitió que en el siglo XVII la Orden de la Compañía de Jesús estableciera aquí estancias que aún hoy fabrican quesos con la receta original de los Jesuitas, traída desde España.

Hacer una cabalgata o un trekking hasta la cumbre de uno de los cerros que rodean el valle, es trepar hasta paisajes inolvidables.

El Mollar, Parque de Los Menhires.
Esta reserva arqueológica guarda menhires de la cultura Tafí, que floreció desde unos 300 años a.C. hasta el 800 de nuestra era. Están grabados con diseños simbólicos, víboras y figuras humanas. Se cree que serían mágicos con finalidad ceremonial.

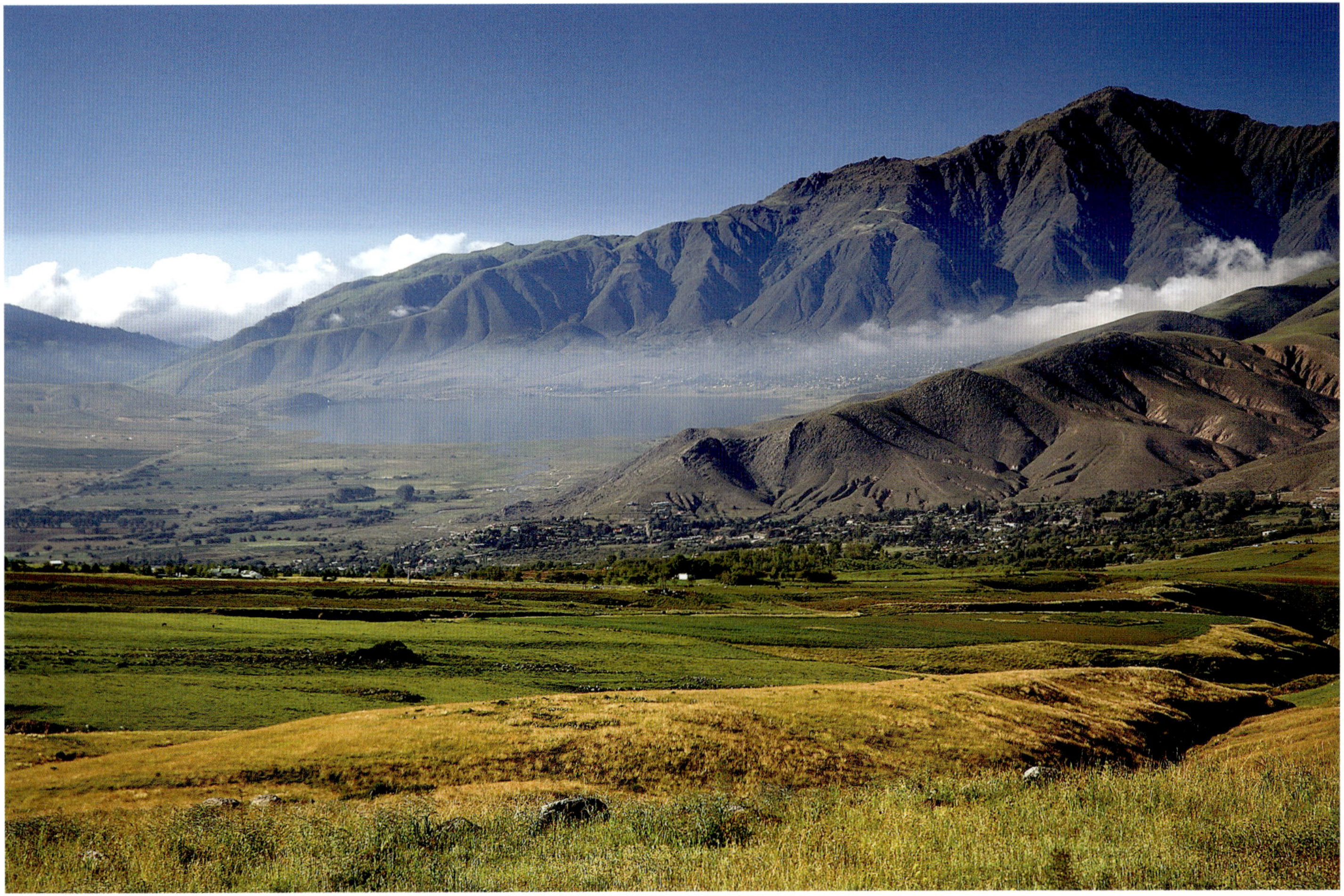

Tafí del Valle.

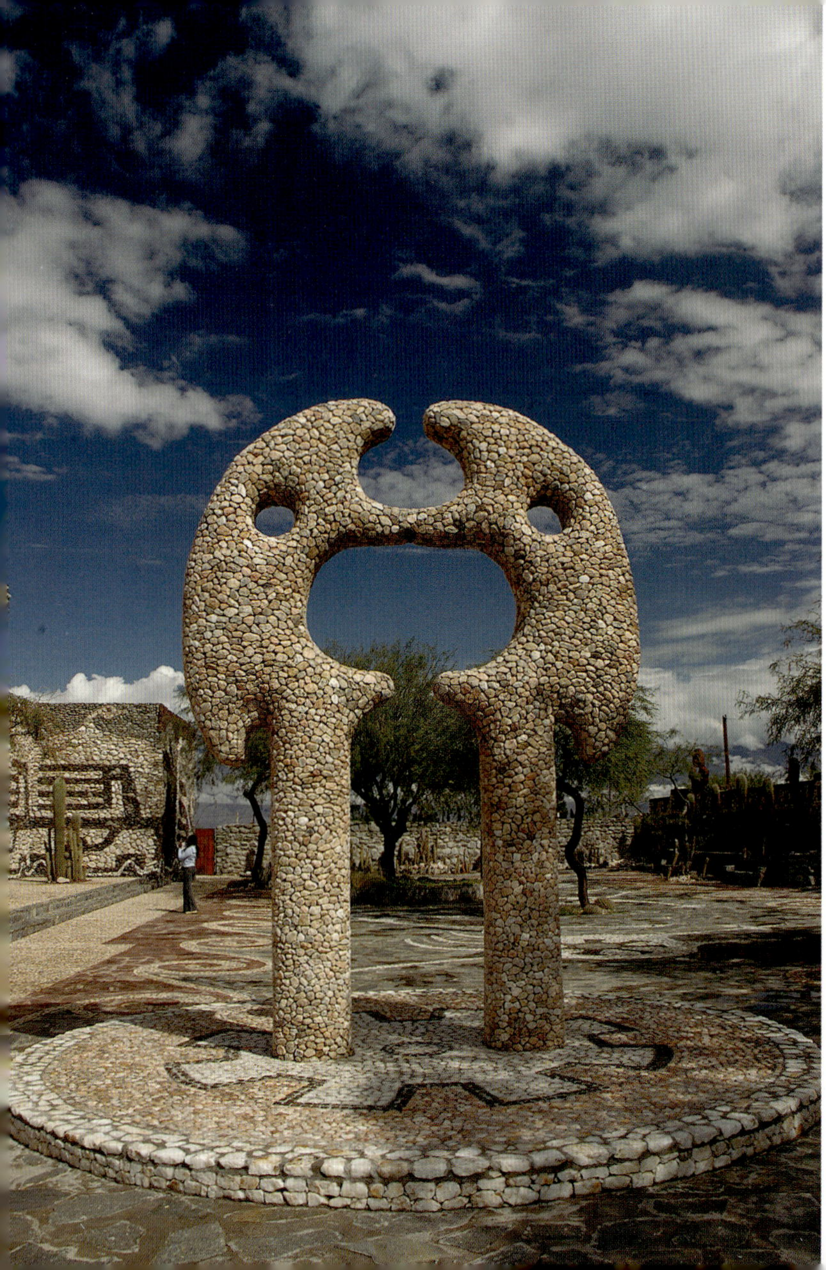

En general, para salir de un valle hay dos opciones: o hacerlo por una quebrada, siguiendo las márgenes de un río o bien trepar hasta un abra, un punto alto ubicado entre un valle y otro. El abra no está surcada por corrientes de aguas sino, por el contrario, es divisoria de éstas ya que hay ríos que nacen hacia cada lado de la pendiente.

En nuestro viaje, para salir del Valle de Tafi, trepamos hasta el Abra del Infiernillo, situada a un poco más de 3000 m.s.n.m., donde predominan los pastizales de altura. Cuando comenzamos a bajar con rumbo oeste, vemos como estos desaparecen, cediendo rápidamente el lugar a matas que crecen entre pedregales hasta quc, más abajo, aparecen los primeros cardones *(Trichocereus sp.)*, que dominan el paisaje. Estamos ingresando en los Valles Calchaquíes, y desde arriba de las Sierras del Aconquija se obtiene una vista propia de una fotografía aérea.

El pueblo de Amaicha espera abajo. Sobre la ruta sorprende encontrarse con esculturas con un estilo entre nativo y moderno. Son las que pertenecen al Museo de la Pachamama.

Unos kilómetros más adelante llegamos al puente del río Santa María o Yocavil cuyas aguas nacen en Catamarca más allá de las Sierras de Cajón o Quilmes. Desde las cumbres, el río parece una franja blanca en el fondo del Valle. En realidad es un gran arenal cuyas aguas, subterráneas en gran parte, corren hasta Cafayate por la parte sur de este valle de sol y arena.

Amaicha del Valle. Esculturas del Museo de la Pachamama. Guerrero de la Luna. Este complejo guarda muestras de etnología, geología y arte textil de las diferentes culturas precolombinas.

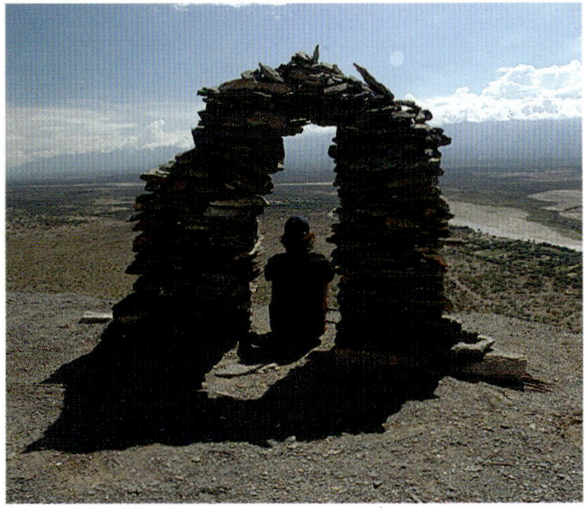

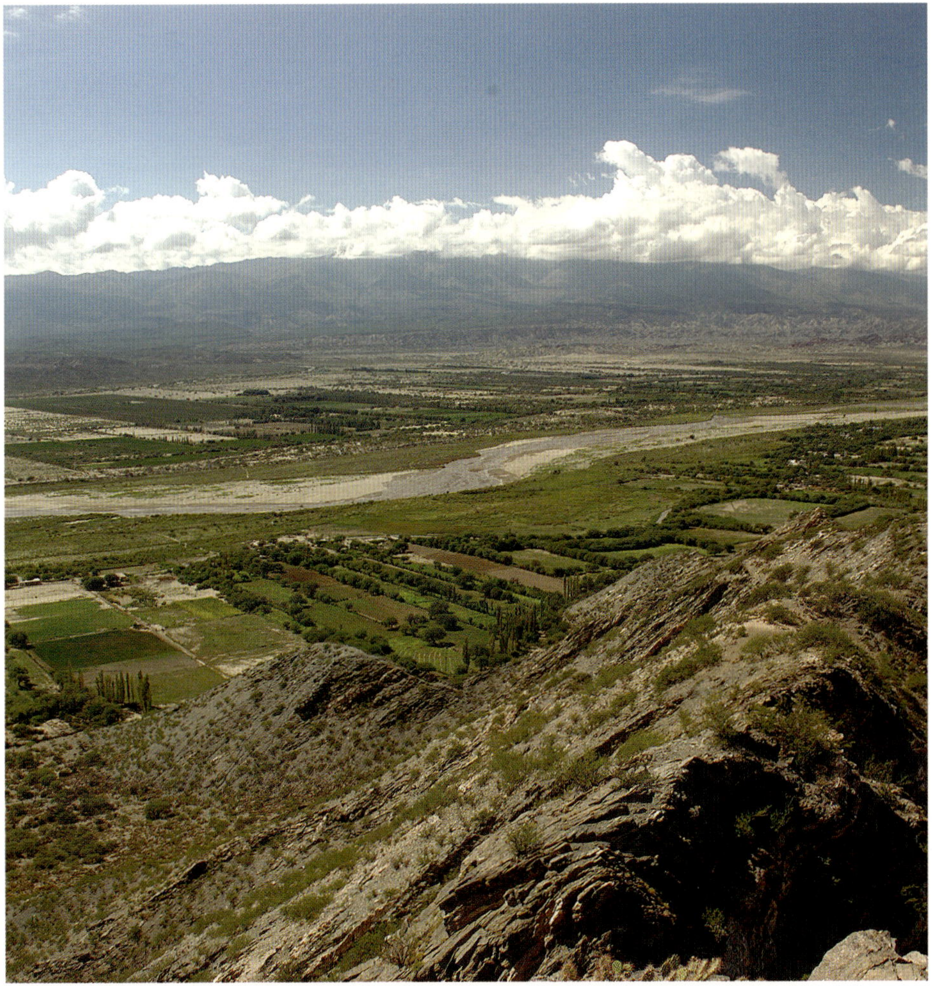

Fuerte Quemado – Intihuatana (Observatorio Solar). Sitio arqueológico ocupado desde el Período Santamariano tardío hasta el Hispano–Aborigen.

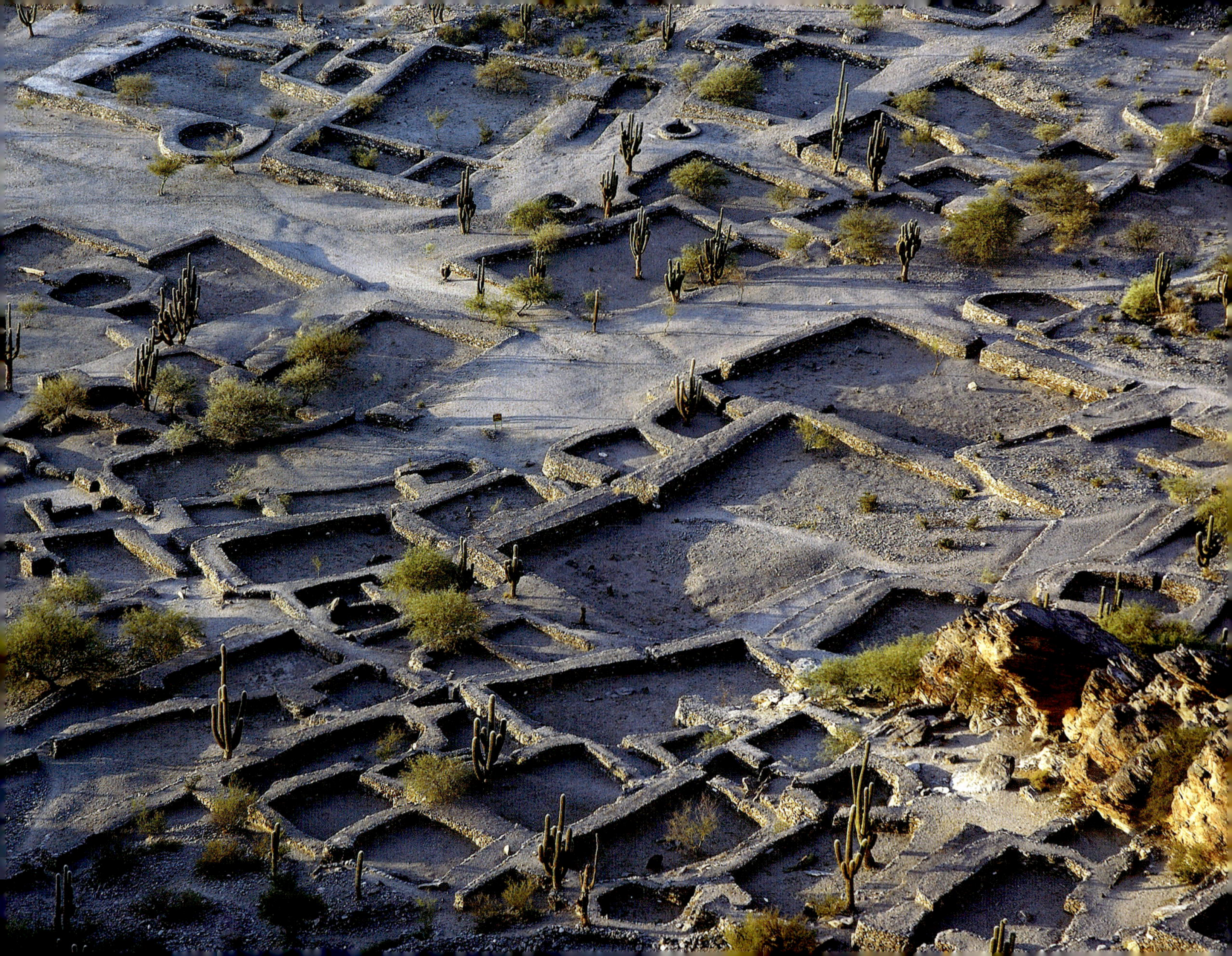

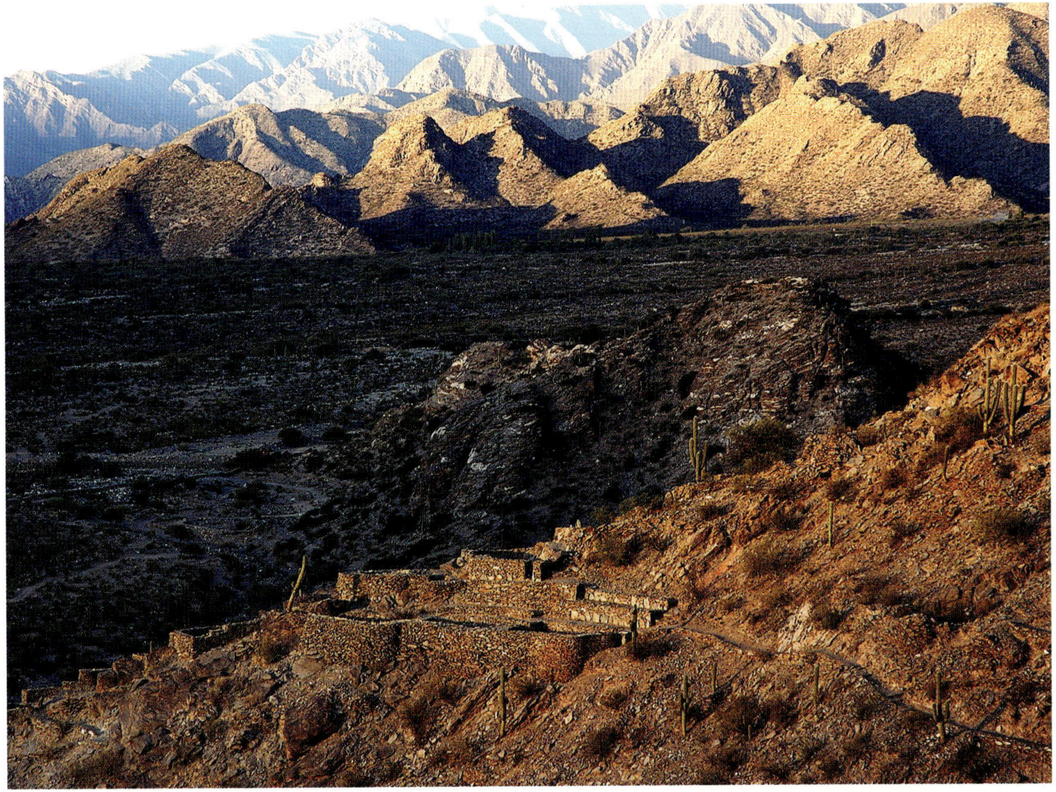

Ruinas de Quilmes. Vista hacia el Pucará sur. Pucará es el nombre que reciben las fortalezas o miradores pertenecientes a las antiguas culturas de la región.

Ruinas de Quilmes desde el mirador o Pucará norte.
Área urbana parcialmente reconstruida. Se divisan las construcciones de tipo andino, adecuadas al clima de los Valles.
Las construcciones formaban un caserío irregular con espacios abiertos e interconectados por escalinatas y pasajes. *(pág. 22)*

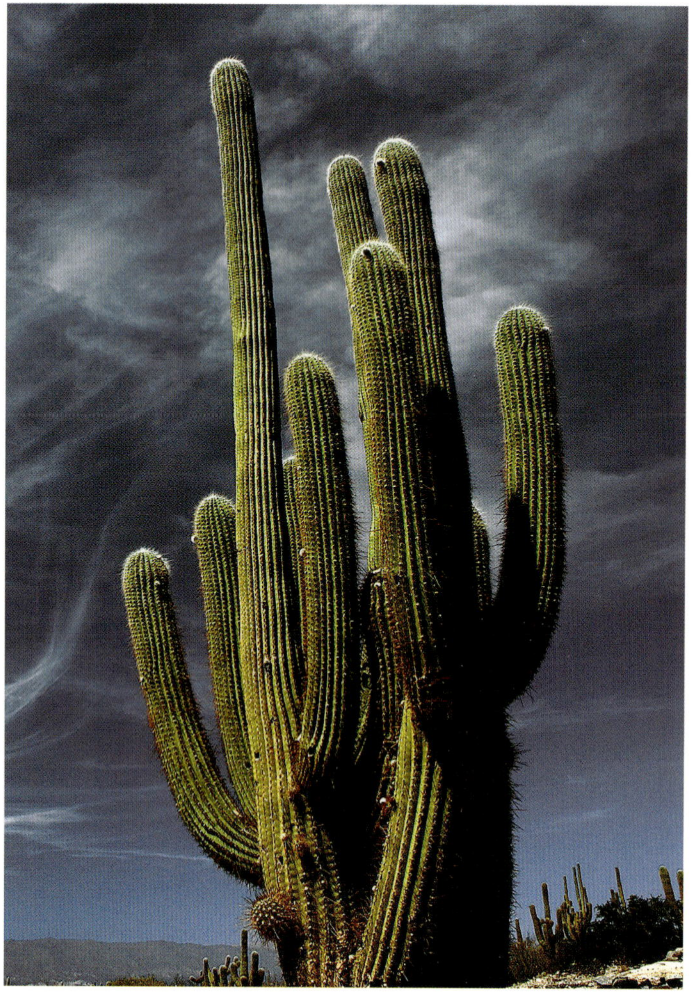

Unos kilómetros más hacia el Norte están las Ruinas de Quilmes, uno de los sitios de mayor valor arqueológico de la Argentina, estratégicamente ubicadas en la falda del Cerro del Rey, donde forman una fortaleza natural que los aborígenes supieron aprovechar para su defensa. Desde la Ruta Nacional 40 hasta la entrada a las ruinas, se atraviesa un bosque de algarrobos *(Prosopis sp.)*, cuyo fruto es una vaina muy nutritiva que aún hoy sirve como alimento a los habitantes de la región.

Es evidente que la ubicación de esta ciudad fortificada no es casual, sino consecuencia lógica del trabajo de expertos, conocedores del área, con el fin de lograr que su poblado resultara un reducto inexpugnable. Tanto es así, que los Quilmes fueron los últimos pobladores de la región en ser sometidos por los españoles, que sólo lo lograron en la Tercera Guerra Calchaquí en el año 1664.

Caminar entre las ruinas de la ciudad, subir hasta los Pucarás y observar una vista panorámica del valle, es trasladarse a otros tiempos y, con suerte, aprender a ver todo con otros ojos.

Cardón
(Trichocereus sp.).

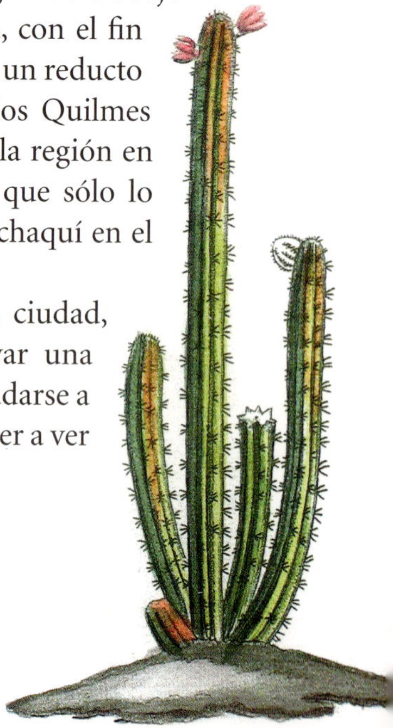

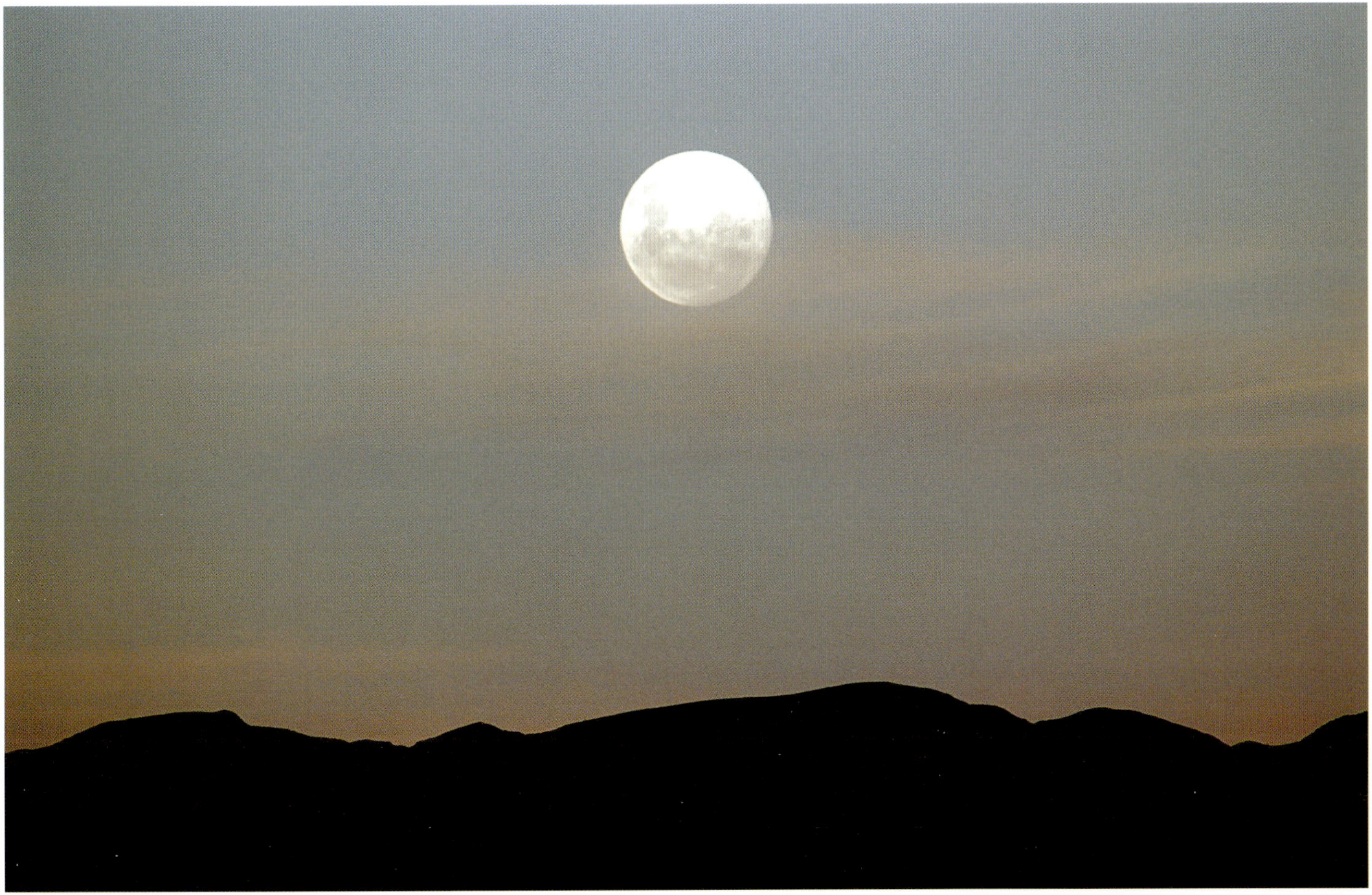

Luna llena sobre las Cumbres Calchaquíes.

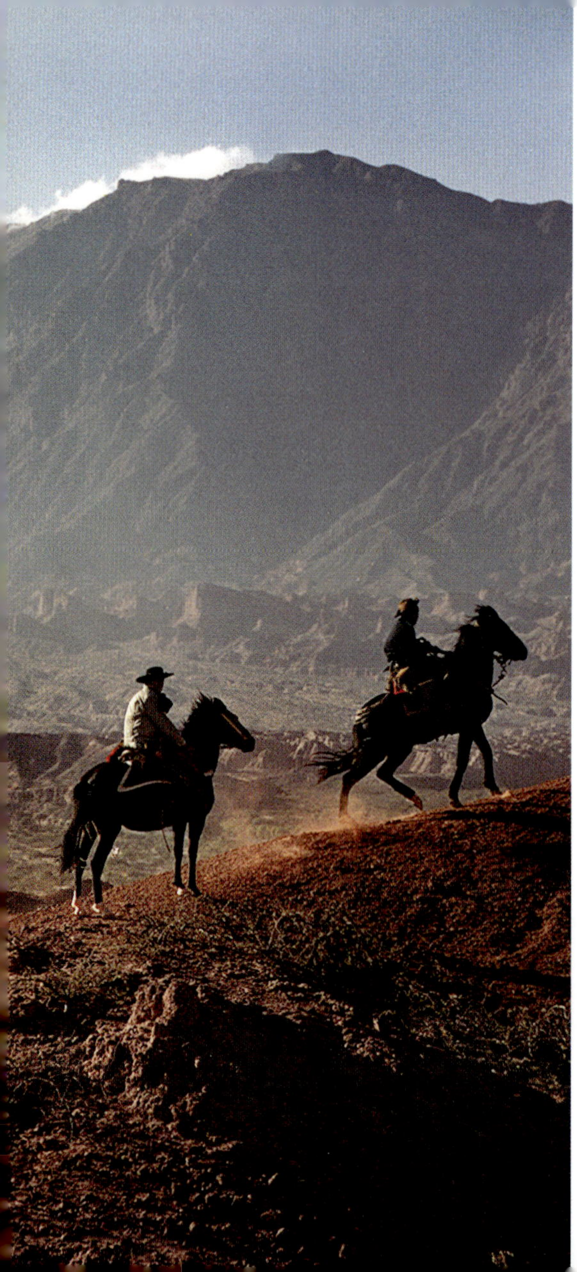

De Cafayate a Salta por La Quebrada de Las Conchas

Saliendo de Cafayate bajo la sombra de unos álamos añosos, comienza la Ruta Nacional 68. Nos dirigimos directamente hacia un frente de montañas coloradas.

A ambos lados hay médanos, que se extienden ondulados entre los fértiles viñedos y el inicio de la quebrada.

Ésta es la parte más baja de los Valles Calchaquíes, a 1660 m.s.n.m., y donde confluyen los ríos Calchaquí, que surca el Valle de norte a sur y nace en las nieves del Acay; y el Santa María o Yocavil, que llega desde Catamarca. Entre los dos forman el río Las Conchas, que se escurre entre montañas para comenzar su trayecto hacia el Valle de Lerma, donde será uno de los principales tributarios del Dique Cabra Corral.

El río y nuestra ruta viajan juntos a través de la Quebrada de Las Conchas o de Cafayate, un camino para transitar lentamente y mirando en todas direcciones, dado que el paisaje llena los sentidos.

Los colores sorprenden, las formaciones son inagotables. El plegamiento andino les dio origen, y el agua y el viento trabajaron en equipo durante millares de años para crear esta Quebrada colmada de esculturas naturales.

Hay formaciones que tienen nombre, como El Fraile, El Sapo, El Anfiteatro o La Garganta del Diablo; cada kilómetro está galardonado por obras maestras de la erosión.

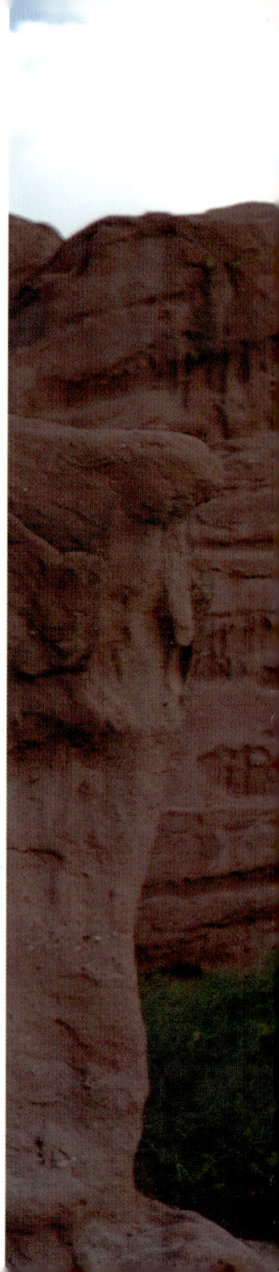

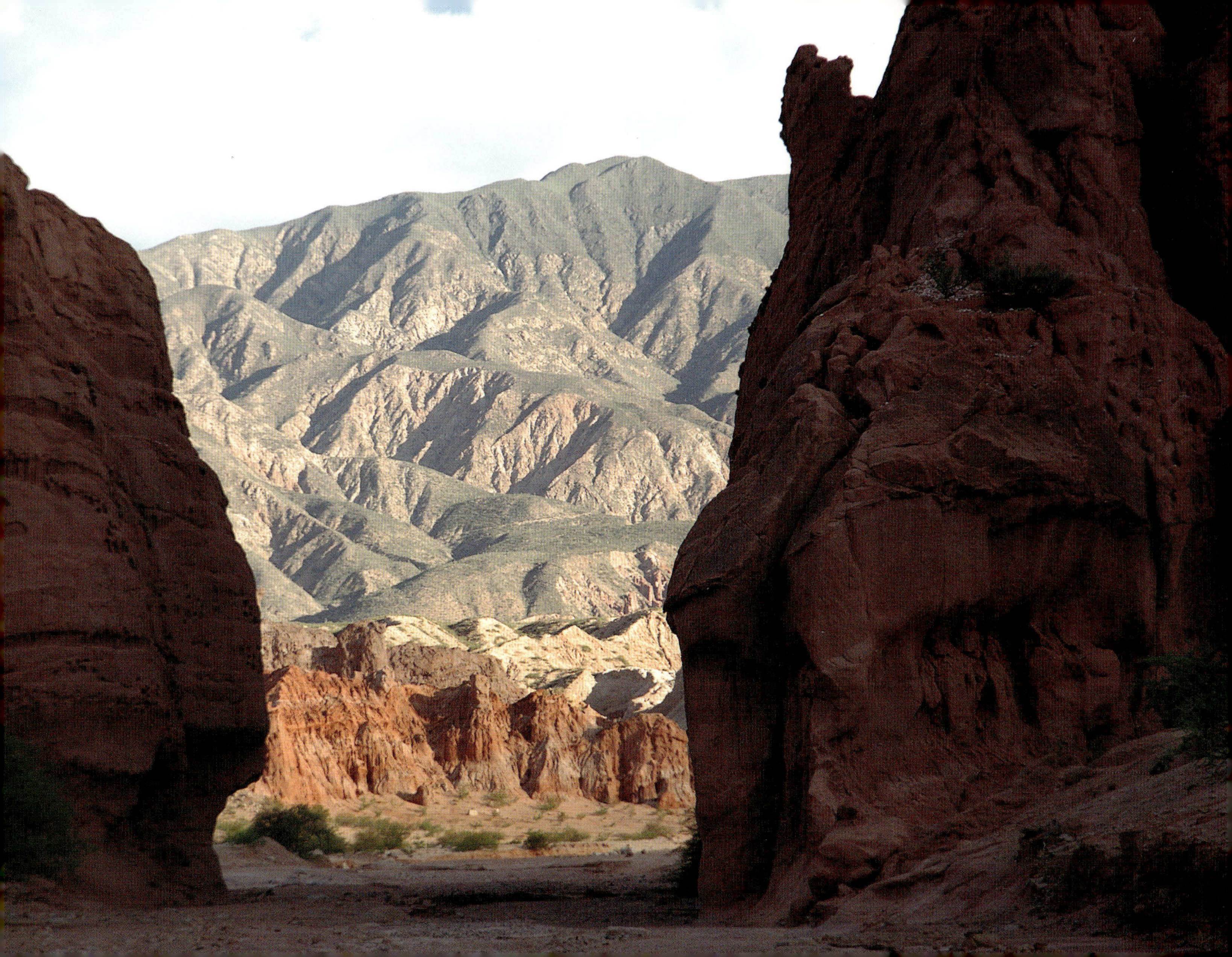

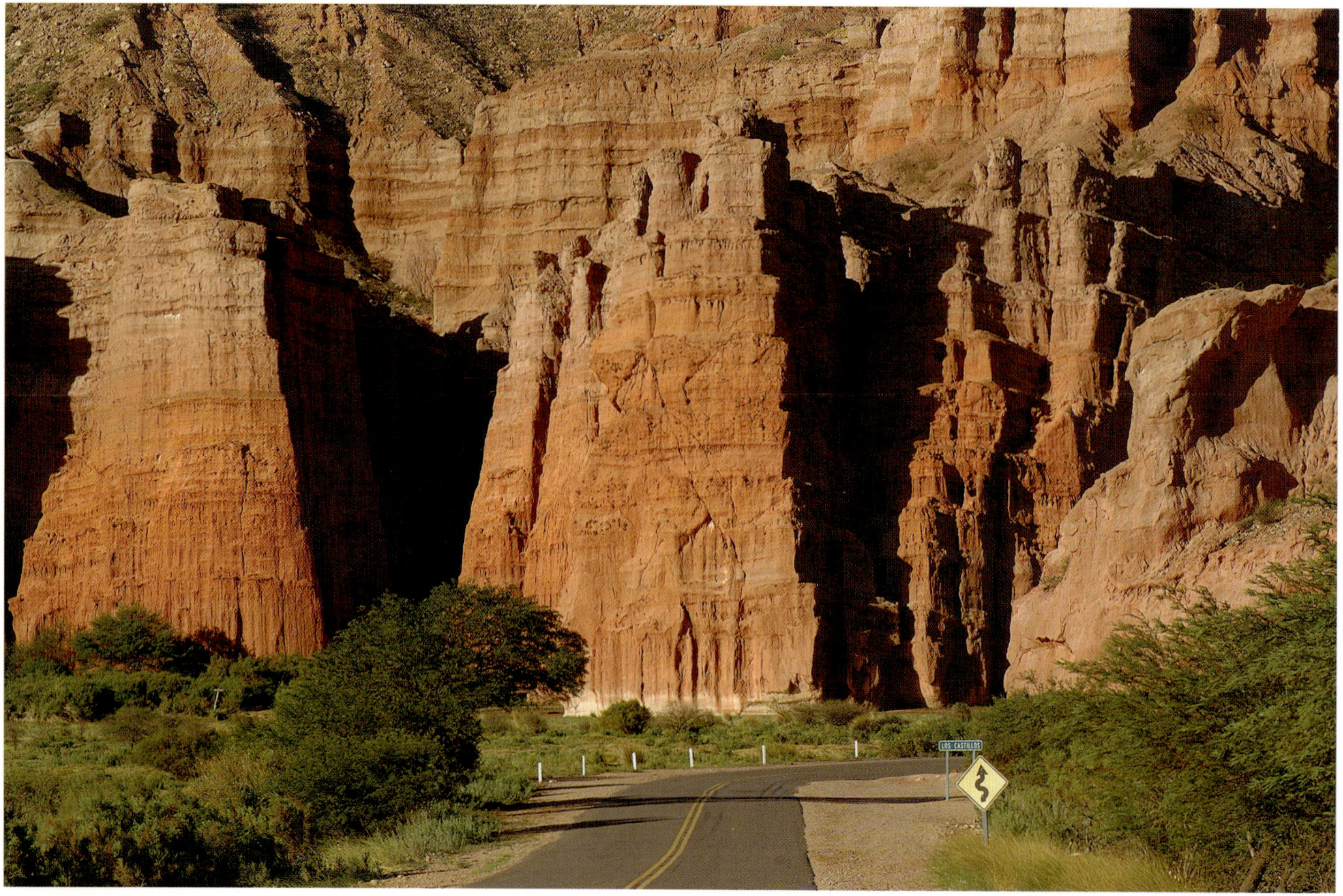

Los Castillos.

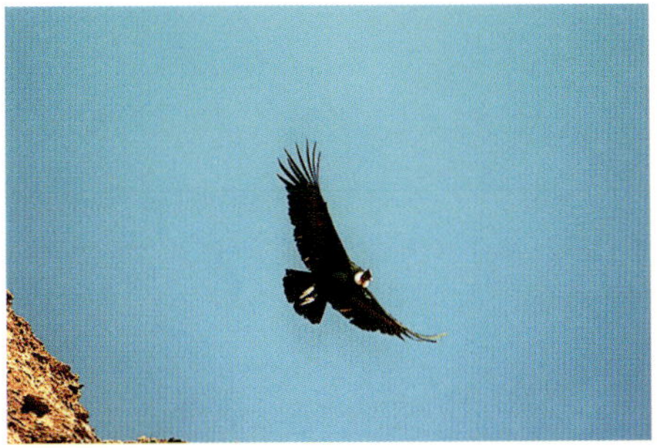

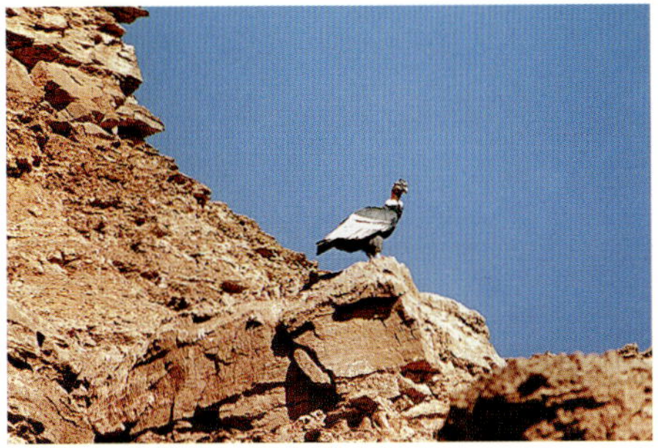

Cóndor (Vultur gryphus).

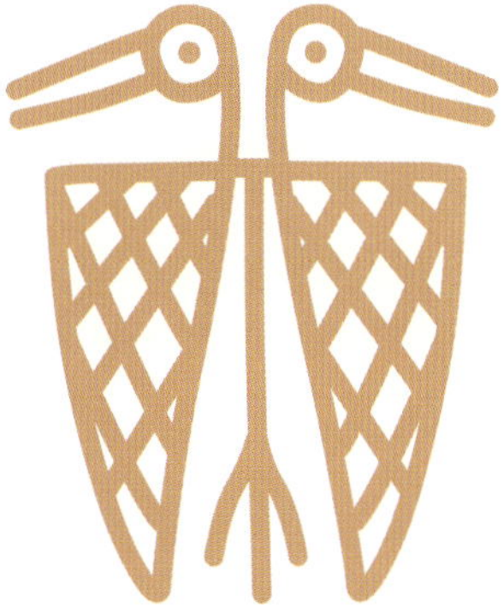

El Anfiteatro. Una caída de agua, hoy desaparecida, es responsable de esta formación.

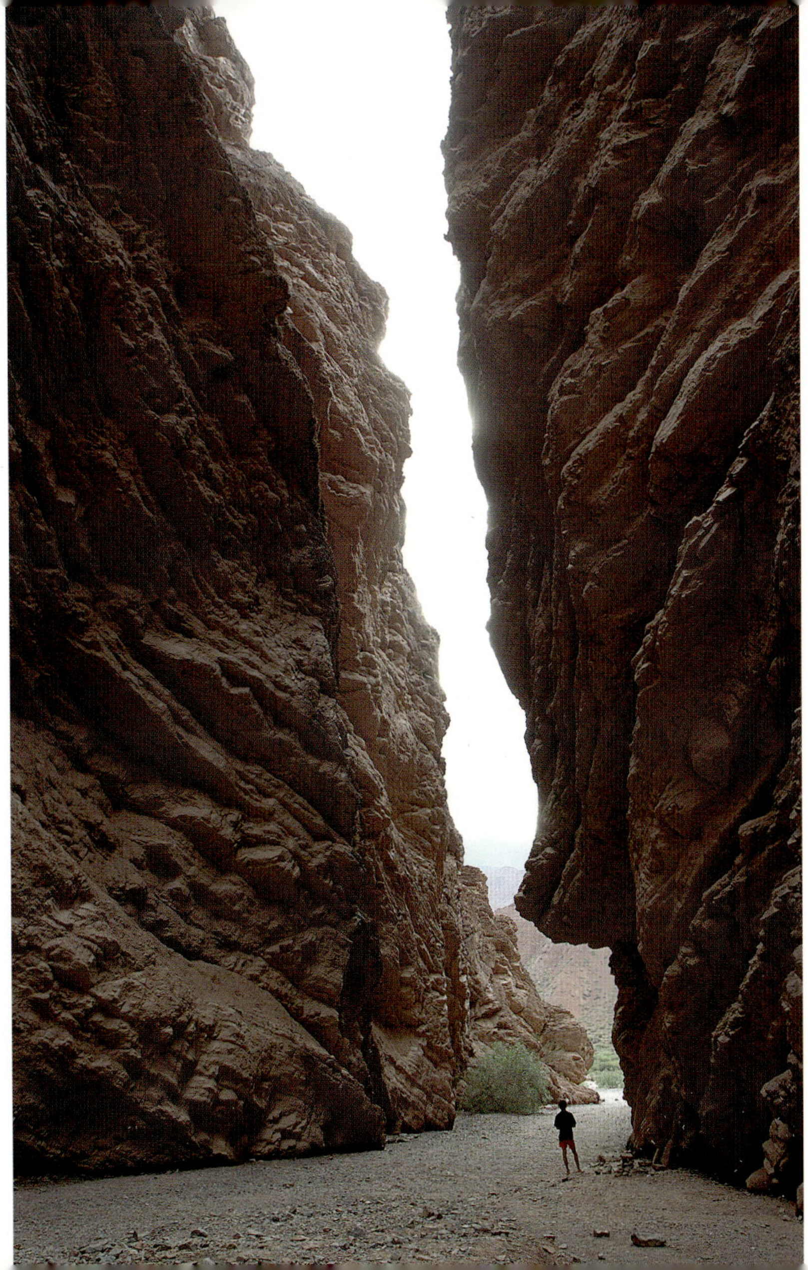

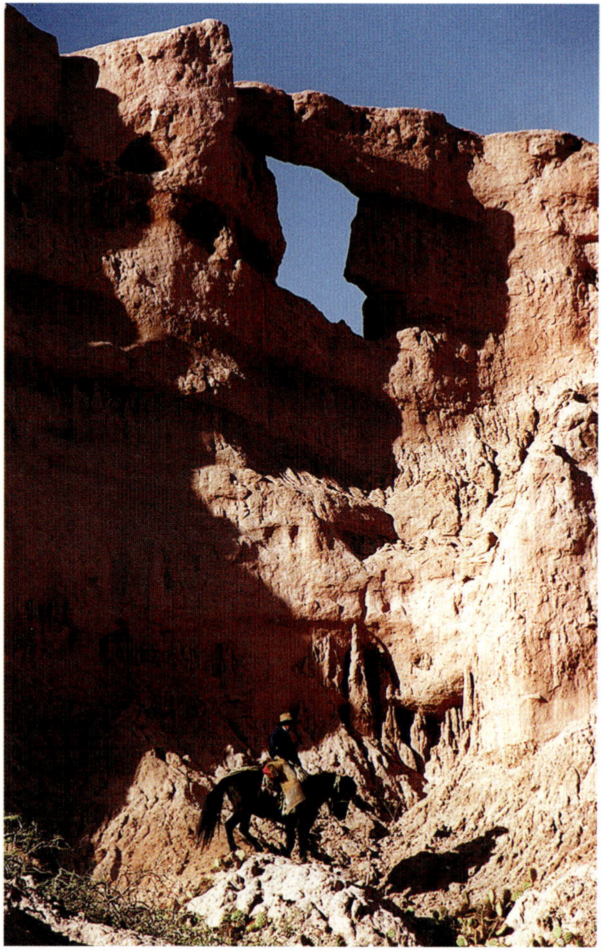

Gaucho a caballo en la zona de Las Ventanas.

Después de andar entre montañas por casi 100 km. se llega a Alemanía, un pueblo hoy casi abandonado pero que en su momento fue la última estación a donde llegaba el Ramal c13, el tren que transitaba desde Salta hacia el sur. A partir de allí se seguía hacia Cafayate en carreta, mula o a pie; y algunos años más tarde, en colectivo.

La Quebrada se abre y entramos al extremo sur del Valle de Lerma. Es la parte más seca, apta para el cultivo de olivo y tabaco criollo.

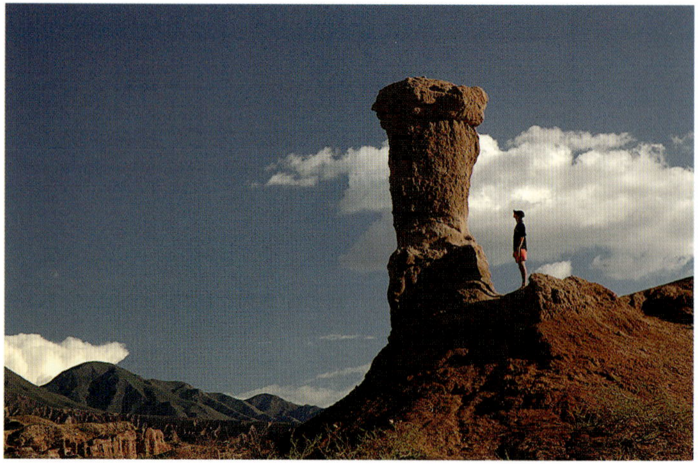

El Clavo.

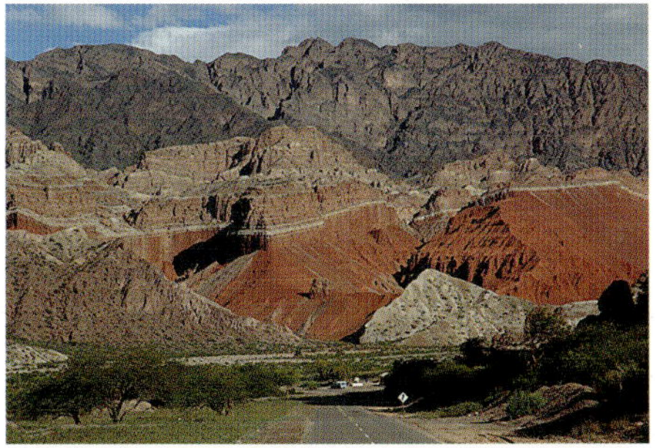

La Yesera.

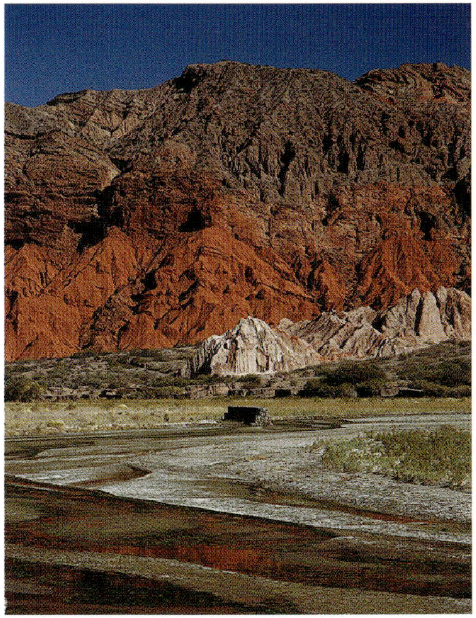

Río Las Conchas.

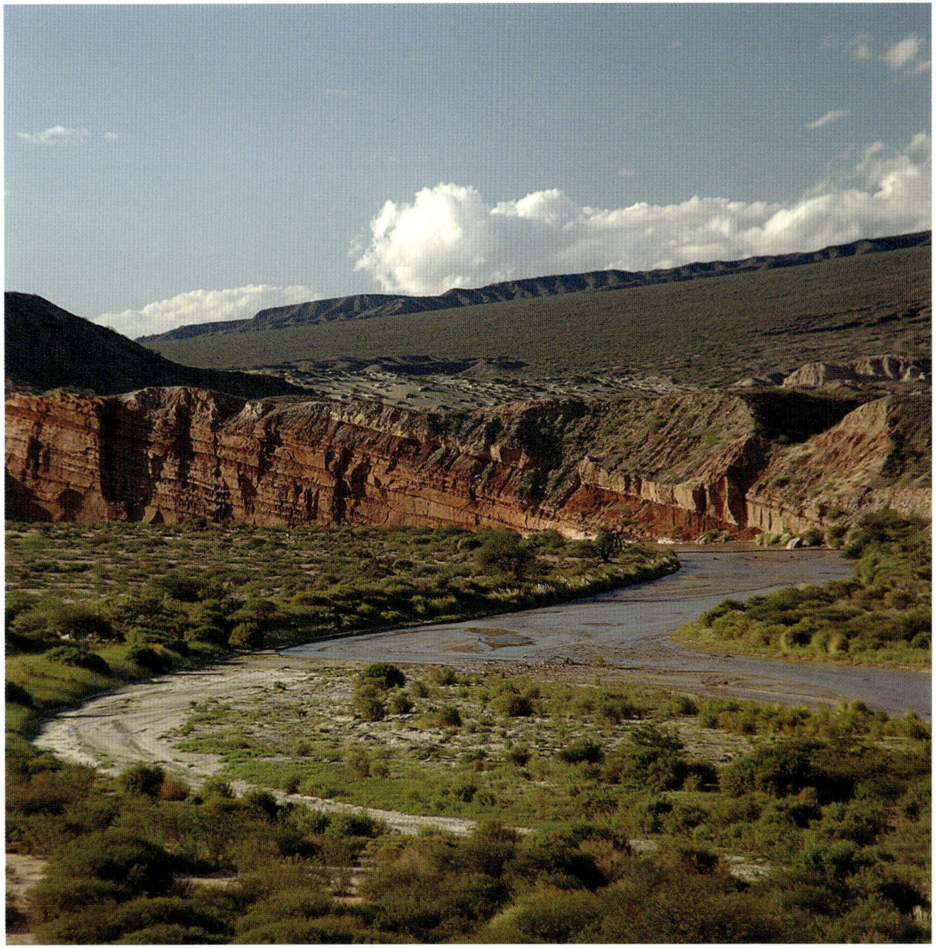

Río Las Conchas.

El Valle de Lerma tiene fincas que producen tabaco, porotos, forraje, hortalizas, ají y maíz. Los gauchos se hacen cargo de la hacienda, lo que trae aparejado toda una tradición de yerra y doma.

Todas las actividades agrícolas del Valle de Lerma son de una marcada estacionalidad. Esto se debe a que la región tiene un invierno seco con heladas, que contrasta con un verano de fuertes lluvias que a veces llegan con granizo al comienzo de la temporada estival.

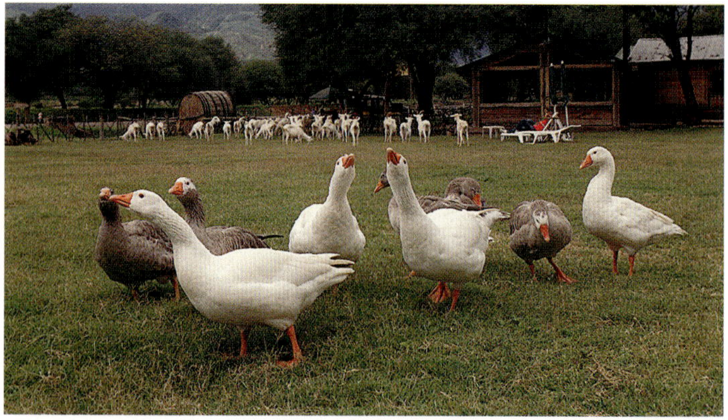

Gansos en el parador La Posta de las Cabras, donde se crían cabras y fabrican quesos artesanales.

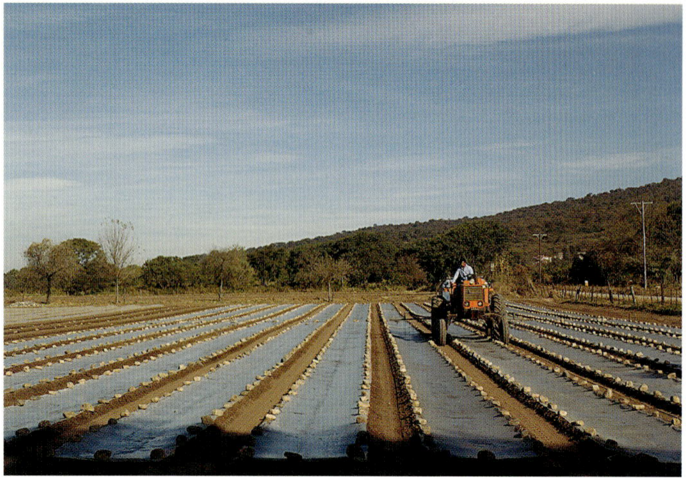

Almácigos de tabaco Virginia esperando el trasplante.

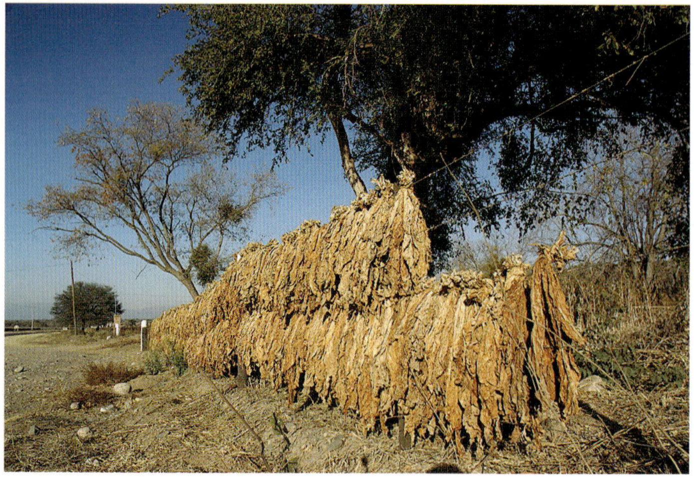

Tabaco Criollo secándose al sol.

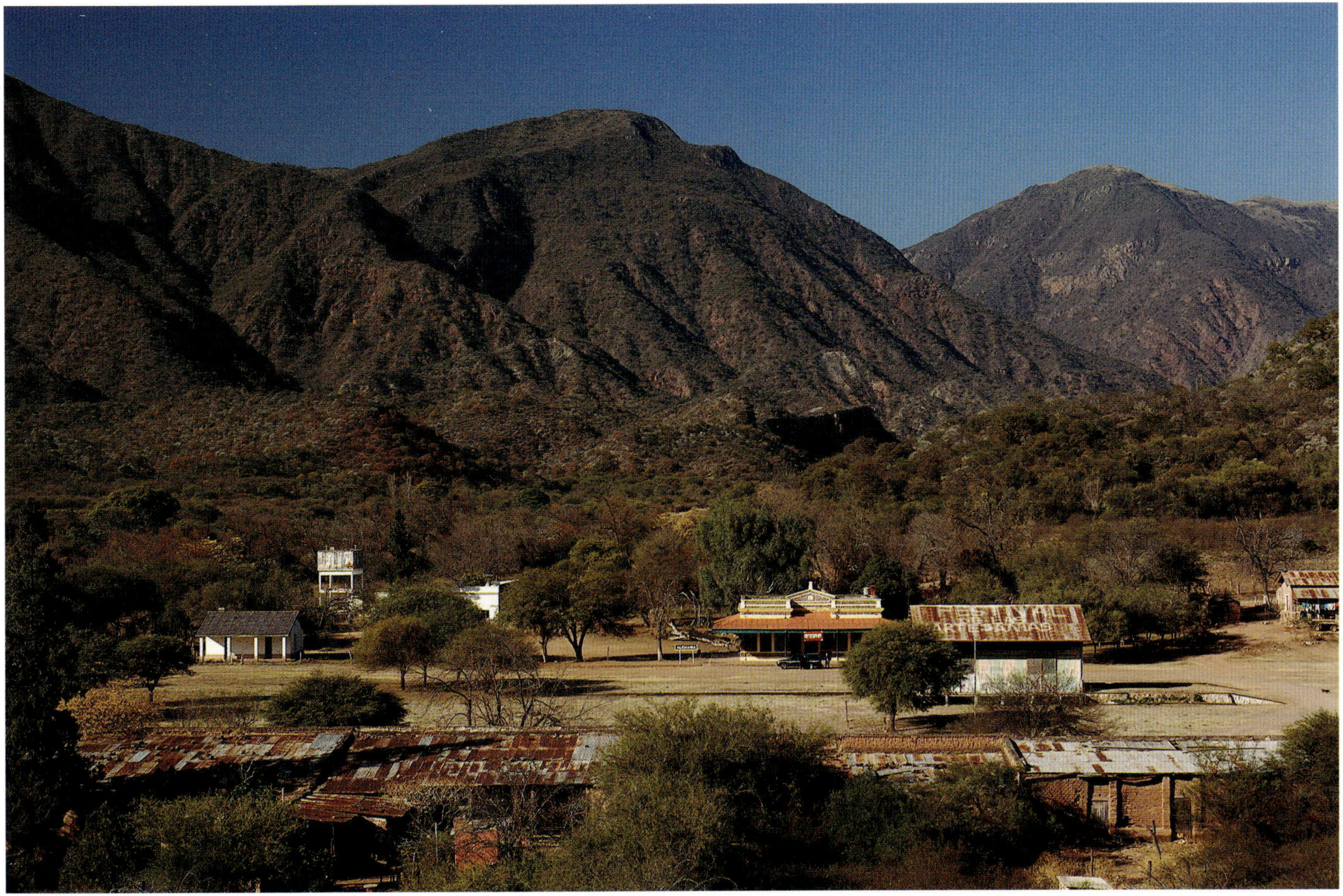

Alemania. Última estación a la que llegaba el tren del Ramal C13. Luego se seguía hacia Cafayate transitando huellas de tierras coloradas.

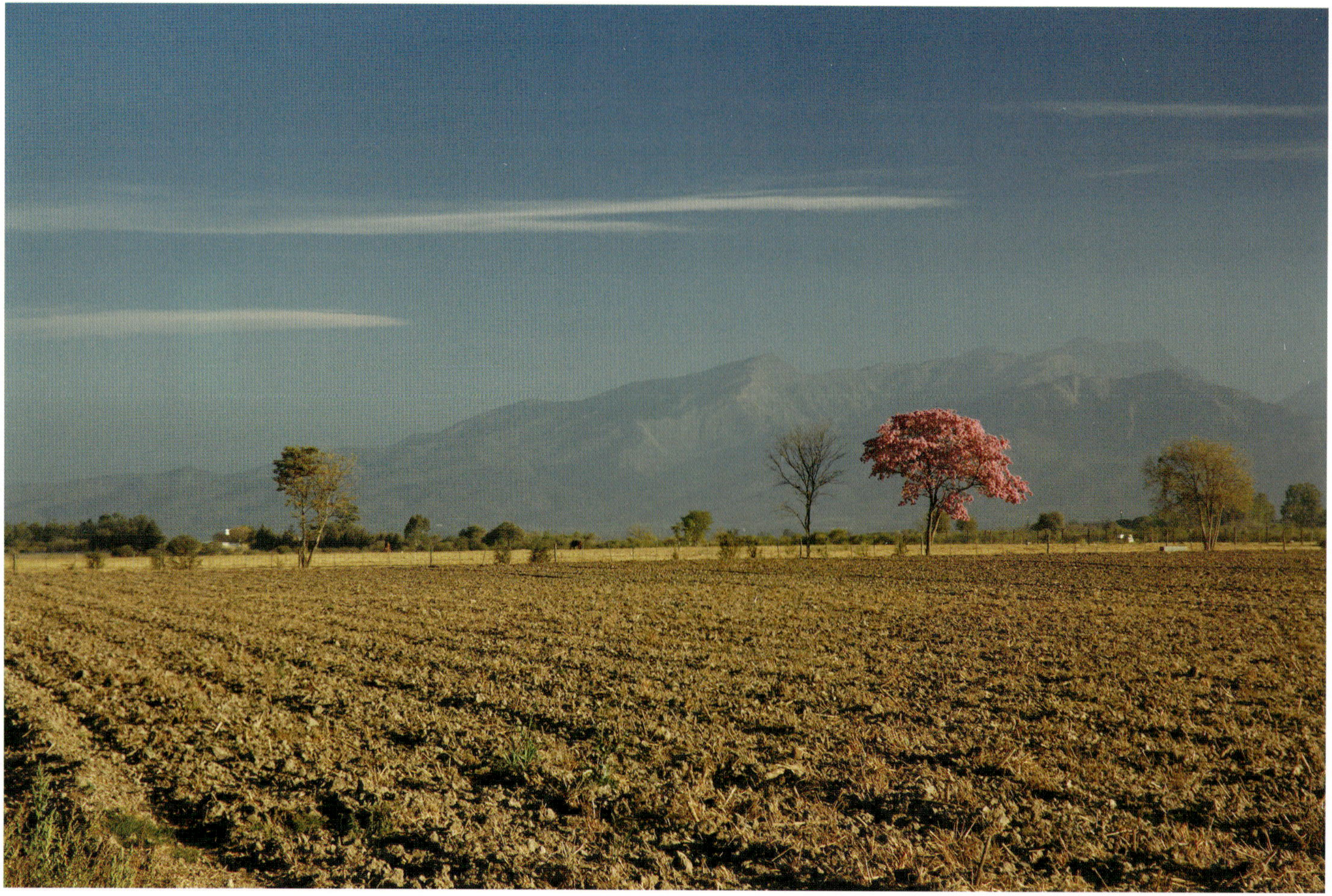

Lapacho (Tabebuia avellanedae) en Valle de Lerma.

Ají criollo secándose al sol antes de la molienda, Chicoana. (pág. 35)

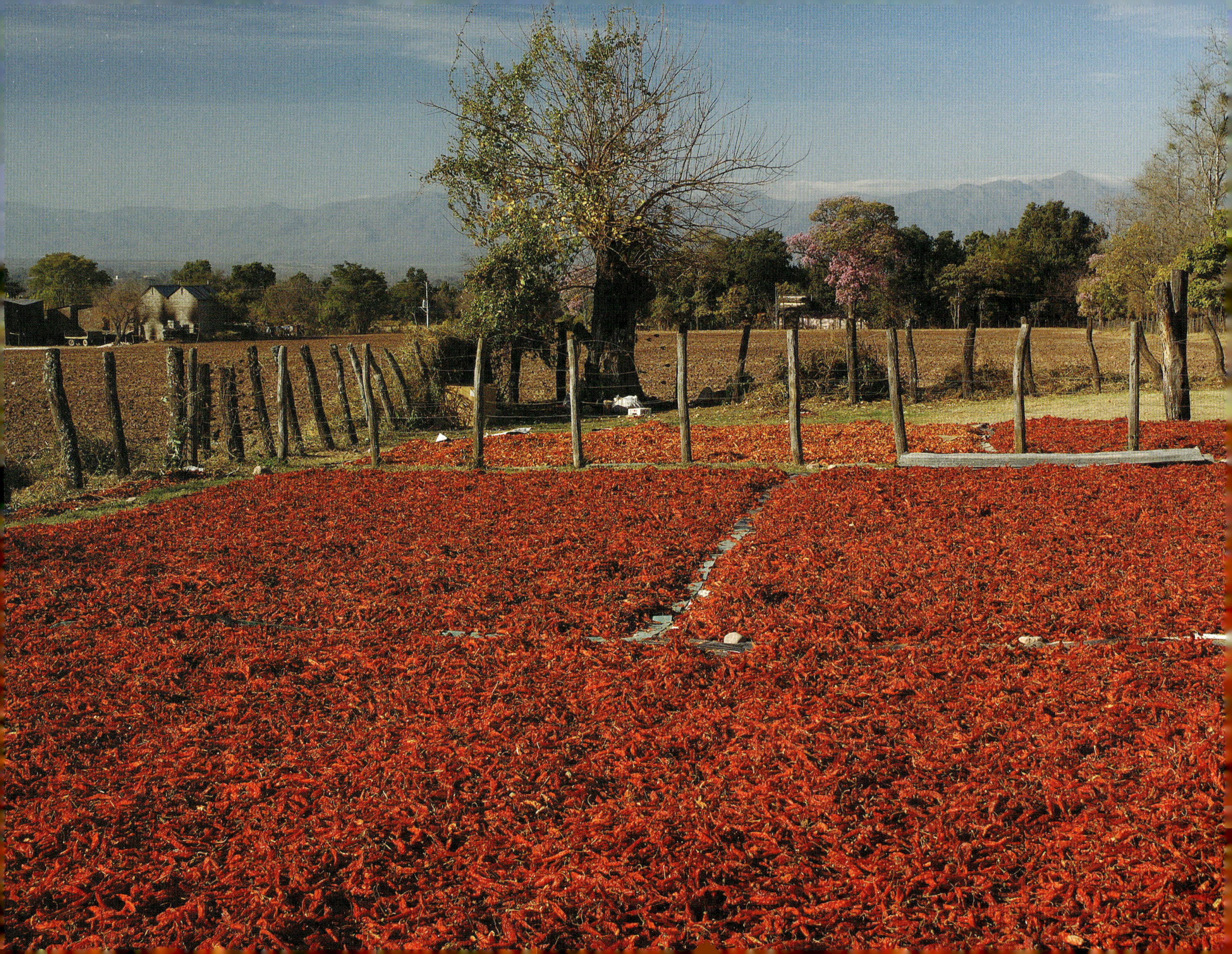

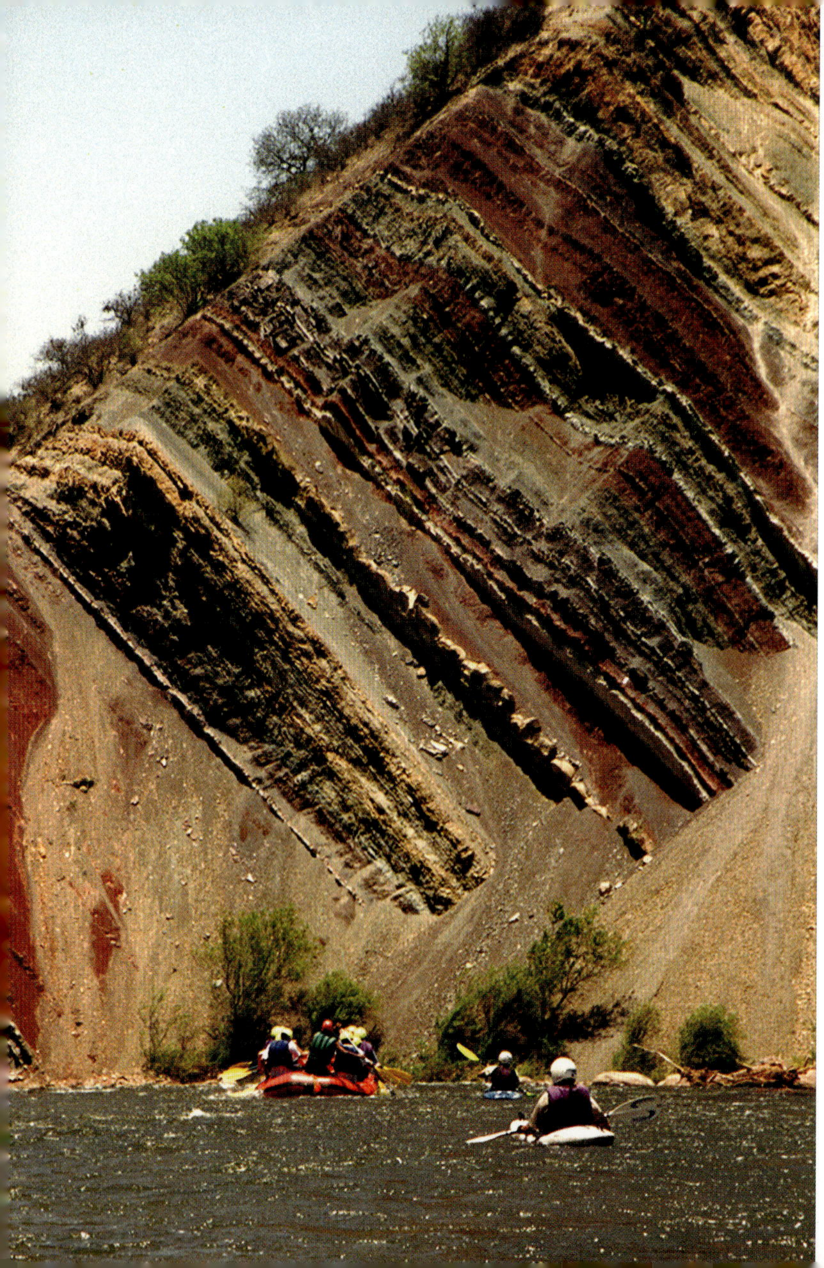

Pasamos después por La Viña, desde donde se puede seguir hasta Guachipas y Pampa Grande, por otras montañas, dueñas de paisajes únicos. La ruta corta Ampascachi, una finca a la vera del camino, que como otras de la región, tiene su propio pueblo.

Desde Coronel Moldes sale la Ruta Provincial 47 que lleva al Dique Cabra Corral. Éste es un embalse hidroeléctrico con una superficie de 11.000 hectáreas. Los salteños disfrutan este espejo de agua pescando, navegando y realizando deportes acuáticos.

Sus aguas fluyen hacia el sur a través del Río Pasaje o Juramento, en cuyos rápidos se puede hacer rafting, y en los remansos, detenerse a recuperar el aliento y a observar los paredones naturales de piedra que se levantan a un lado del río, sobre los que se observan huellas de dinosaurios del Período Cretácico petrificadas para la posteridad.

Rafting, Río Juramento.

Huellas de dinosaurio.

Velero bajo puente del Dique Cabra Corral.

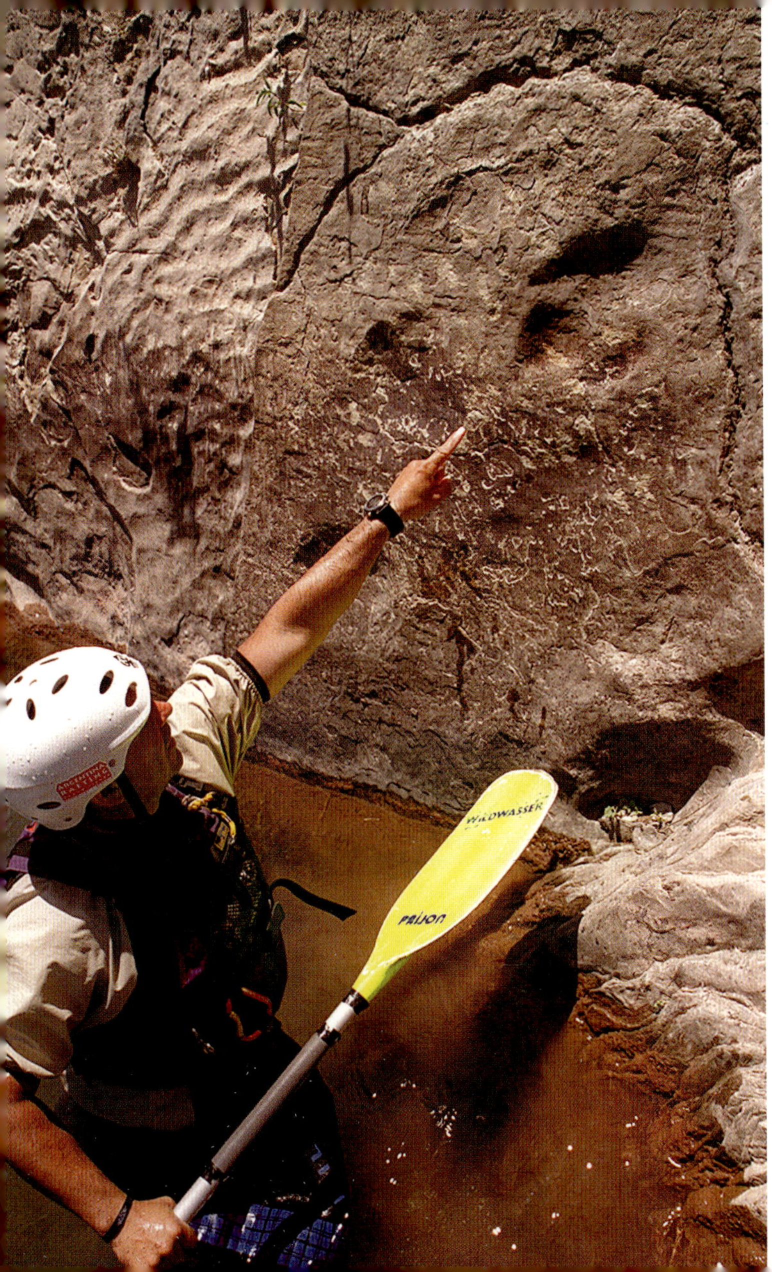
WILDWASSER
PRIJON

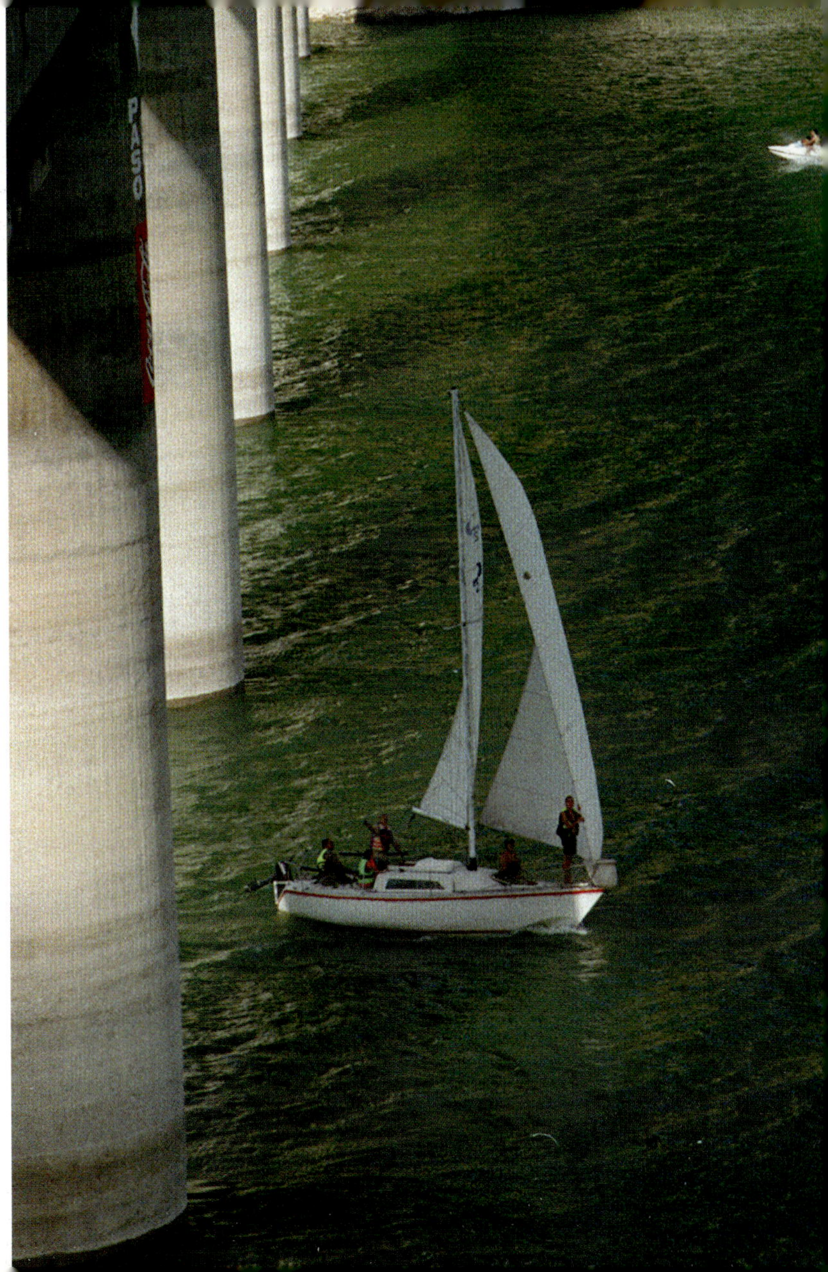
PASO

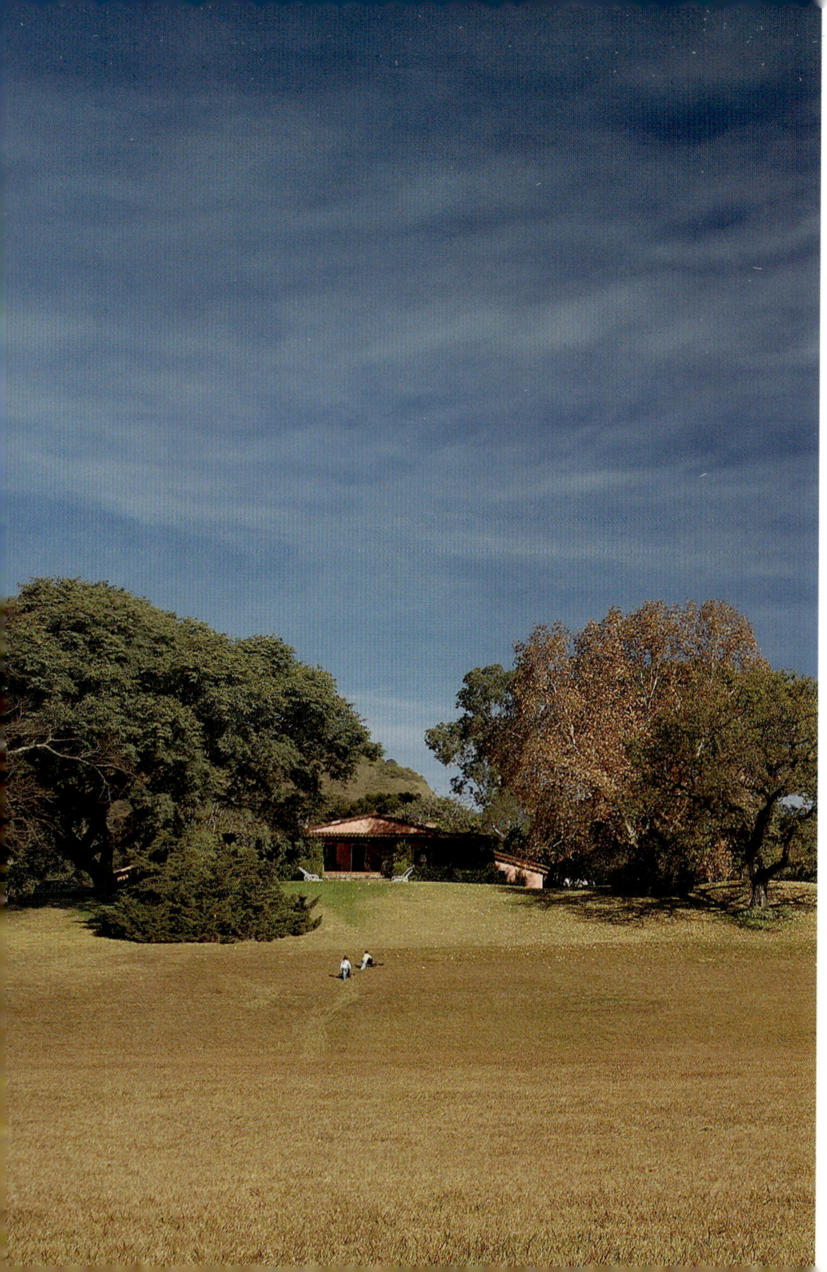

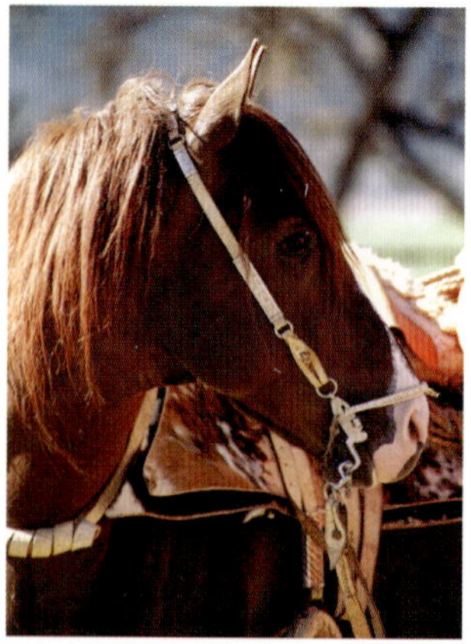

Parte inseparable de todas estas fincas es la dupla formada por el gaucho salteño y su caballo de paso. El jinete lleva botas de descarne, traje bordado, sombrero de ala ancha para protegerse del sol norteño y su marca distintiva: el poncho colorado que lo hizo semejante al fuego; por lo que durante la Guerra de la Independencia, las tropillas gauchas bajo las órdenes de su caudillo Don Martín Miguel de Güemes recibieron el nombre de "Los Infernales".

El caballo lleva el apero, la montura criolla de la región, y guardamontes para proteger al jinete de la vegetación formada de monte bajo con espinas. Los días de fiesta, caballo y jinete se engalanan con platería en riendas, taleros y rastra de cuero crudo. El origen del caballo peruano de paso se remonta a los primeros caballos del norte de África que llegaron primero al sur de España y, desde allí, al Alto Perú en el siglo XVI. Bajaron luego al noroeste argentino por el Camino del Inca, evolucionando durante más de trescientos años hasta convertirse en una raza única en el mundo. Lo caracteriza su especial mecánica de movimiento, una ambladura que le brinda al jinete una sensación de "deslizarse" por el camino al andar.

Finca Los Los, Chicoana.

Gaucho con caballo peruano en una finca del Valle de Lerma.

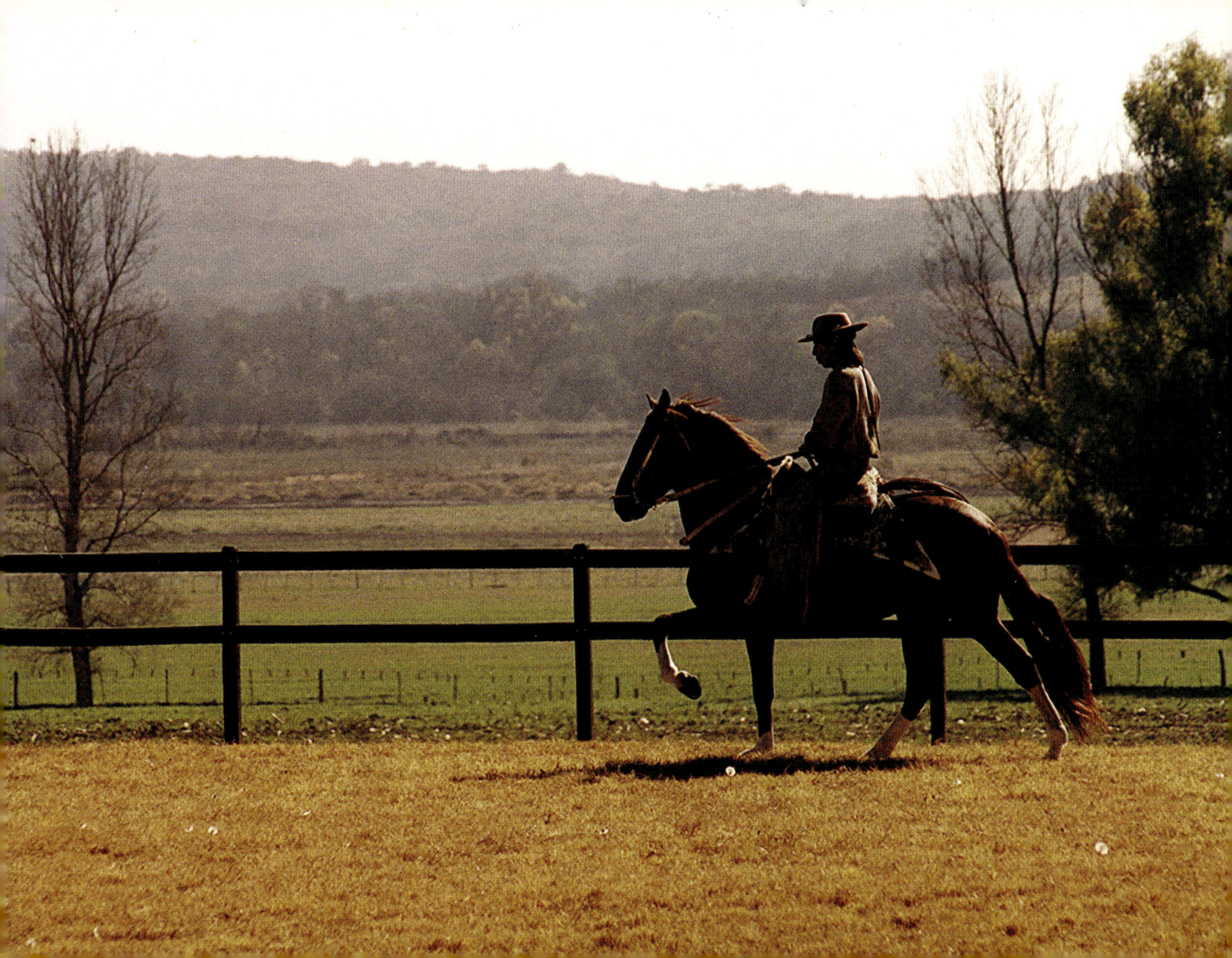

Al final del día, la ciudad de Salta espera al pie del Cerro San Bernardo. El estilo colonial marca su espíritu, donde las familias de origen hispano dejaron su impronta.

Fundada en 1582, su ubicación fue estratégica durante muchos años al estar situada en el camino que unía el Alto Perú con el puerto de Buenos Aires.

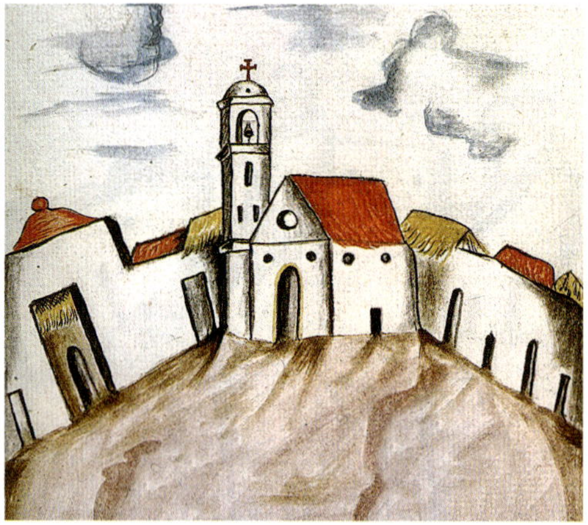

Capilla, Martínez Compañón (1735–1797).

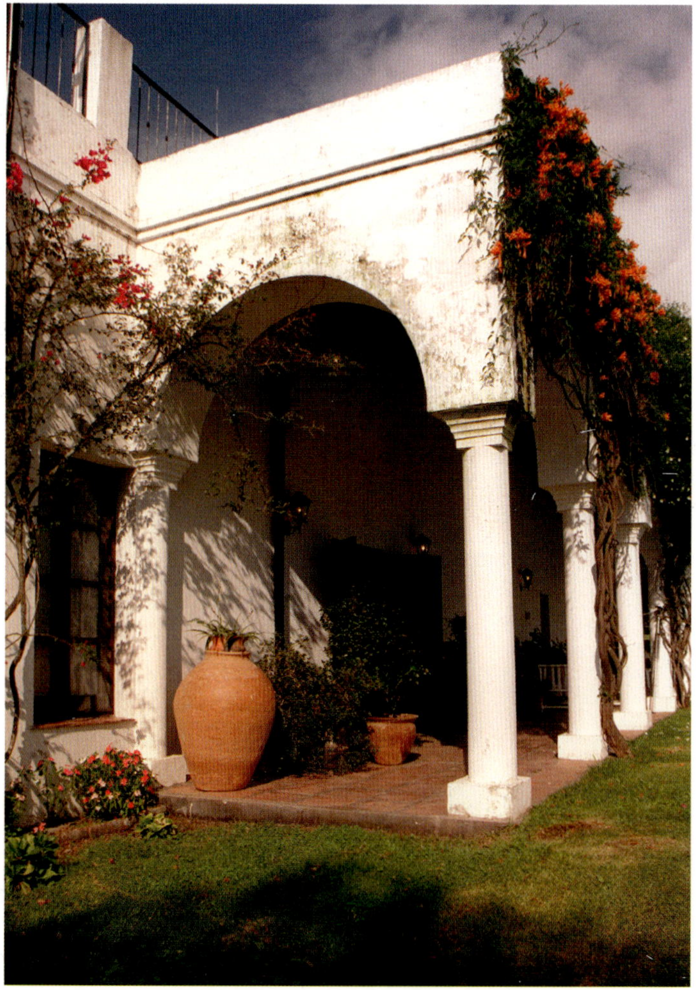

Galería colonial en la sala del Manantial del Milagro, una finca donde alojarse muy cerca de la ciudad de Salta.

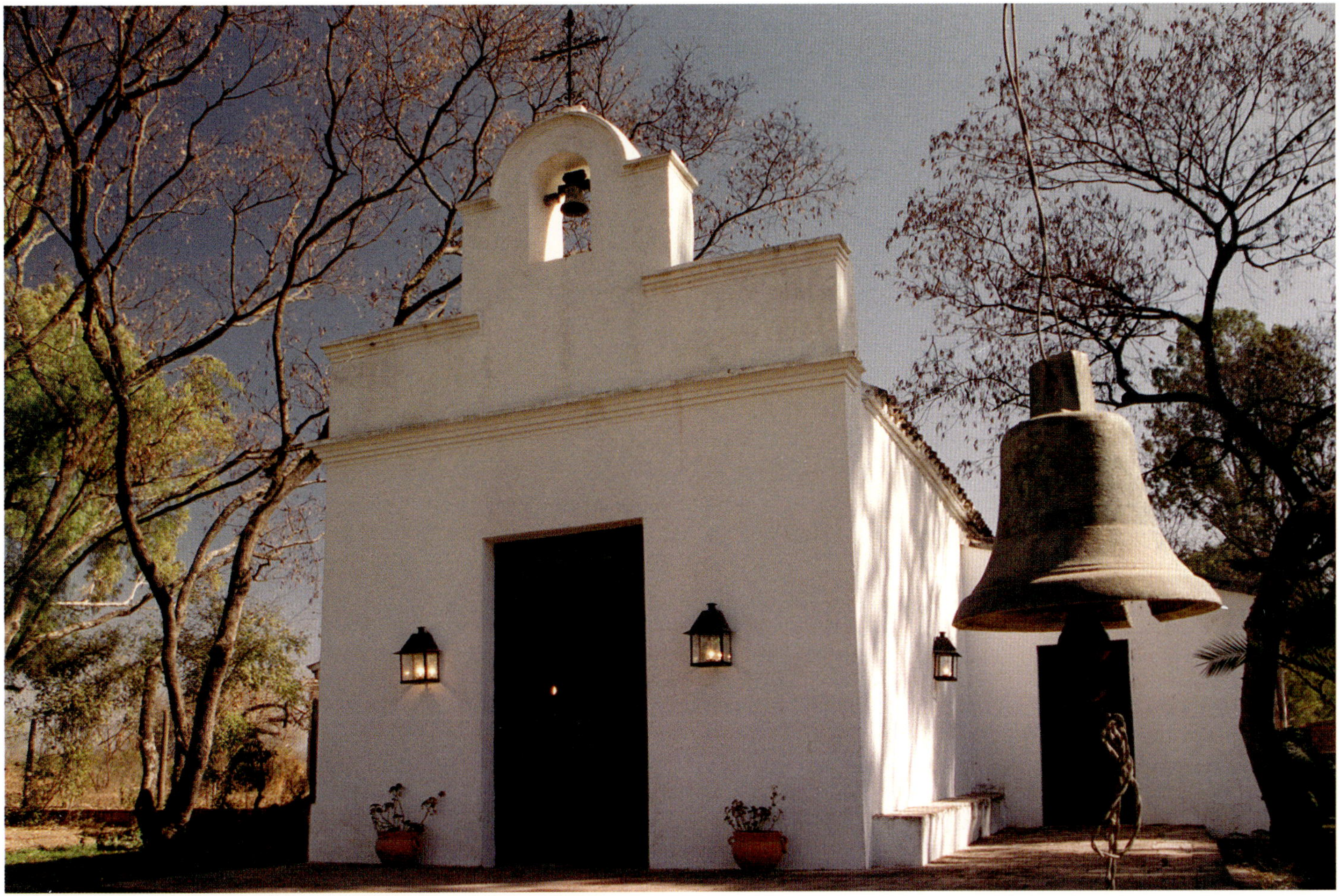

Capilla en finca.

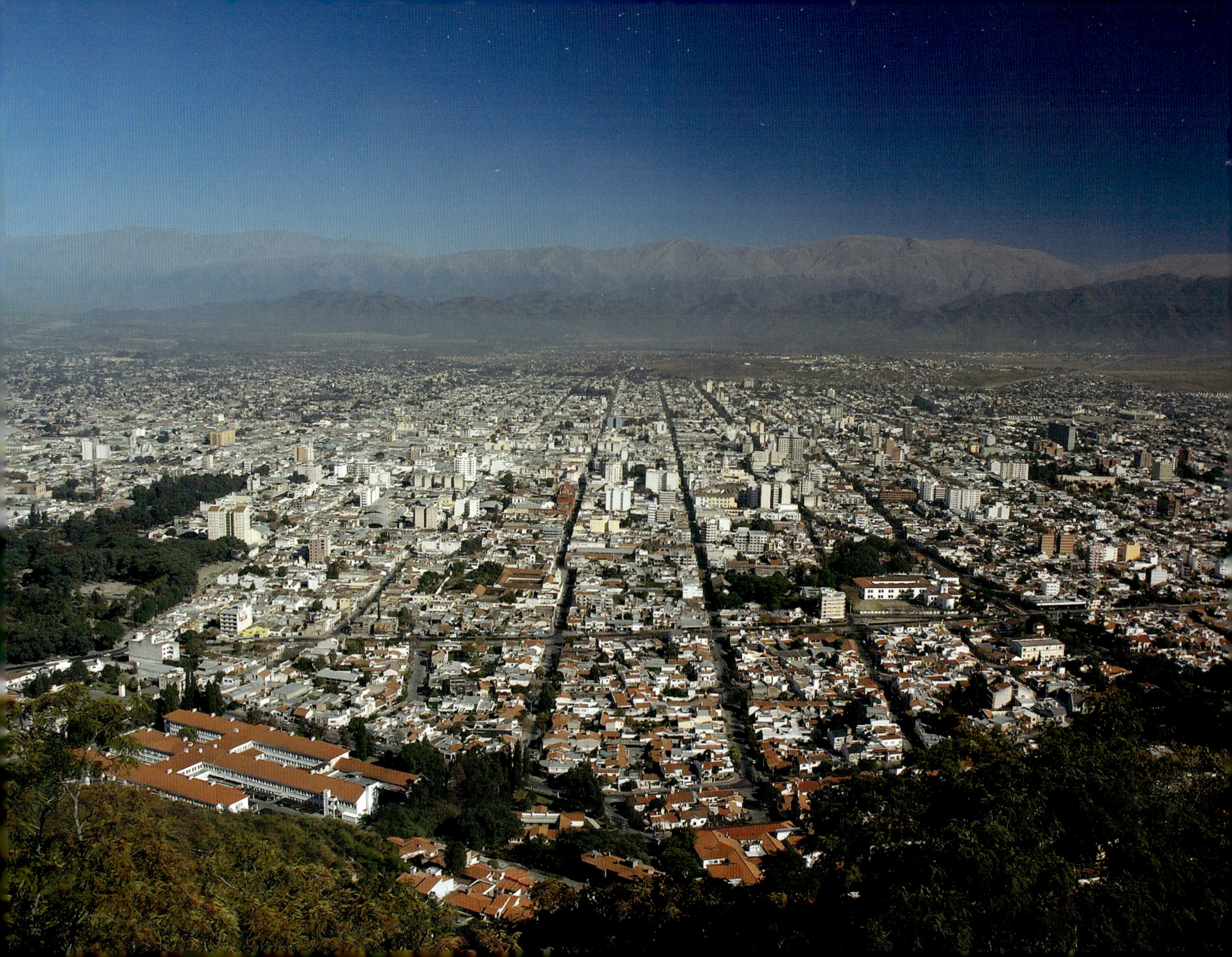

Ciudad de Salta

La ciudad de Salta se ubica en el sector norte del Valle de Lerma a 1187 m. Fundada en 1582 por Don Hernando de Lerma, se encuentra entre las ciudades más antiguas de la Argentina. Su arquitectura es preponderantemente colonial, pero de acuerdo con la tendencia de épocas pasadas, hay edificios con marcada influencia italiana o francesa. La cultura morisca también dejó su rastro.

Sólo hay que caminar con los ojos abiertos buscando detalles. Al recorrer el centro de la ciudad, mirar hacia arriba nos permitirá descubrir los balcones españoles de hierro y madera.

Muchas calles están flanqueadas por árboles: lapachos rosados *(Tabebuia avellanedae)* que florecen entre agosto y septiembre; jacarandáes o tarcos *(Jacaranda mimosifolia)* con flores violetas en noviembre, entre otros.

Vista de la ciudad de Salta desde el Cerro San Bernardo. Al fondo, la Cordillera de los Andes.

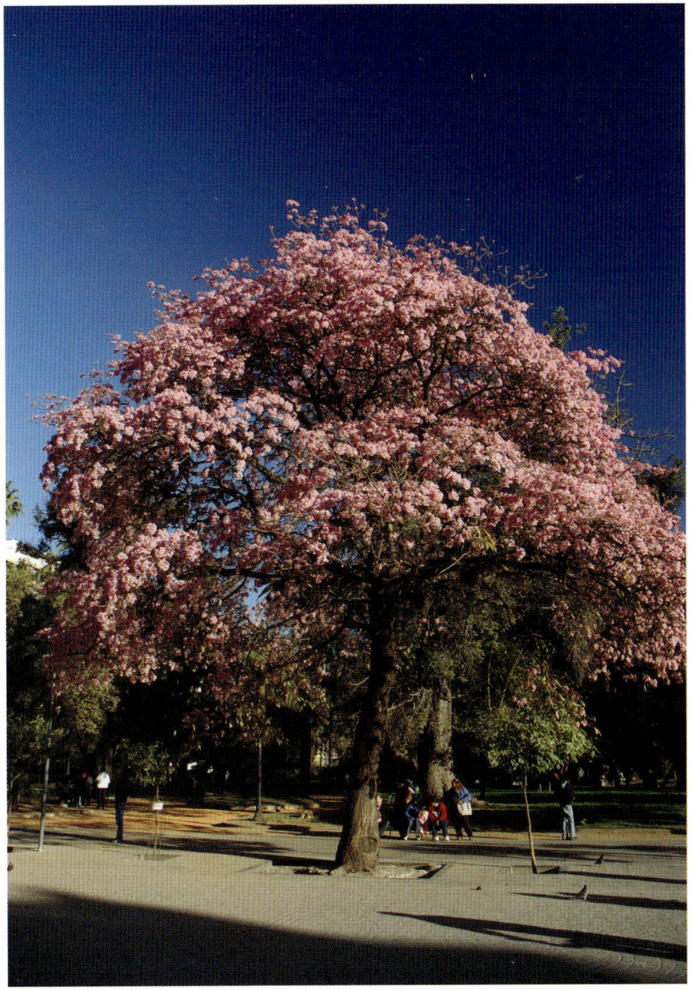

Lapacho rosado (Tabebuia avellanedae) en Plaza 9 de Julio.

El casco céntrico tiene su eje en la Plaza 9 de Julio, con sus palmeras, glorieta y monumento al General Arenales.

Frente a su lado sur se encuentra el Cabildo, que fue edificado a fines del 1500; y reconstruido en 1676. Originalmente contaba con diecisiete arcos en la planta baja y diecinueve en la planta alta. Es el cabildo mejor conservado del país. Hoy funcionan en su interior el Museo Histórico del Norte y el Museo Colonial Histórico y de Bellas Artes. Vale la pena recorrer sus patios y desde el balcón superior observar el movimiento de la plaza. En la esquina se encuentra la estatua del Virrey Francisco Toledo, el impulsor de la fundación de esta ciudad.

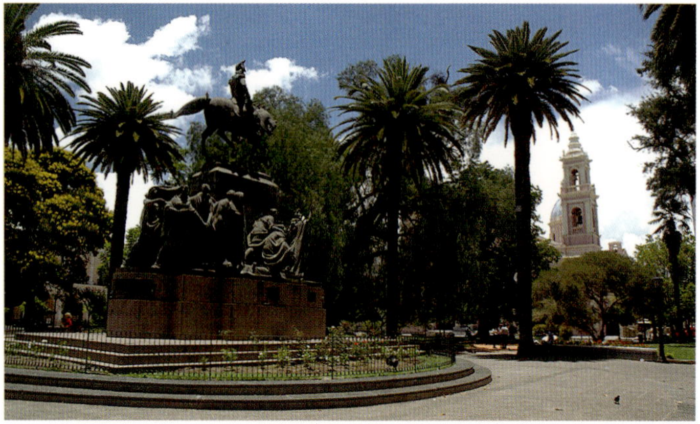

Plaza 9 de Julio. Monumento al General Arenales, prócer de la Independencia.

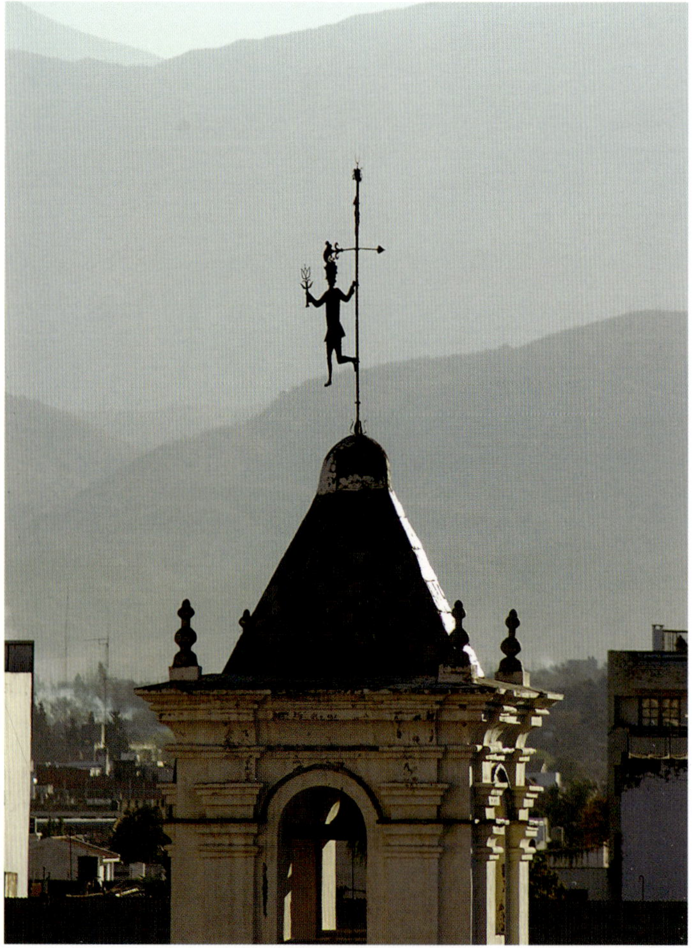

Veleta de hierro forjado del Cabildo de Salta. El paje de la veleta es popularmente llamado "el diablito del Cabildo".

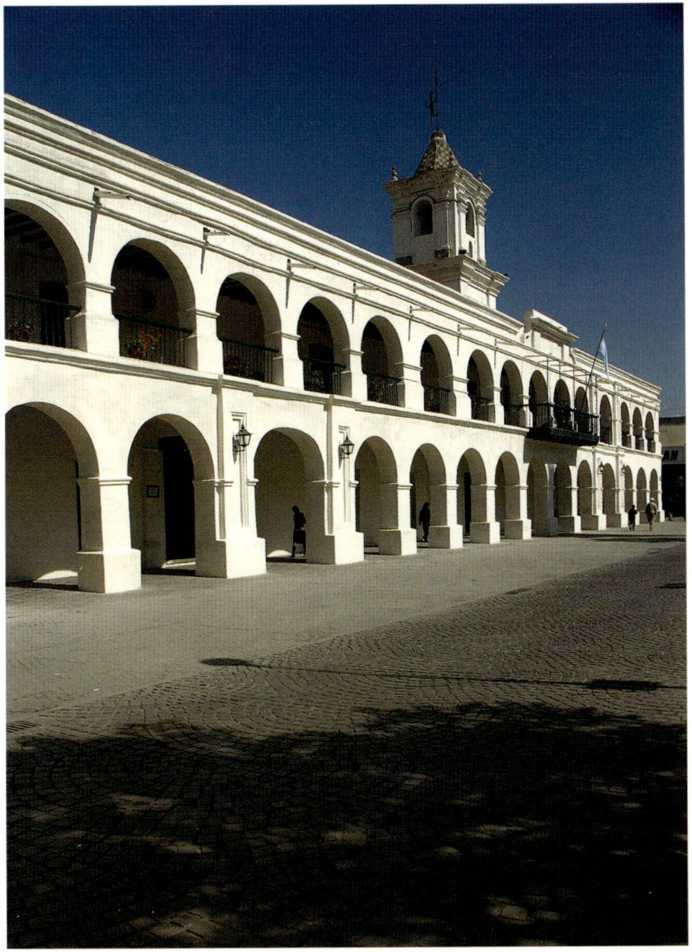

Cabildo de Salta. La primera construcción se levantó entre 1586 y 1593.

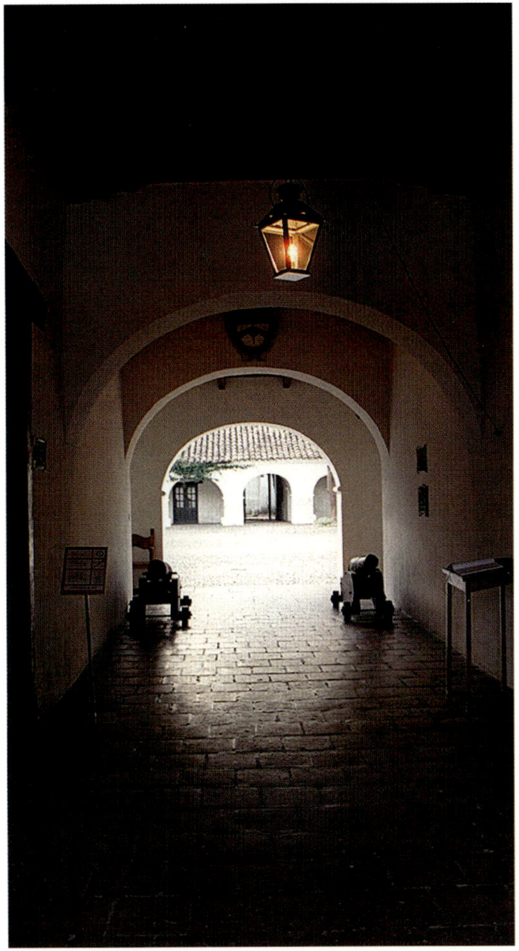

Entrada al Cabildo. Detalle de los arcos de la entrada con vista al patio principal.

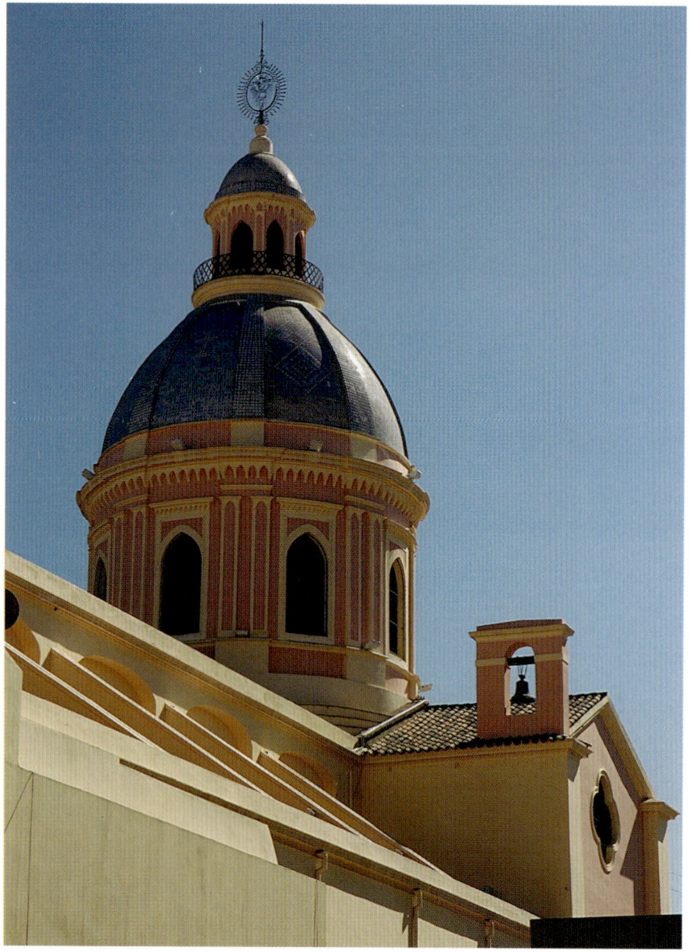

Cúpula de la Catedral Basílica de Salta. Un proyecto de Fray Luis Georgi, perteneciente a la escuela italiana de arquitectura.

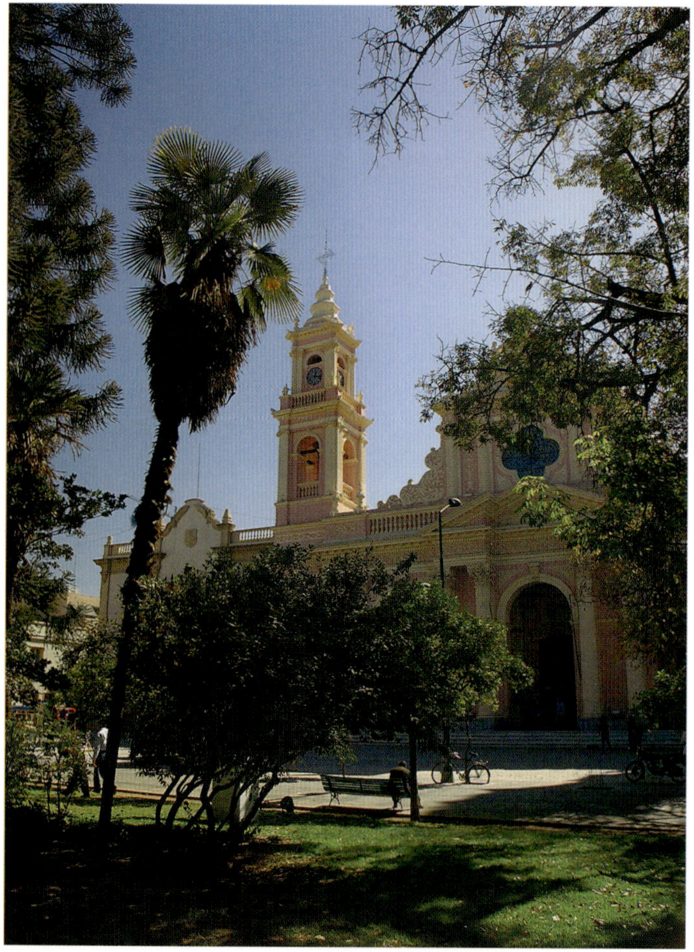

Vista del campanario de la Catedral desde la Plaza 9 de Julio.

Del lado norte está la Catedral Basílica. El primer templo fue construido a fines del siglo XVI, la nueva edificación fue consagrada en 1878. Finalmente, a principios del siglo XX, perfeccionaron los detalles de la construcción actual.

En su interior encontramos las imágenes del Señor y de la Virgen del Milagro, Patronos Tutelares de la ciudad. Los pobladores de Salta realizan una procesión por la ciudad cada 15 de septiembre, que se repite desde 1692, año en que se inicia esta tradición religiosa.

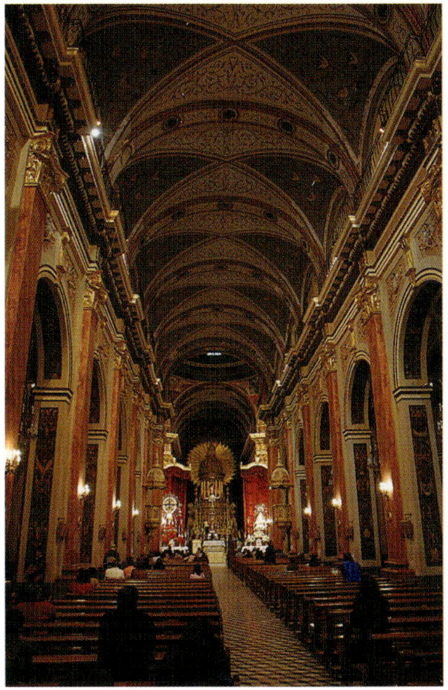

Interior de la Iglesia Catedral. A cada lado del altar vemos las imágenes del Señor y de la Virgen del Milagro.

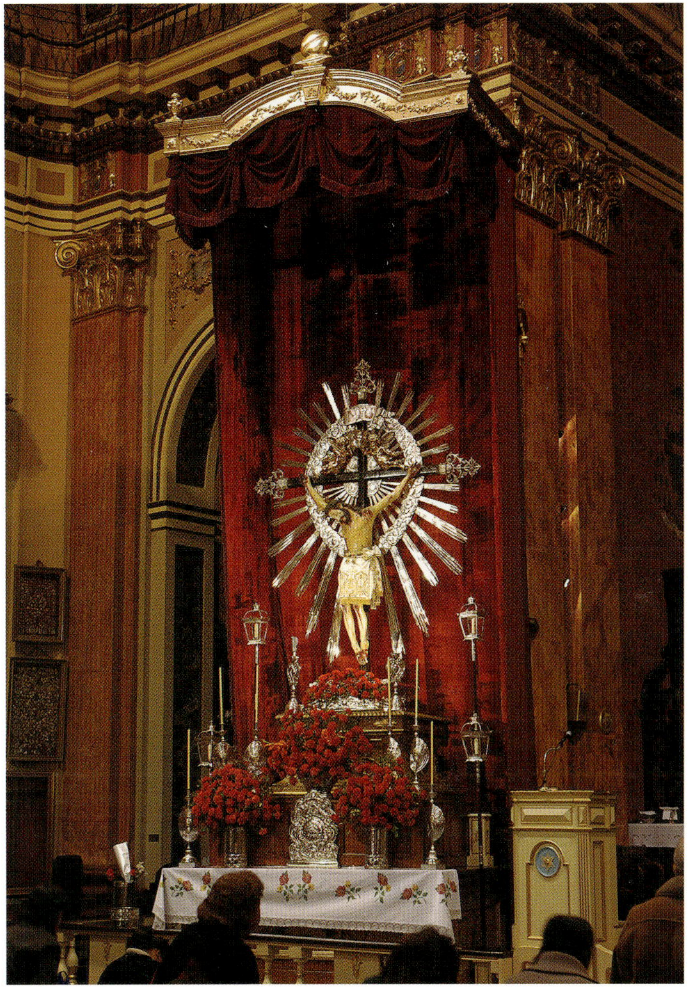

Señor del Milagro. Imagen de la segunda mitad del siglo XVI, enviada desde España para esta Iglesia Catedral.

La plaza está rodeada de recovas recicladas que encierran museos, cafés, sitios donde sirven empanadas, por supuesto, salteñas, y negocios que ofrecen artesanías.

El Museo de Arqueología de Alta Montaña también está ubicado frente a la plaza, y nos permite retroceder 500 años y admirar la cultura incaica.

Pasear alrededor de la plaza es parte ineludible de una visita a esta ciudad.

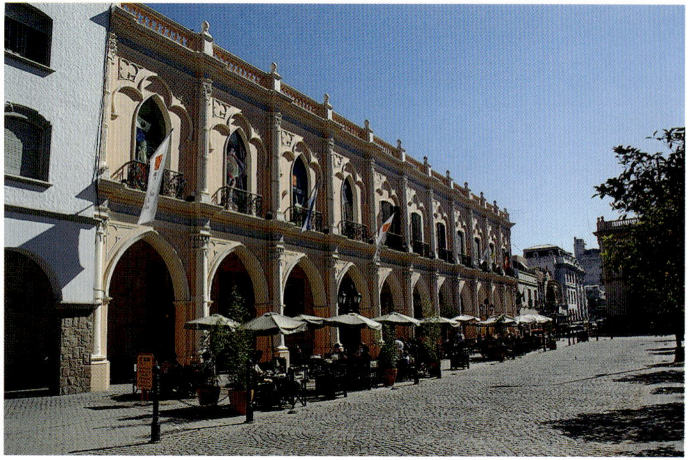

Recova frente a la Plaza 9 de Julio. Allí se sitúa el MAAM (Museo de Arqueología de Alta Montaña).

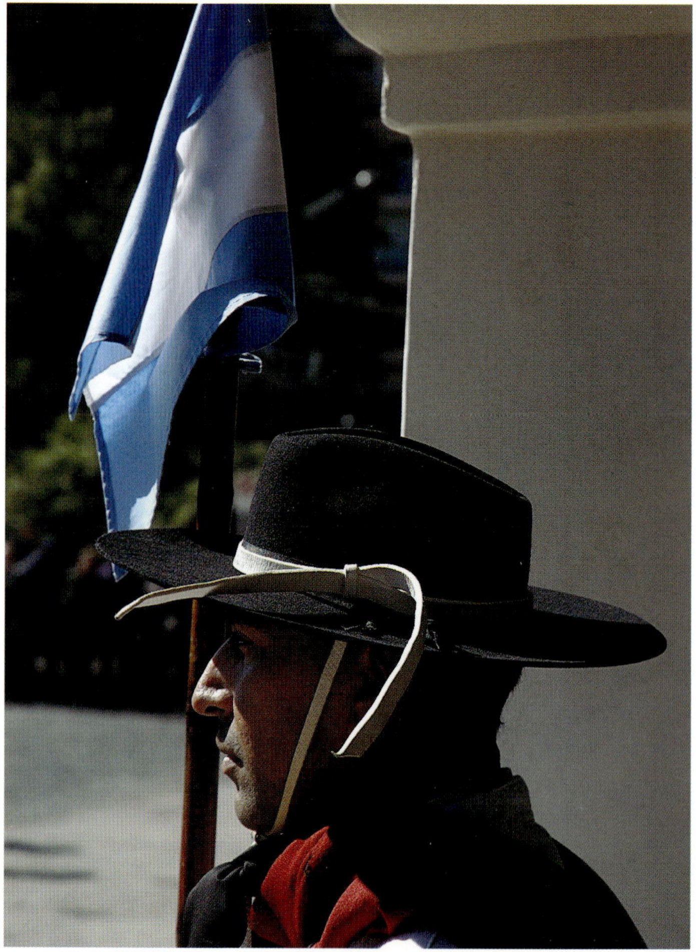

Gaucho salteño durante el cambio de guardia.

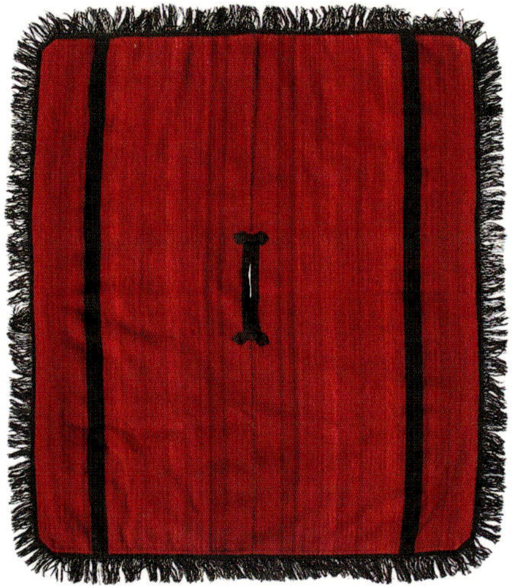

Poncho salteño hecho en Molinos.

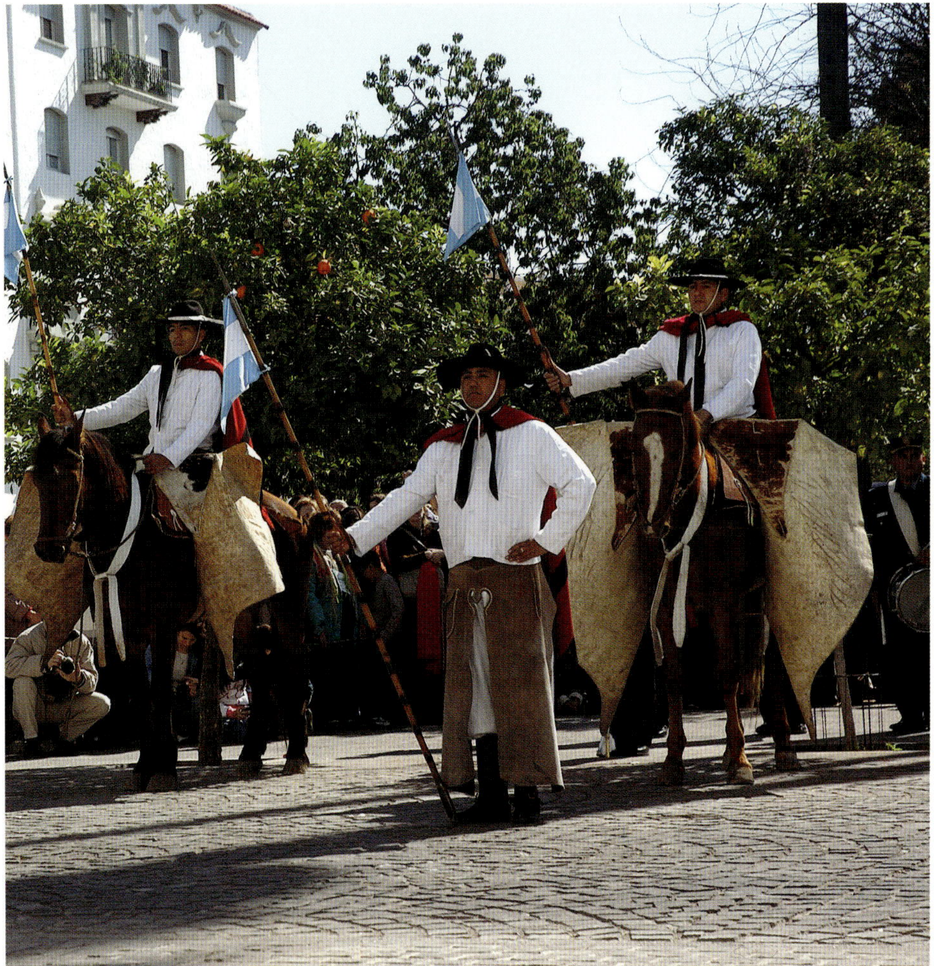

Cambio de guardia frente al Cabildo Histórico.

Caminando por la calle Caseros se pasa por la casa de Uriburu, una construcción que dataría de 1773 cuya arquitectura es un ejemplo de la distribución característica de las casas de la época colonial. Unos metros más adelante se levanta la Iglesia y Convento de San Francisco. La edificación actual, una reconstrucción de Fray Valverde data de fines del siglo XVIII. La torre, diseñada por Fray Giorgi, fue inaugurada en 1882 y es considerado el campanario más alto de Sudamérica.

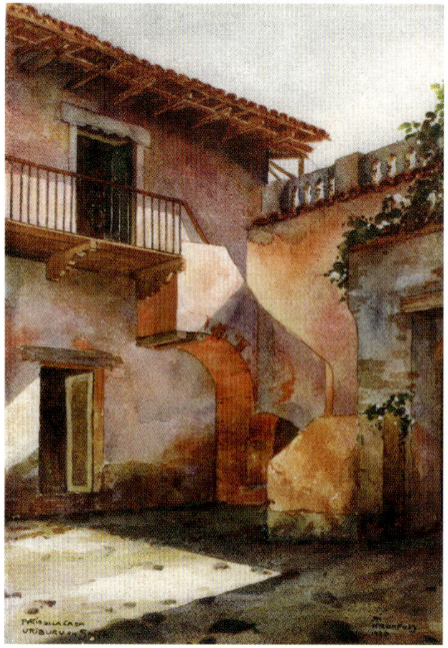

Patio de la casa Uriburu, Juan Kronfuss.

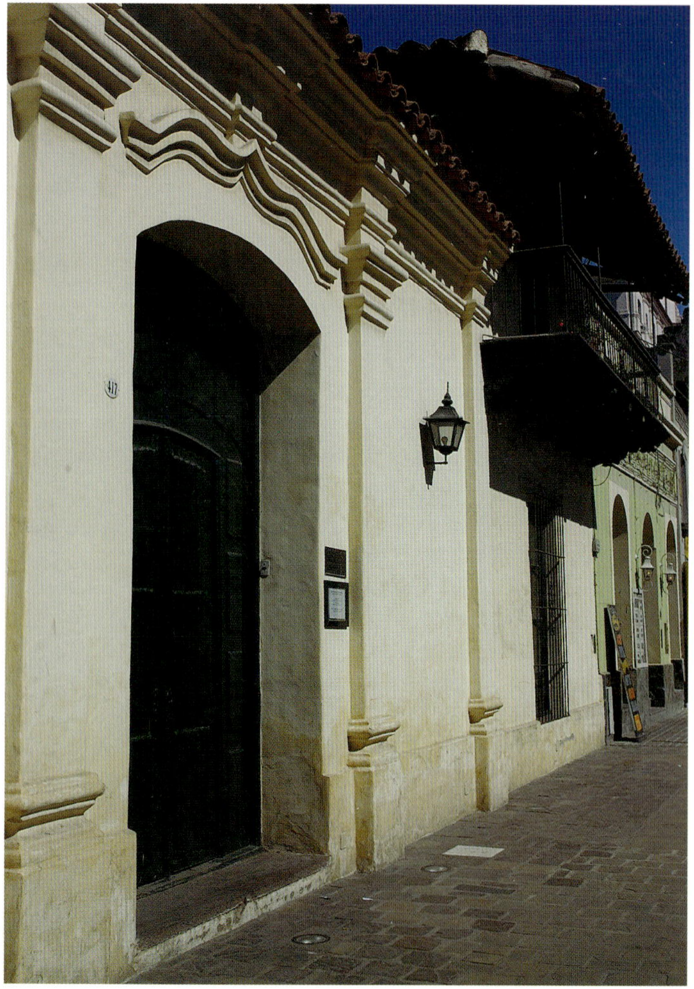

Frente de la Casa de Uriburu. Puerta de entrada y balcón de madera tallada.

*Frente de la Iglesia y Convento de San Francisco.
La iglesia original se levantó en tiempos de
la fundación de Salta. La actual, de 1882, fue
diseñada por Fray Georgi (foto izquierda) y
construida por Francisco Righetti.*

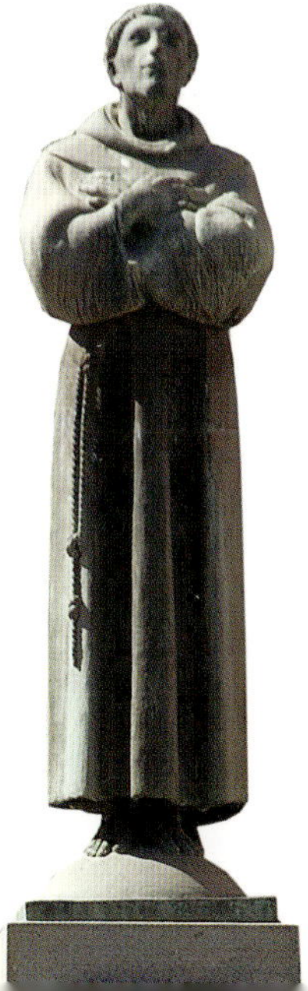

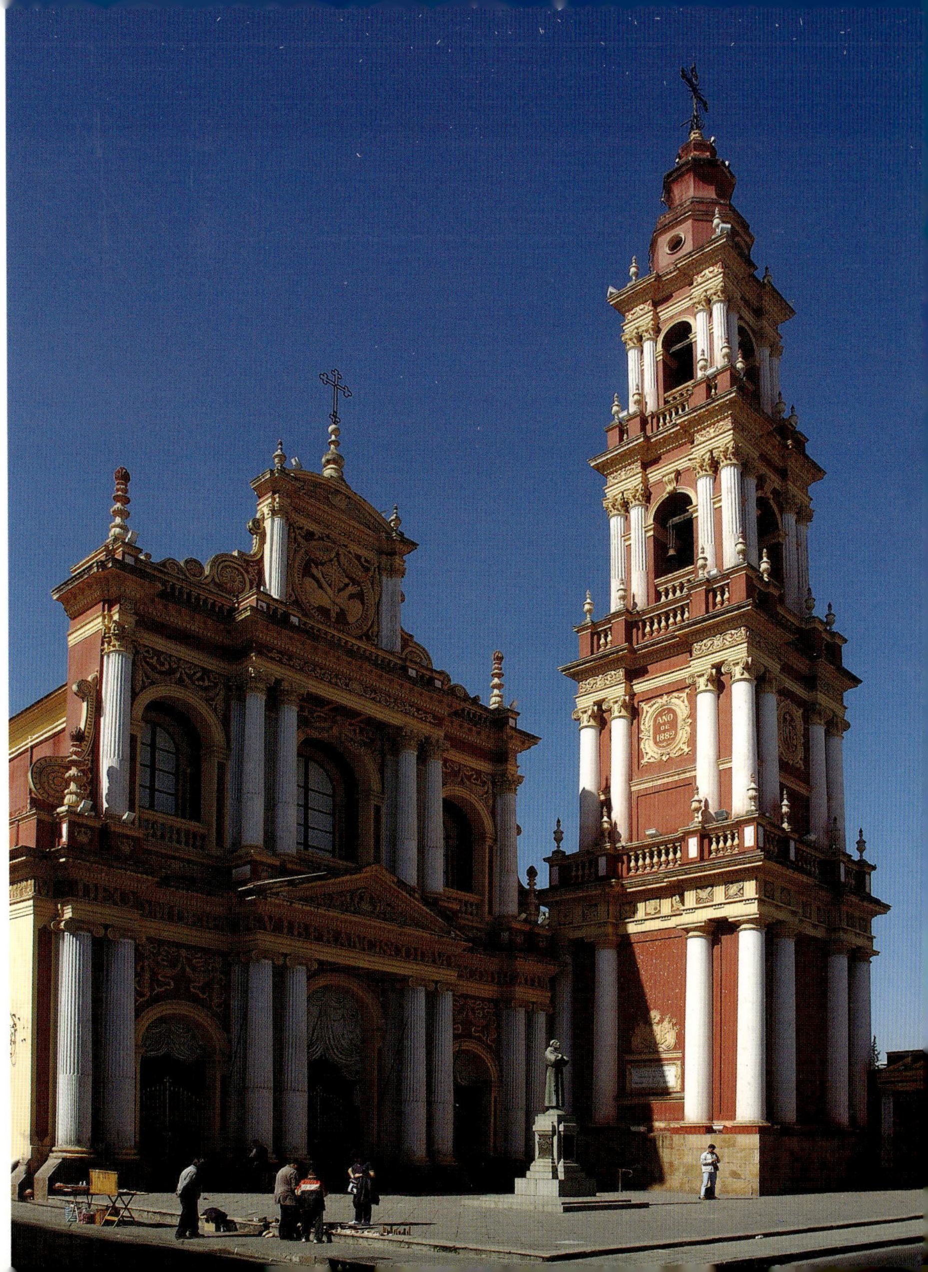

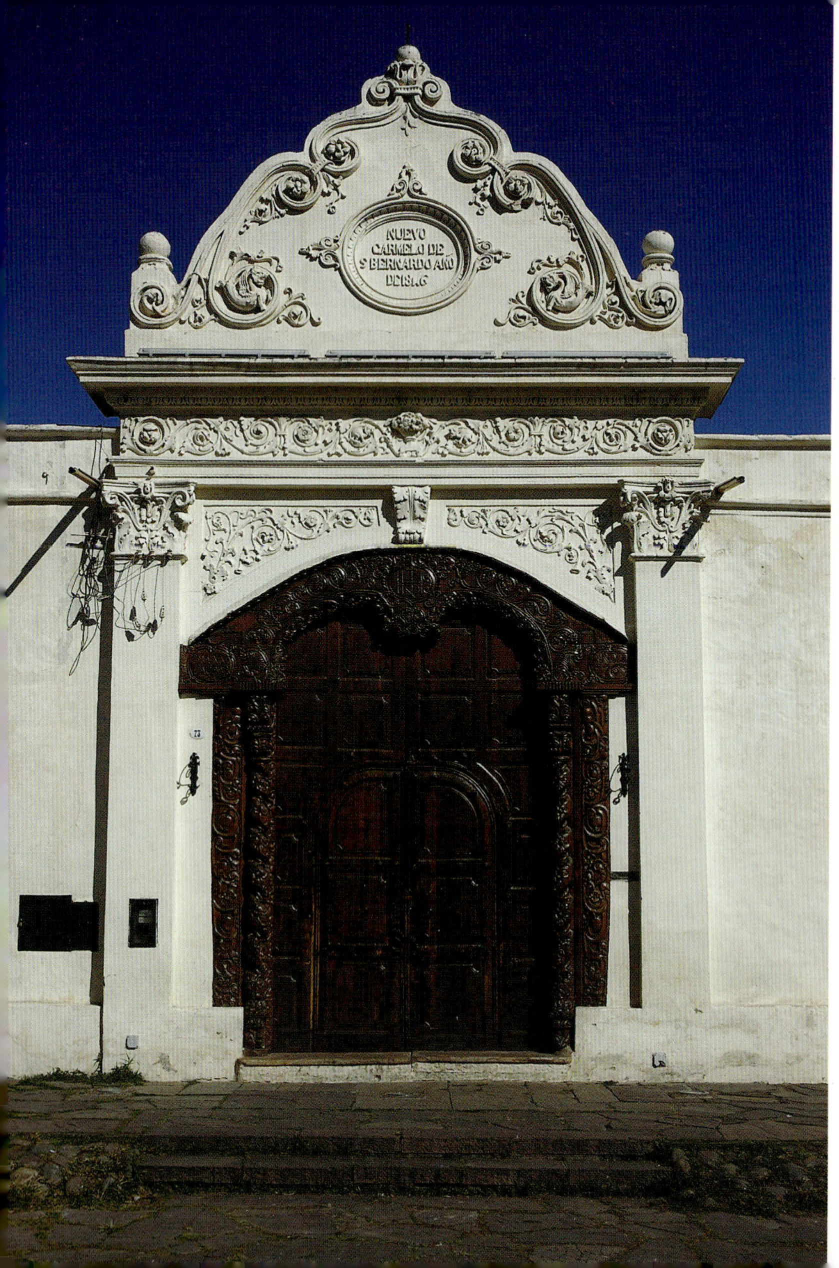

El Convento de San Bernardo es una de las postales más famosas de la ciudad, funciona desde principios del siglo XIX como convento de clausura total y perpetua de la Orden de las Carmelitas Descalzas. Su enorme puerta de algarrobo tallada a mano por manos indígenas y que data de 1762, contrasta con el exterior simple y austero, construido inicialmente para servir de hospital.

Puerta tallada a mano del Convento de San Bernardo. Data de 1762 y fue ofrendada al convento como pago de la dote para una novicia ingresante.

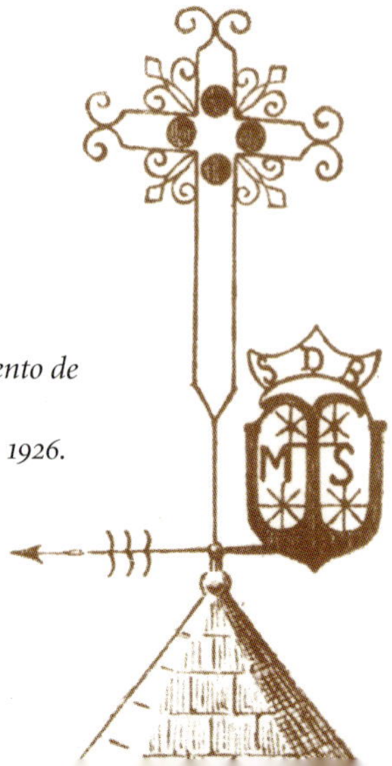

Veleta del convento de San Bernardo, Jorge Augspurg, 1926.

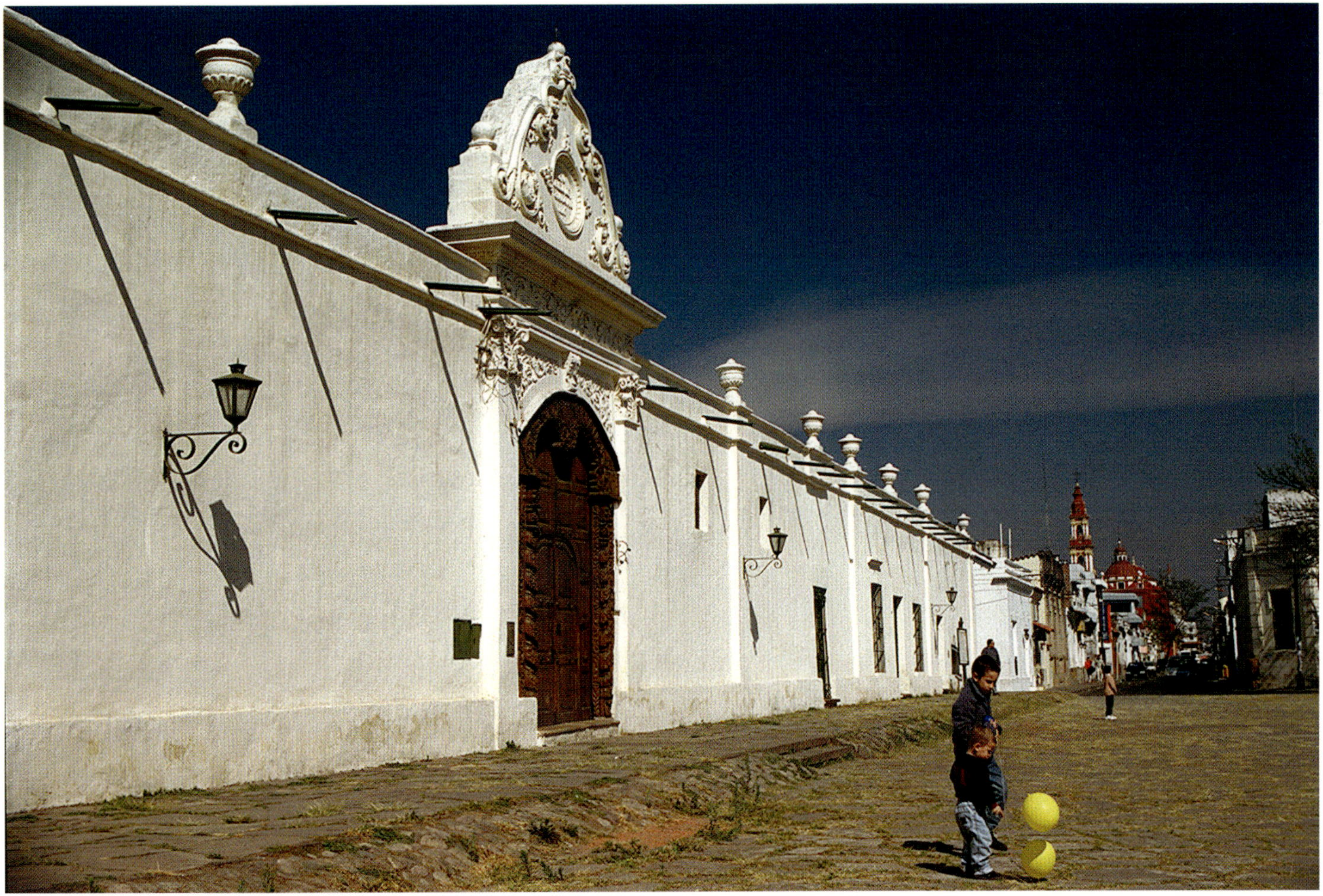

Vista del frente del convento de San Bernardo y calle Caseros.

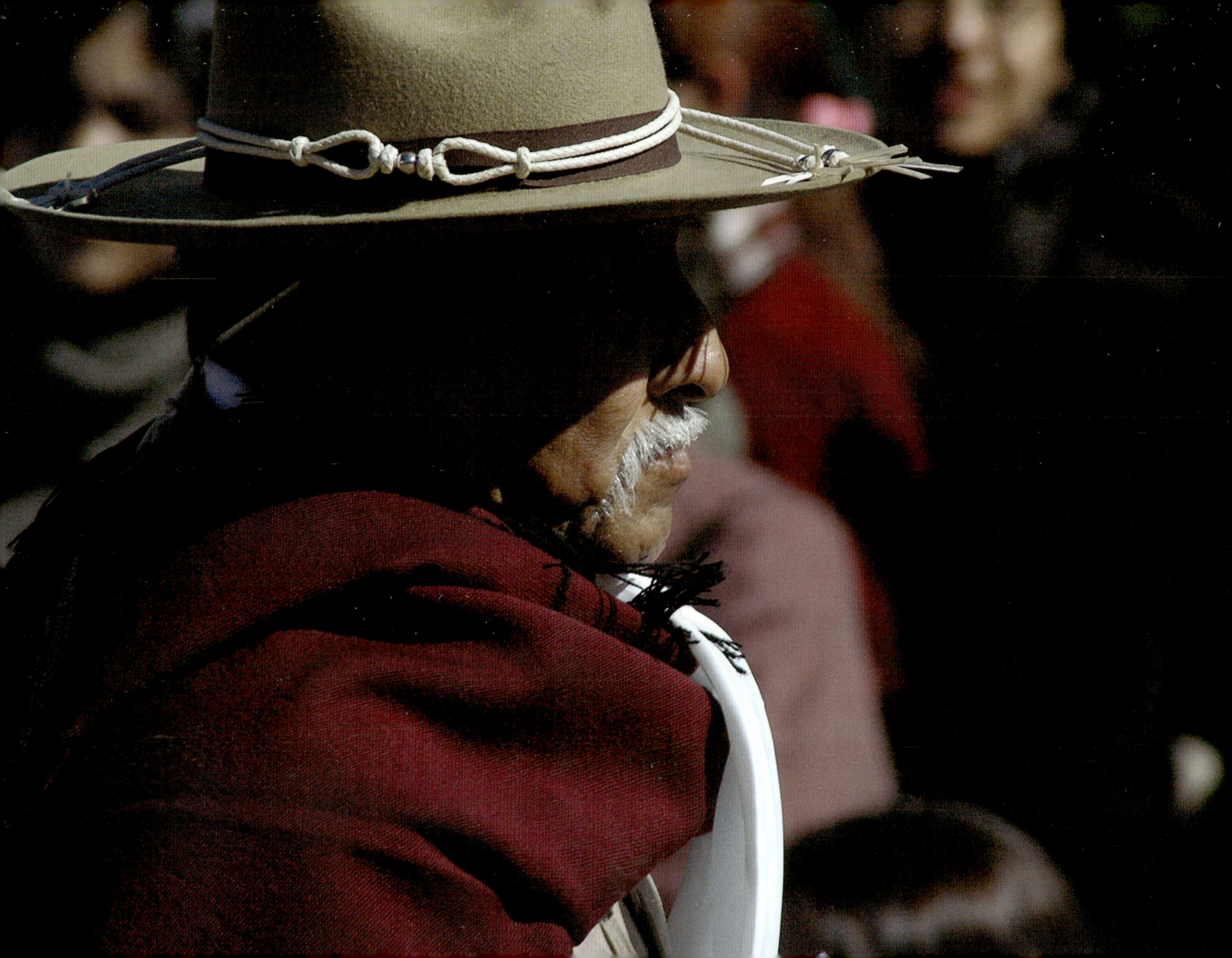

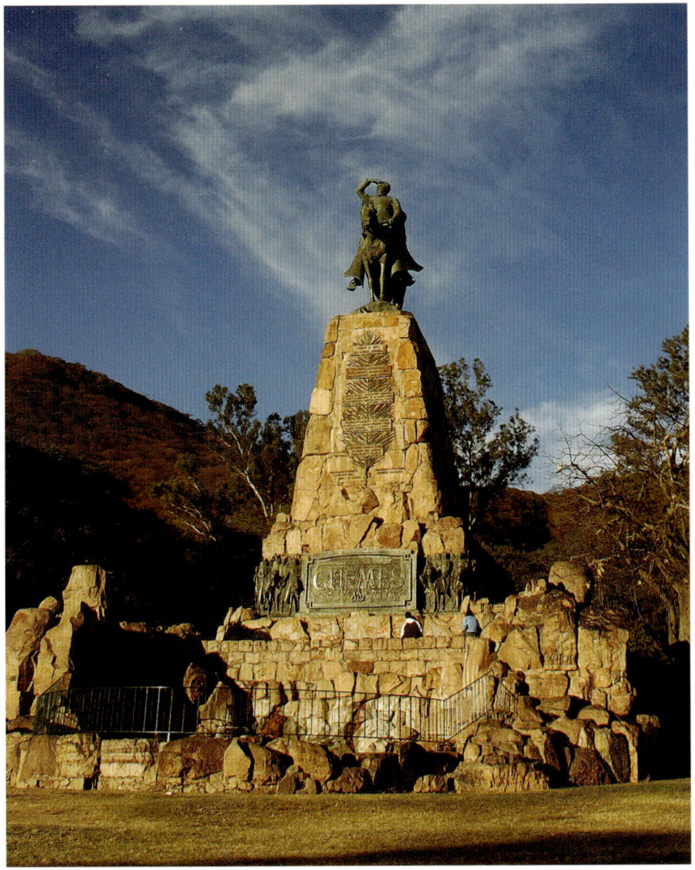

Monumento al General Martín Miguel de Güemes, al pie del Cerro San Bernardo (1961).

Detalle de cuero crudo en sombrero de gaucho salteño durante el desfile del 17 de junio, realizado en honor al aniversario de la muerte del General Güemes. (pág. 54)

Los fines de semana se organiza una feria de artesanías sobre la calle Balcarce, en las inmediaciones de la Estación de Tren. Y, sobre la misma calle, los otrora almacenes y depósitos cercanos a la estación de ferrocarril, son hoy cafés, restaurantes y peñas folclóricas.

Al pie del cerro San Bernardo se erige el Monumento al General Martín Miguel de Güemes, héroe gaucho que peleó junto al General Manuel Belgrano en las Guerras de la Independencia. La base está hecha con piedras del cerro y la escultura de bronce es obra de Víctor Gariño.

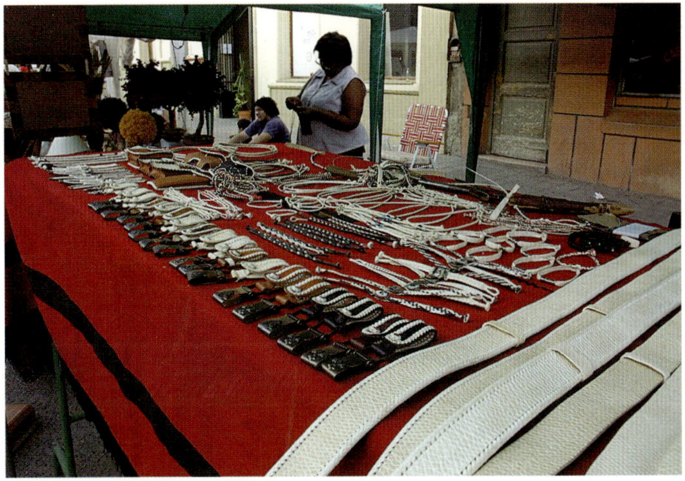

Los domingos se realiza una feria de artesanías cerca de la Estación de Tren, sobre la calle Balcarce.

San Lorenzo se ubica a unos minutos del centro. Originalmente una villa veraniega, hoy es una zona residencial donde las casas coloniales, de piedra y con galerías, están rodeadas por jardines con viejos árboles. Su vegetación es posible gracias al microclima húmedo que se genera al pie de las montañas. Las calles principales están sombreadas por seibos *(Erithryna sp.)* que regalan flores rojas en octubre.

Desde allí se puede salir a caminar por las innumerables quebradas de arroyos cristalinos y enormes arboledas. Paseos a caballo, en bicicleta o four track y hasta un vuelo en parapente, son todas alternativas que se pueden realizar durante todo el año.

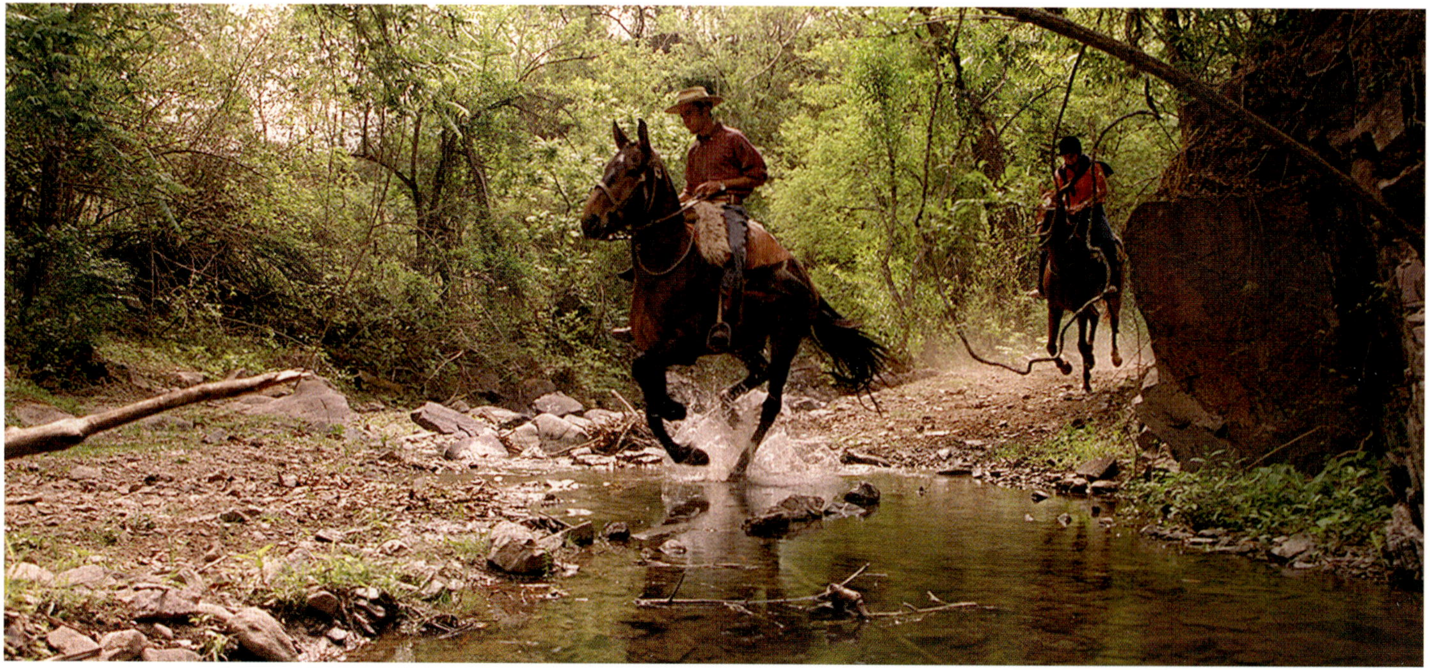

Las quebradas de San Lorenzo, cubiertas por vegetación de Selva de Montaña, esconden sendas para recorrer a caballo o a pie.

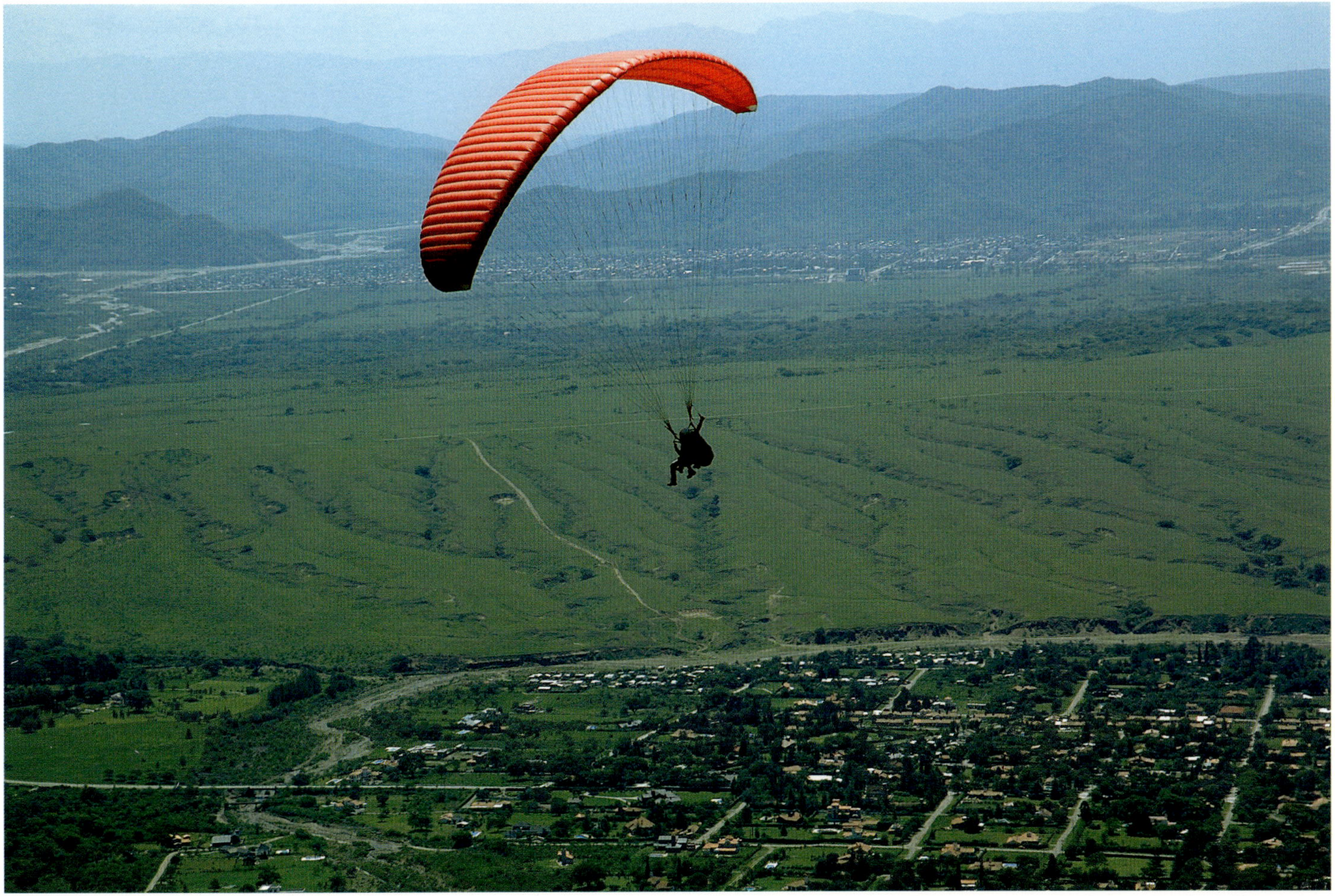

Vuelo en parapente, despegando desde un cerro de San Lorenzo. En primer plano vista de San Lorenzo y atrás, los suburbios al norte de la ciudad de Salta.

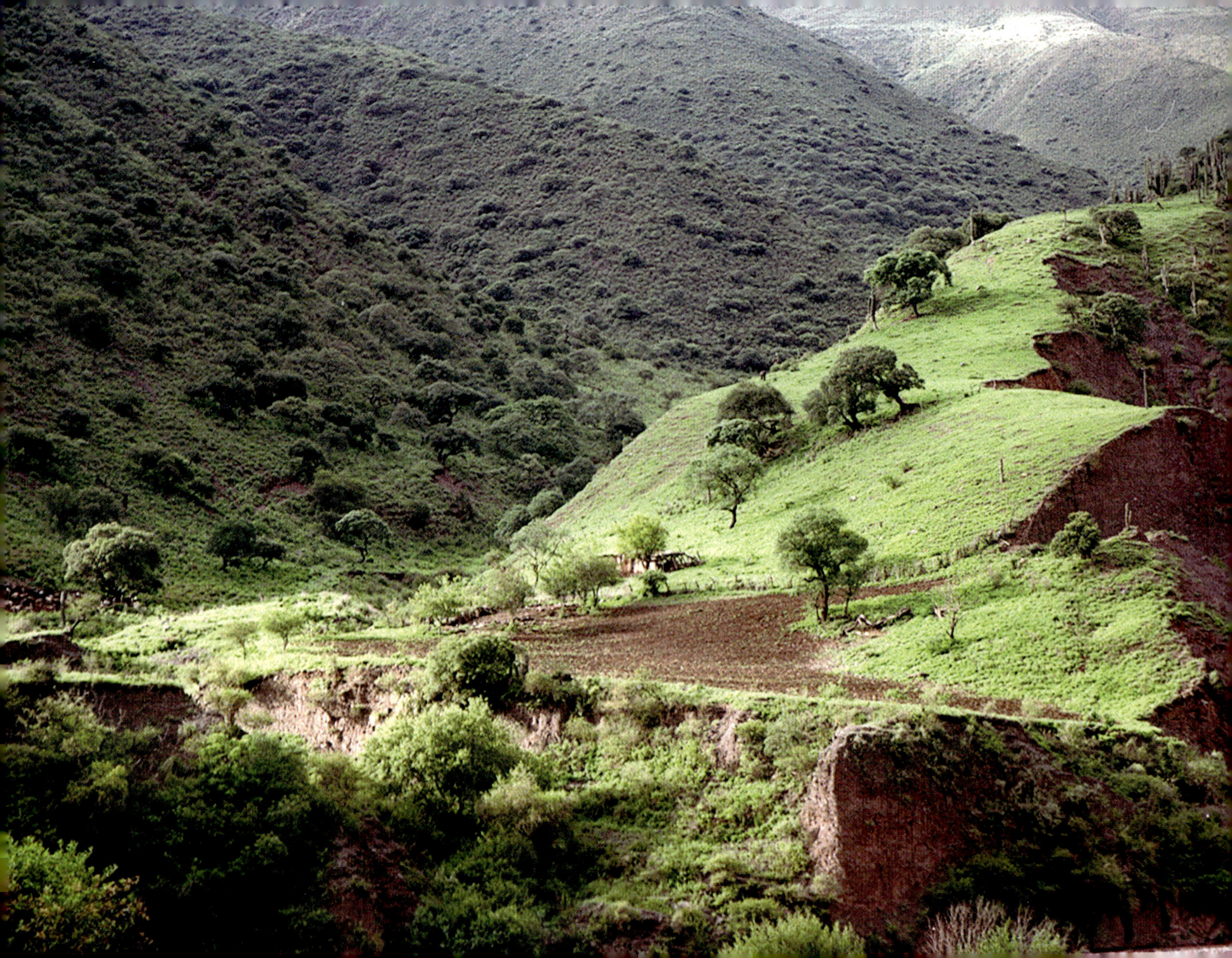

De Salta a Cachi por Cuesta del Obispo Ruta 40 hasta Cafayate

Desde la ciudad de Salta salimos hacia el sur y en la localidad de El Carril, en el corazón de la región agrícola del Valle de Lerma, tomamos hacia el oeste por la Ruta Provincial 33. Esta es una región de casonas coloniales, campos cultivados y de estufas para curar tabaco Virginia.

En la zona de Los Laureles el camino se estrecha entre laderas y el camino corre bajo una selva de laureles del cerro (*Phoebe porphyria*), nogales (*Junglans australis*) y cedros (*Cedrella sp.*)

Pasamos por San Fernando de Escoipe, dentro de la Quebrada del mismo nombre, donde a la vera del camino, los pobladores ofrecen frutas frescas, secas o en conserva con sabor a humo, ya que fueron preparadas sobre fogones al aire libre.

San Fernando de Escoipe. Los pobladores aprovechan cada parcela de tierra plana para cultivar. (pág. 58)

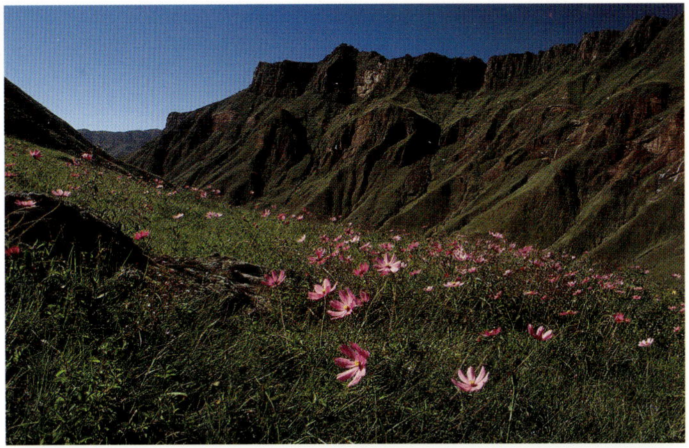

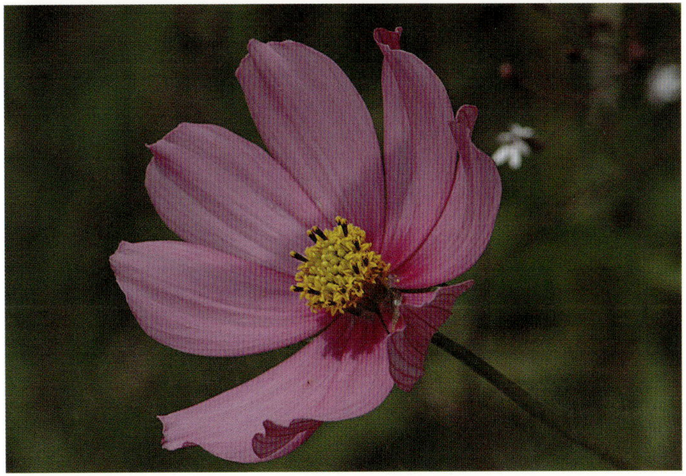

Cuesta del Obispo, paraje San Martín. Los cosmos florecen entre febrero y abril.

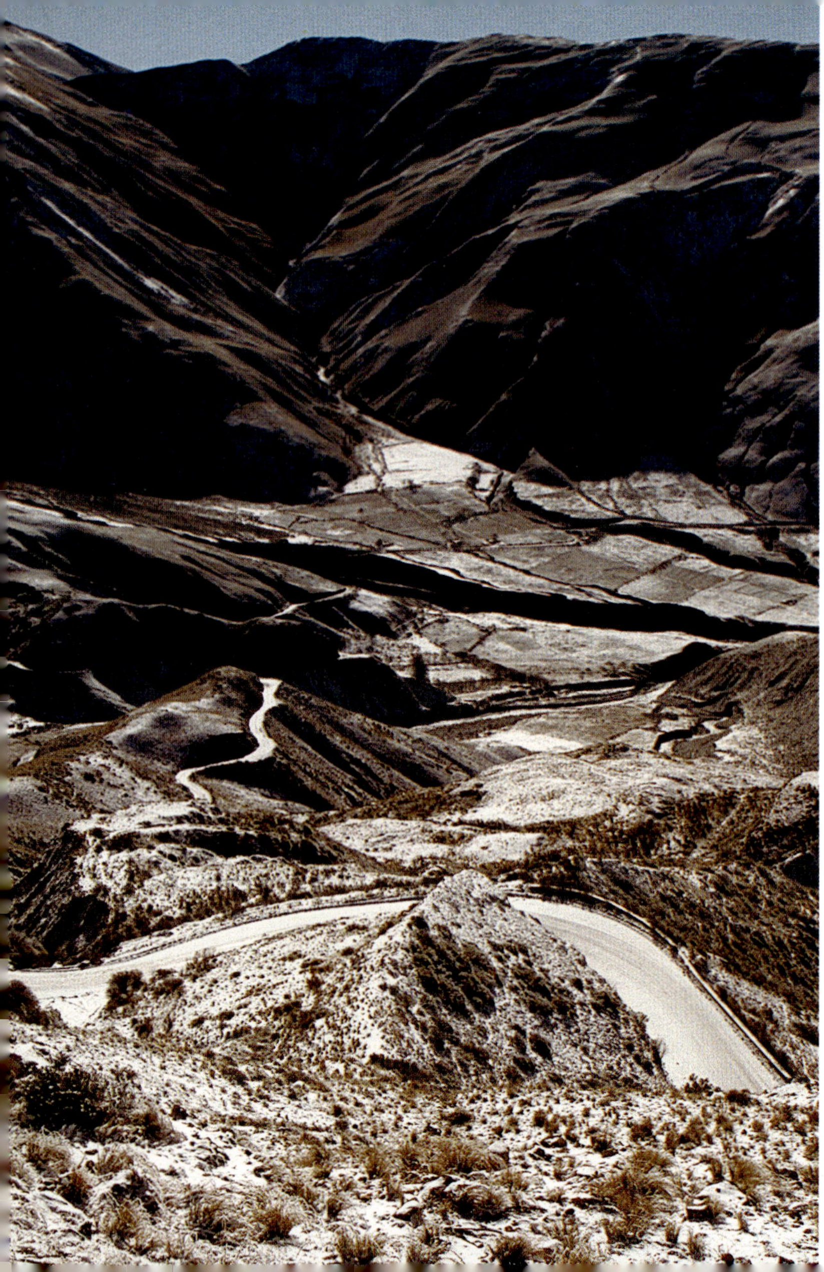

El paisaje cambia, aparecen tierras color terracota. Trepamos por la Cuesta del Obispo, donde cada curva ofrece una vista única. Se ingresa al Parque Nacional Los Cardones. Más abajo está el Valle Encantado que hace honor a su nombre.

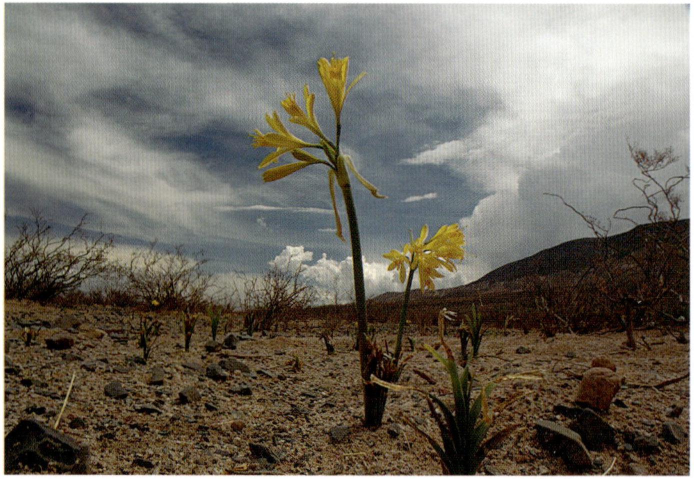

Flor de Amancay (Hieronymiella tintinensis). Crece en las zonas áridas del Parque Nacional Los Cardones y florece solo después de las lluvias estivales.

Cuesta del Obispo con nieve.

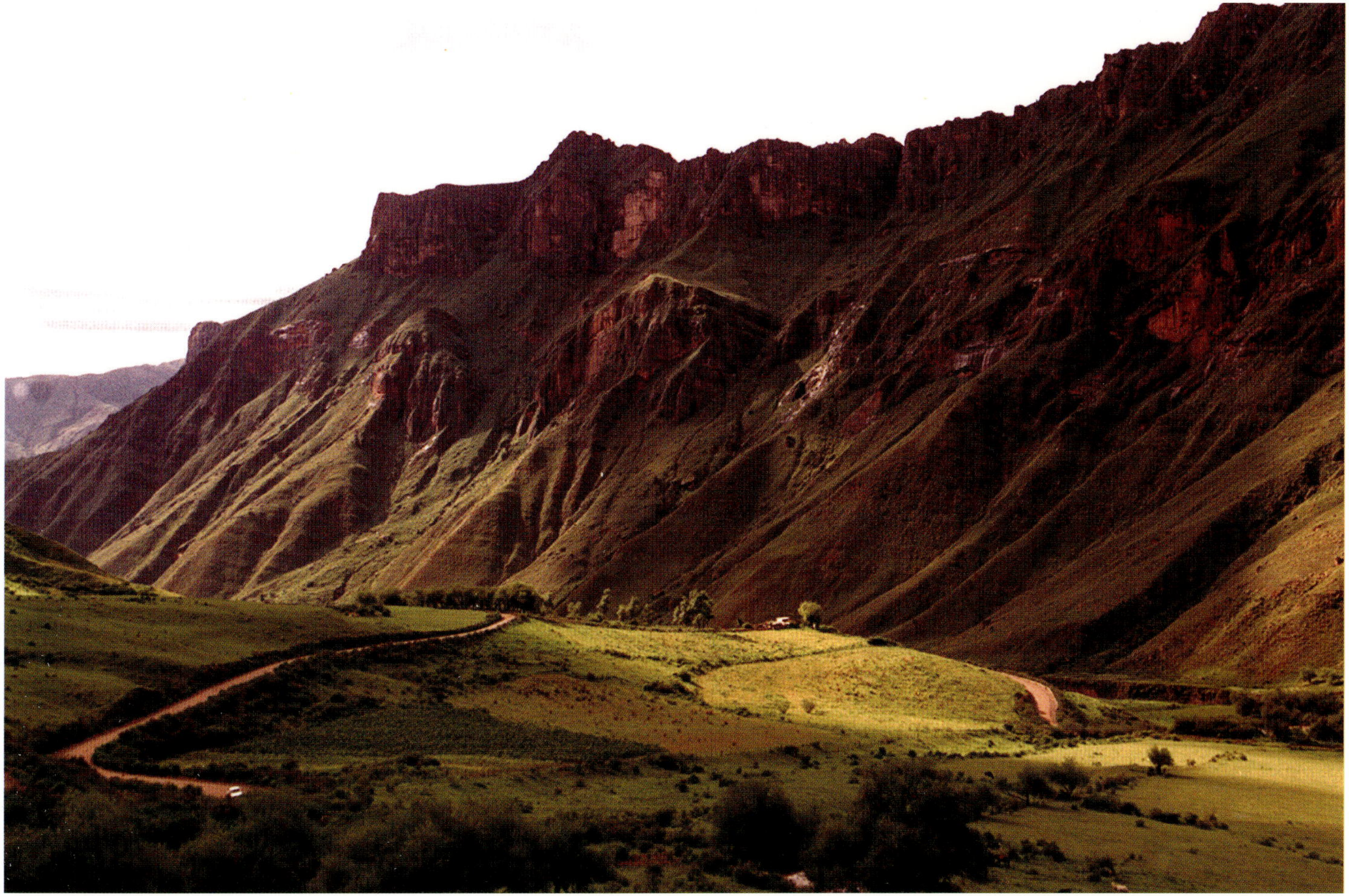

Cuesta del Obispo en verano.

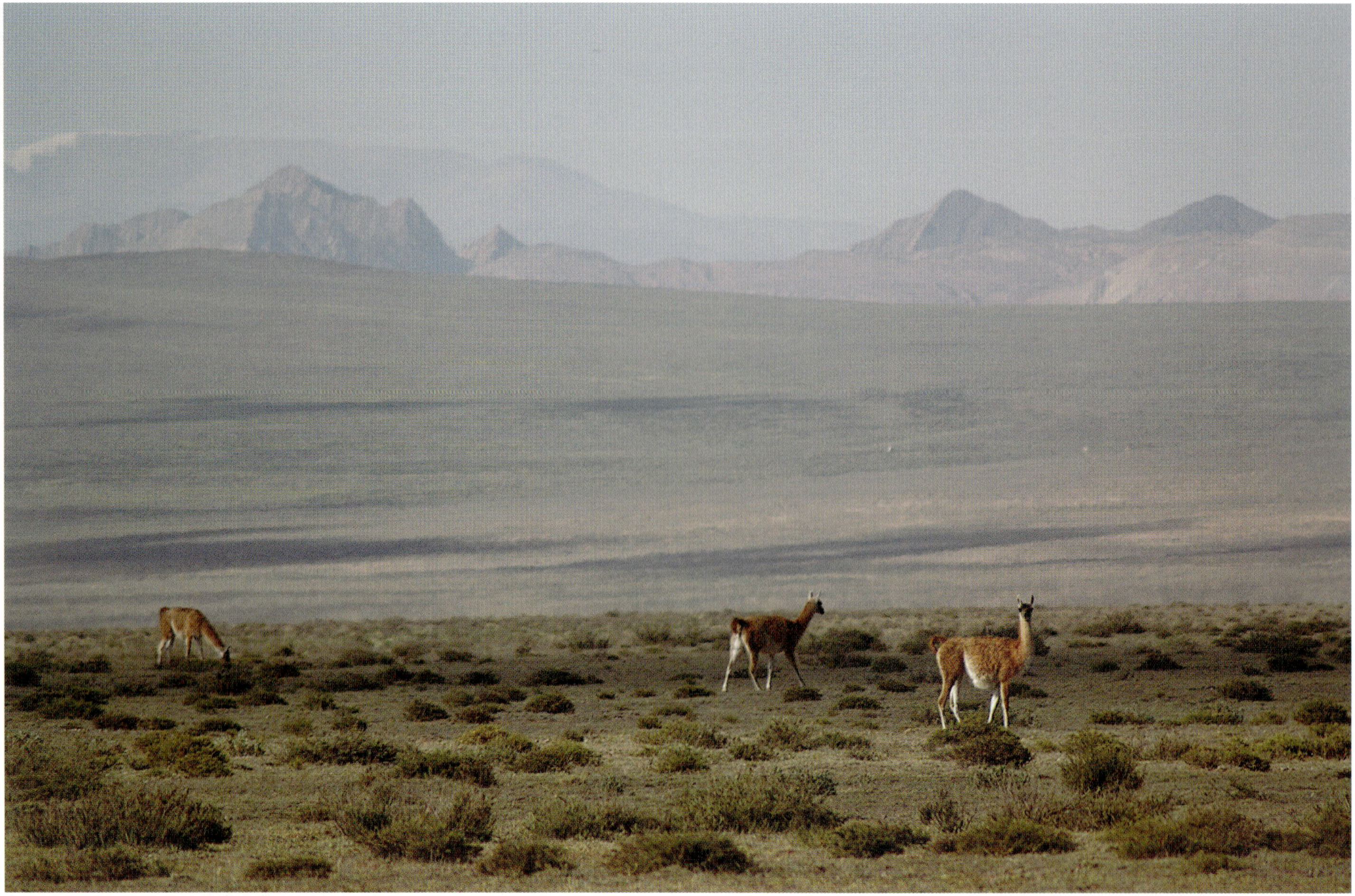

Guanacos (Lama guanicoe) en Cachi Pampa.

Llegamos a la Piedra del Molino, un abra a 3348 m.s.n.m. A partir de allí, el camino sigue por una planicie de altura, Cachi Pampa, donde es frecuente encontrar asnos salvajes y guanacos compitiendo por las pasturas de la región que, a estas alturas, son las más abundantes del Parque Nacional, dado que es habitual que las nubes dejen aquí su humedad.

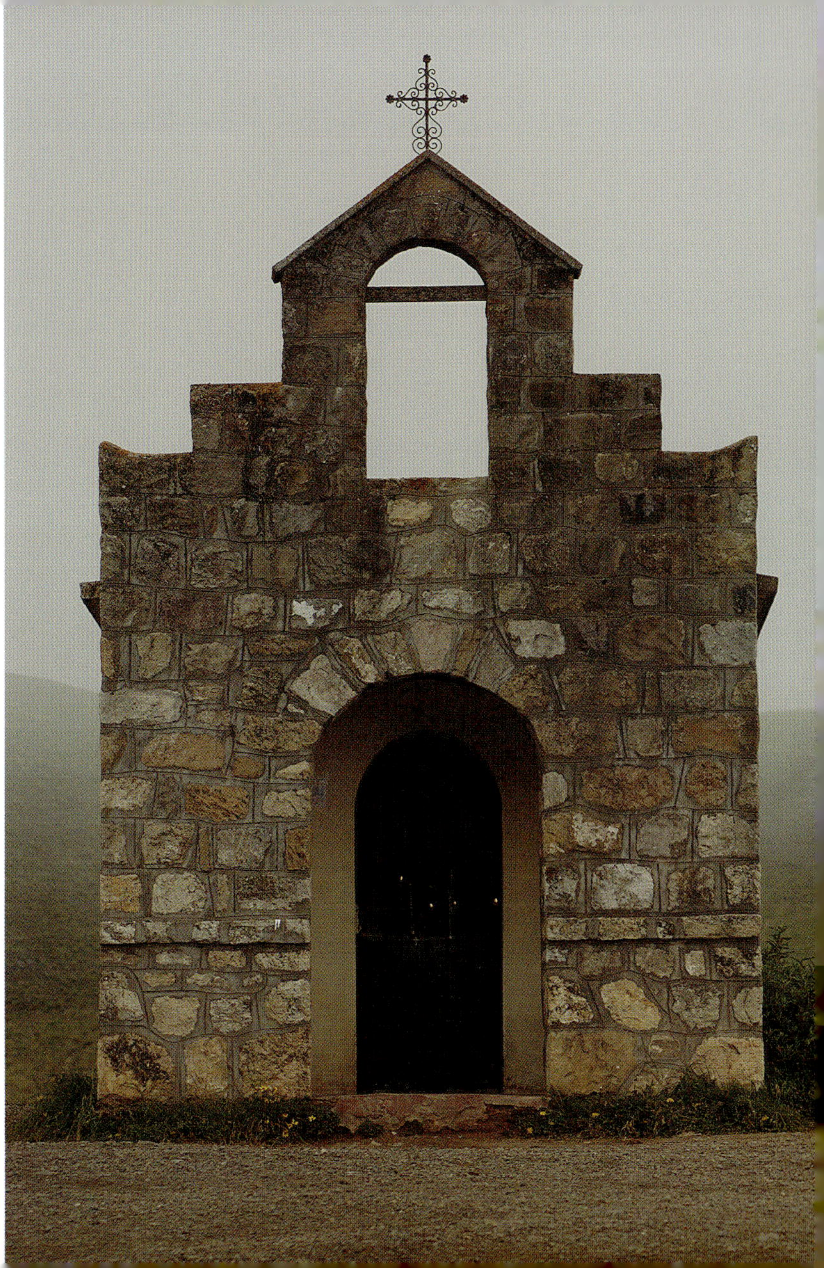

Capilla de Piedra del Molino.

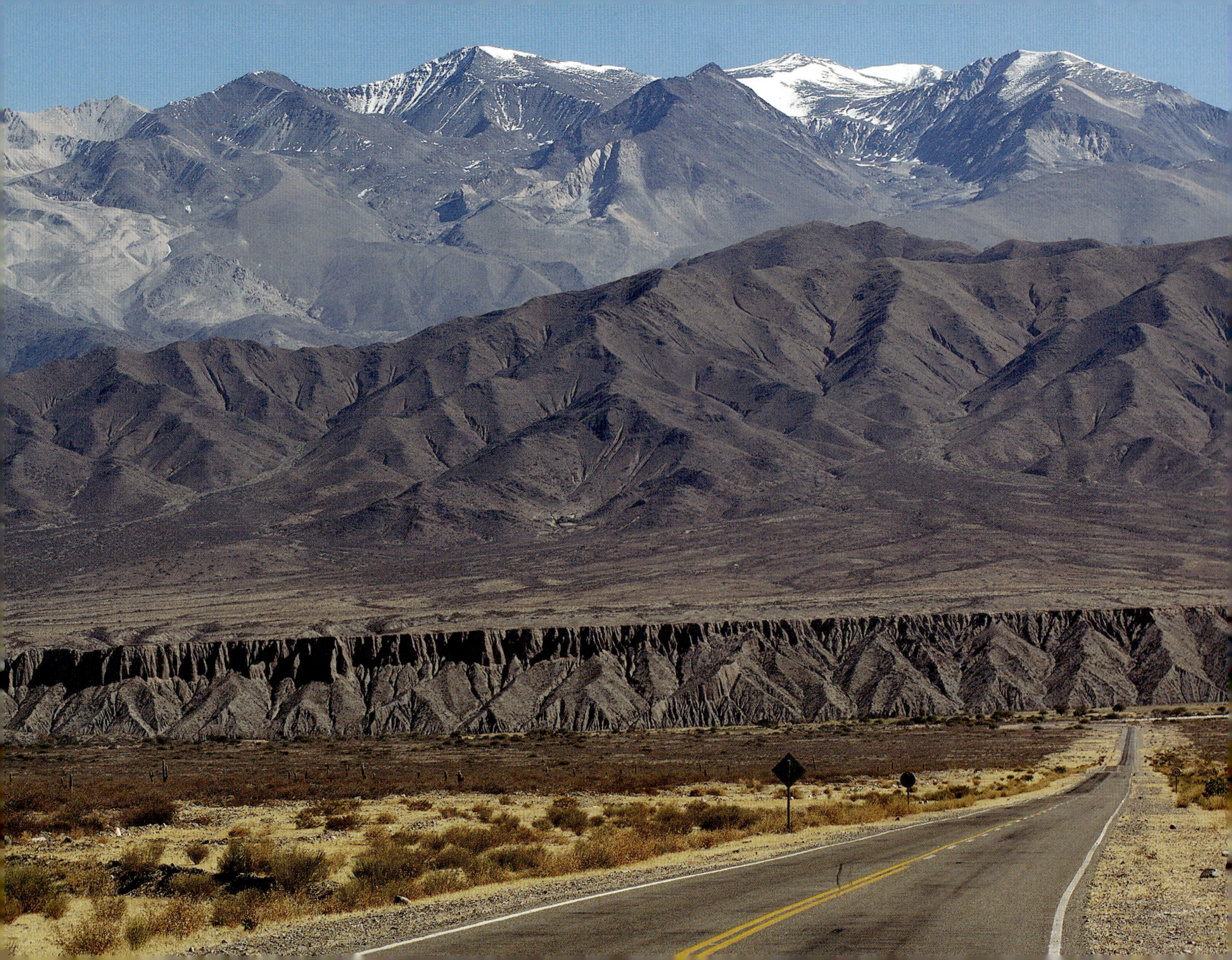

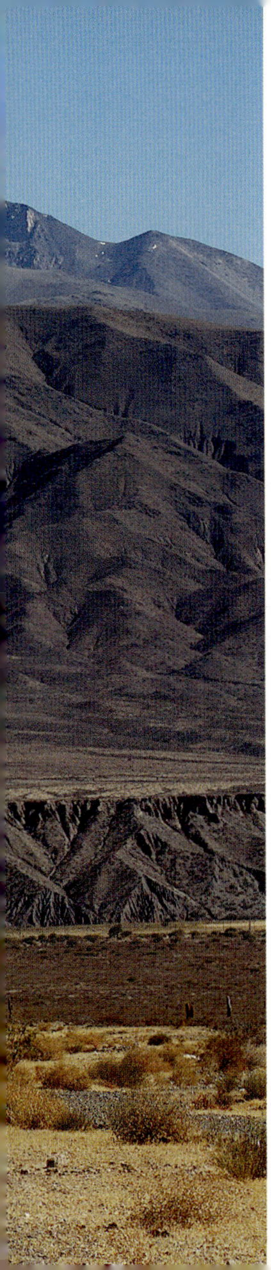

Más adelante, donde el clima es más seco, millares de cardones (*Trichocereus sp.*) esperan, como si fueran centinelas de los Andes. Estas plantas admirables crecen en laderas áridas situadas entre los 2000 y 3500 metros de altitud.

La recta de Tin Tin, construida sobre un trazado inca, sorprende después de tantas curvas. Abajo vemos los cultivos a orillas del Río Calchaquí.

La ruta baja hasta el Río Calchaquí; atrás el Nevado de Cachi, 6380 m.s.n.m.

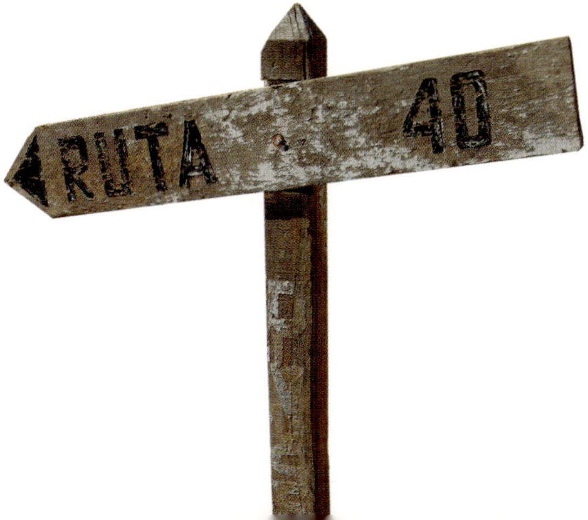

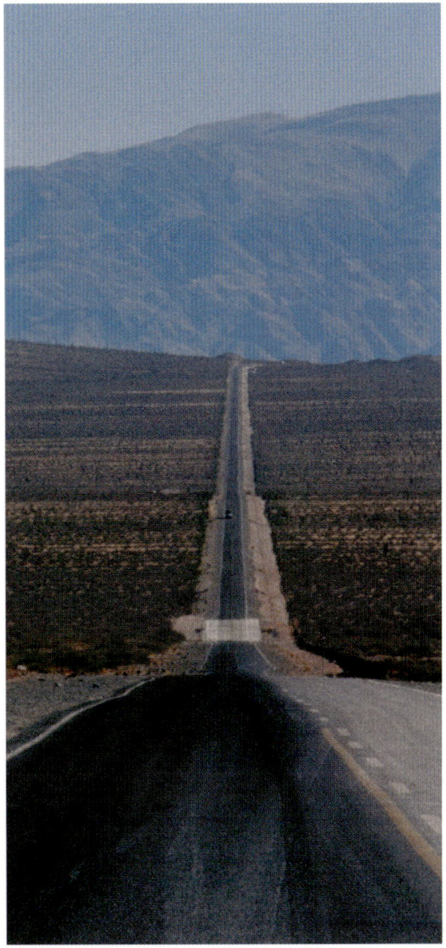

Recta de Tin Tin.

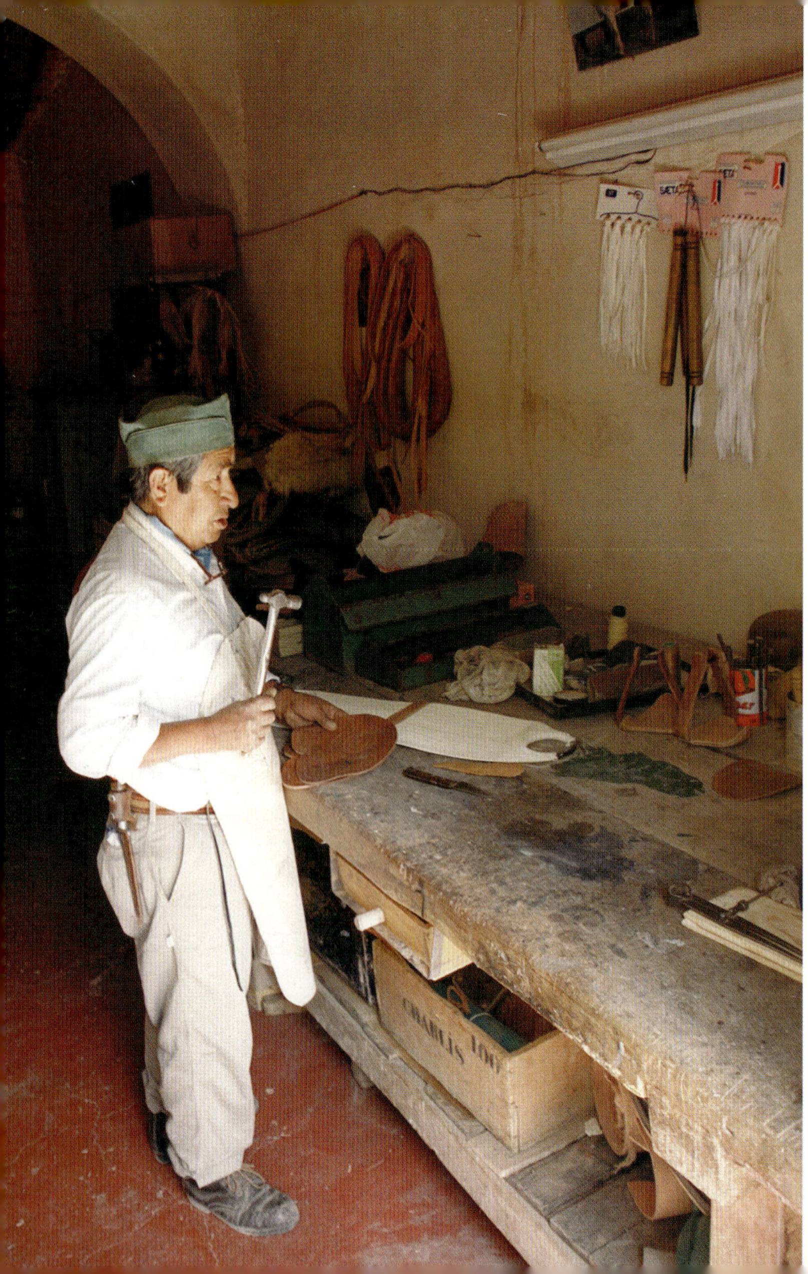

Pasamos por Payogasta, lugar que parece detenido en el tiempo.

Al cruzar el Río Calchaquí entramos en Cachi, que significa "sal" en quechua, pueblo que conserva su arquitectura: casonas coloniales de veredas altas rodean la plaza principal.

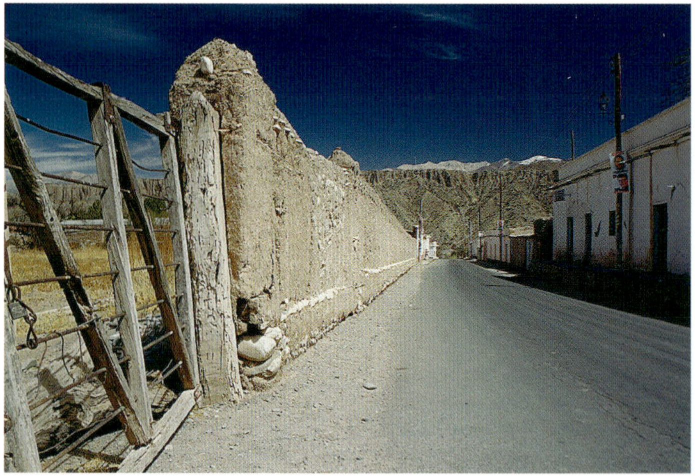

Calle de Payogasta.

Talabartero en Payogasta.

Cachi. Iglesia de San José y a la derecha, Museo Arqueológico. (pág. 67)

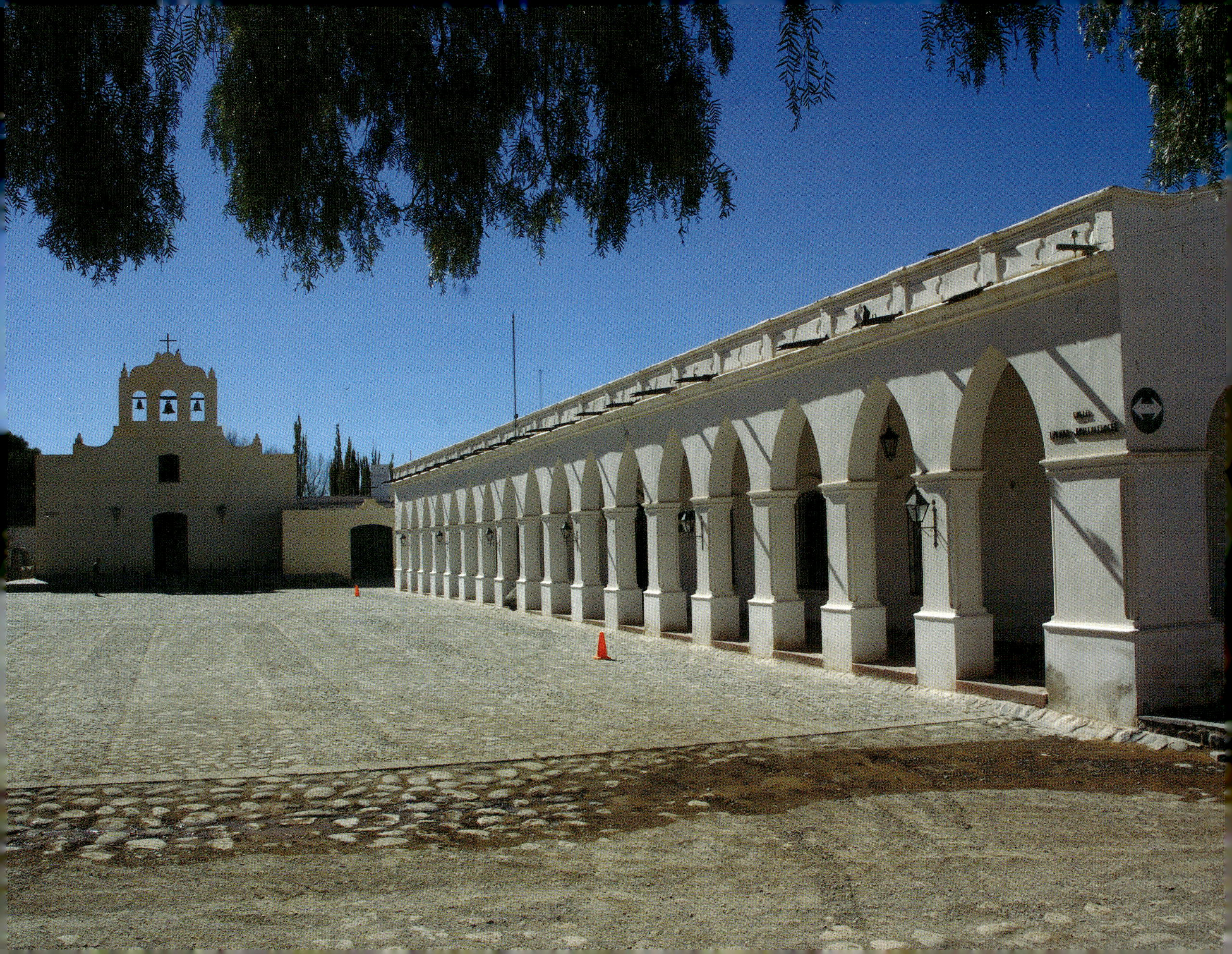

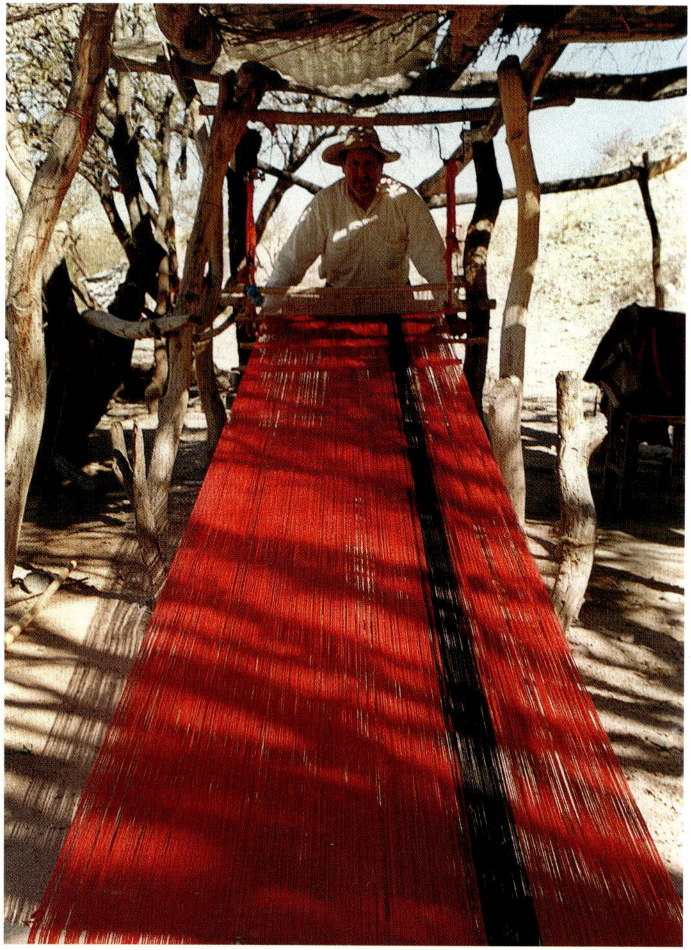

Seclantás. Artesano tejiendo un poncho salteño en su telar.

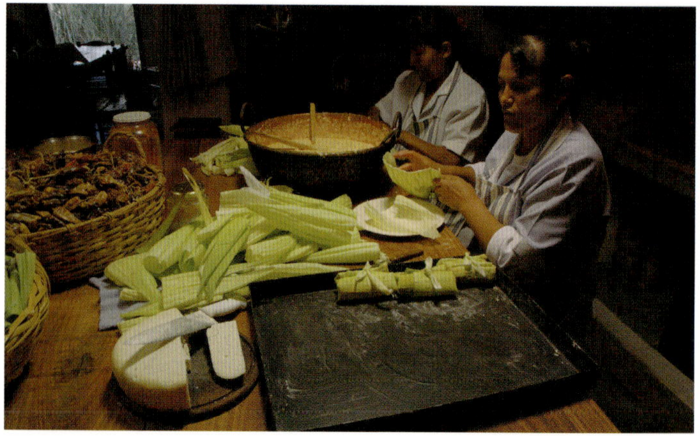

Preparando humitas.

Desde aquí tomamos por la Ruta 40, que llega hasta la Patagonia, y que aquí nos llevará hasta Cafayate.

El camino es de tierra, con curvas y contracurvas, y en casi todas encontramos casas de adobe con galerías. Las columnas rematadas en molduras sostienen arcos de formas diversas. La arquitectura es una clara muestra de la fusión de dos culturas: calchaquí y española. Esta unión se ve en todos los ámbitos de la vida de los pobladores de la región, en la música, en las tradiciones y hasta en la religión.

Pasamos por fincas y caseríos situados entre el camino y el río, que forman una franja verde que pinta con vida estas tierras. Hay que transitarlo sin apuro, descubrir el ritmo de vida de la gente de los Valles, orgullosos de su origen calchaquí.

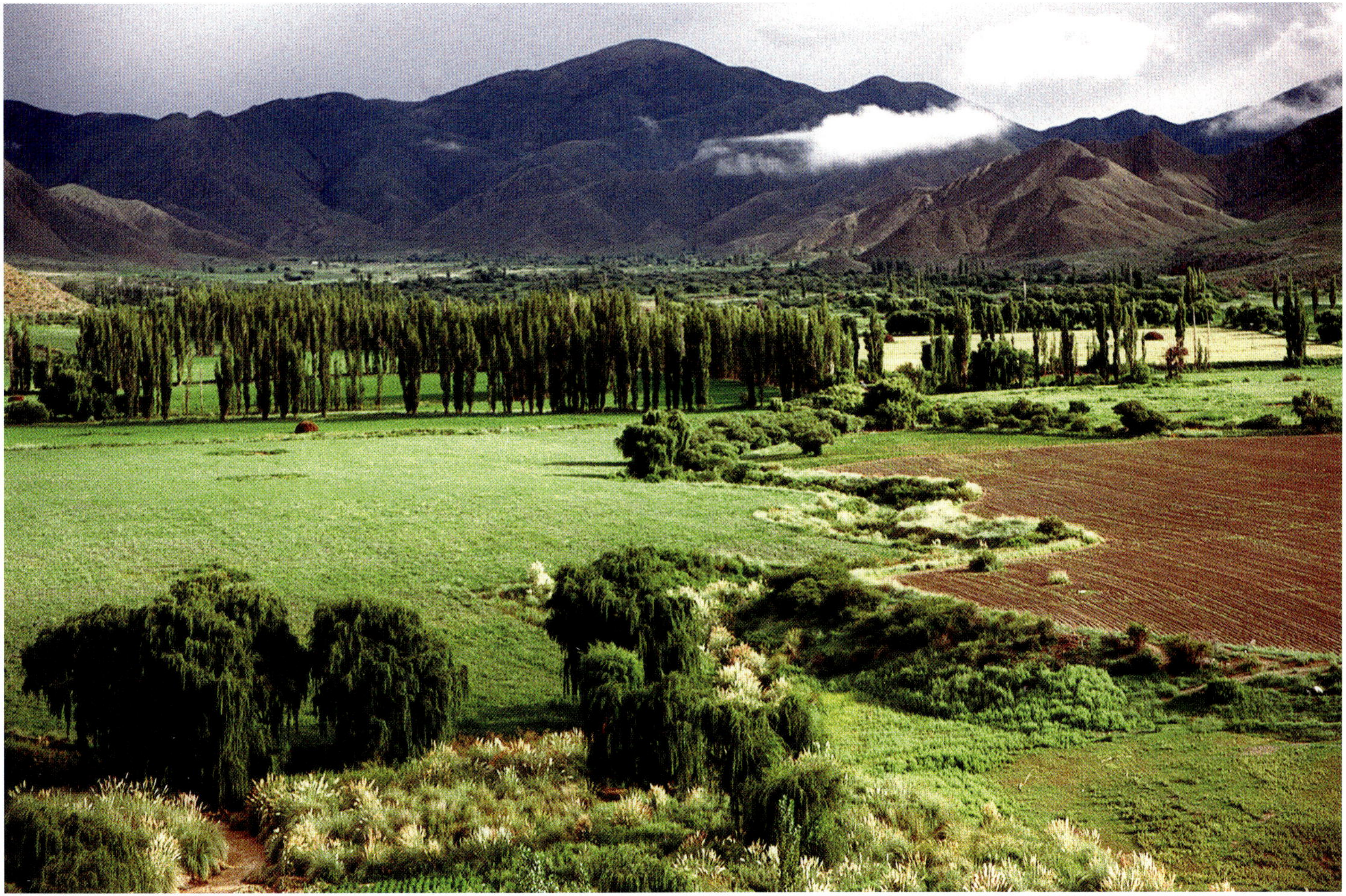

Cachi Adentro. Pequeño valle protegido al oeste de Cachi, que al estar cerca de las montañas tiene mas agua para los cultivos.

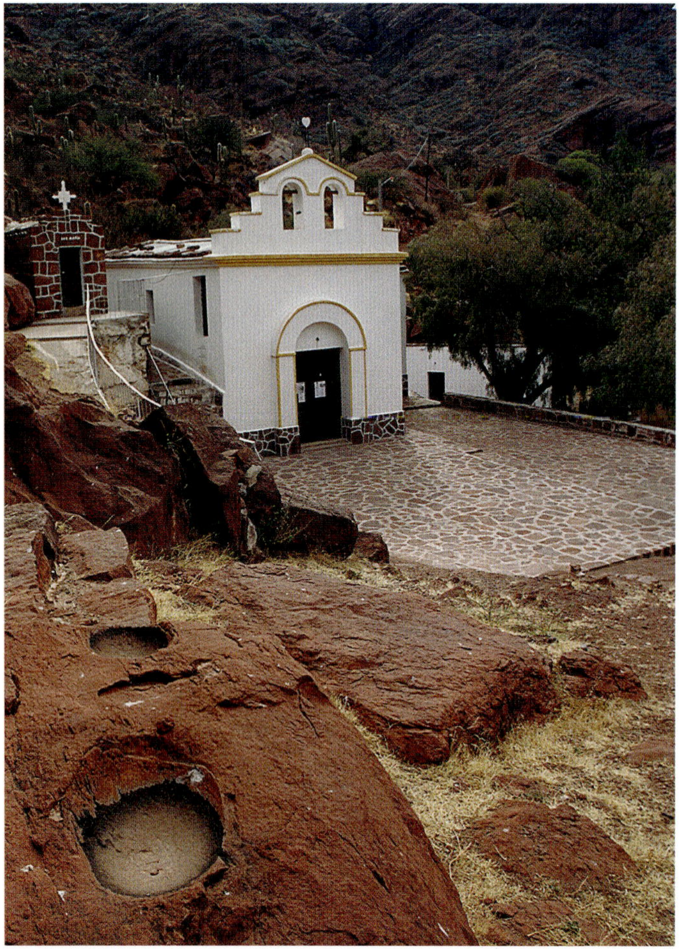

Capilla del pueblo de Brealito. En primer plano vemos antiguos morteros indígenas.

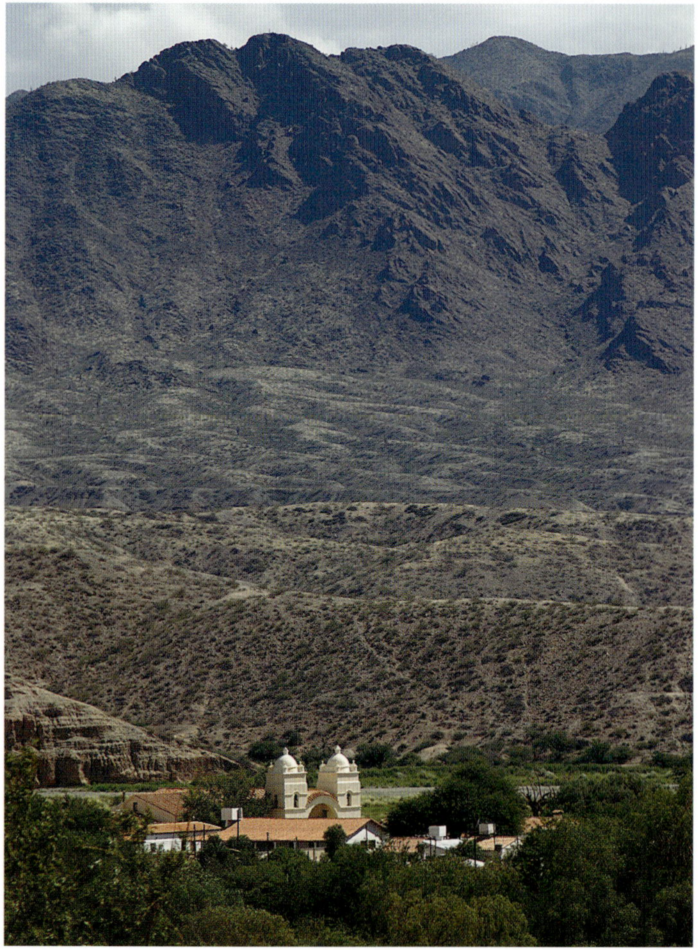

Iglesia de San Pedro Nolasco de Los Molinos.

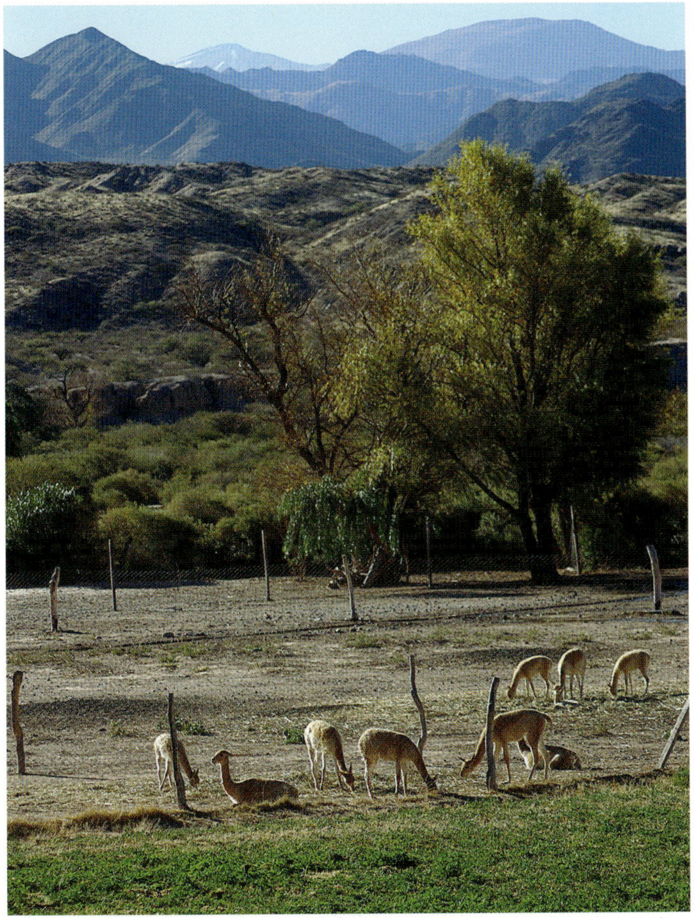

Molinos. Vicuñas criadas en cautiverio pertenecientes a una cooperativa de artesanos, que tejen con la lana obtenida de su esquila.

Para llegar al pueblo de Seclantás hay dos opciones: o seguir por la Ruta Nacional 40 en la margen oeste del Río Calchaquí, o bien cruzarlo antes, por El Colte, pequeño cañón de rocas grises que encauzan el río y luego recorrer la Ruta de los Artesanos, donde los pobladores tejen en sus telares a la vera del camino.

Seguimos hacia Molinos, único pueblo de estos valles que no tuvo su origen en un poblado calchaquí, sino en una encomienda española. Allí vivió el último gobernador realista de Salta, Don Nicolás Severo de Isasmendi.

Desde ahí se puede seguir hacia Colomé, Amaicha y Tacuil. Todos sitios de viñedos de altura, que dan origen a vinos malbec y cabernet sauvignon de características singulares.

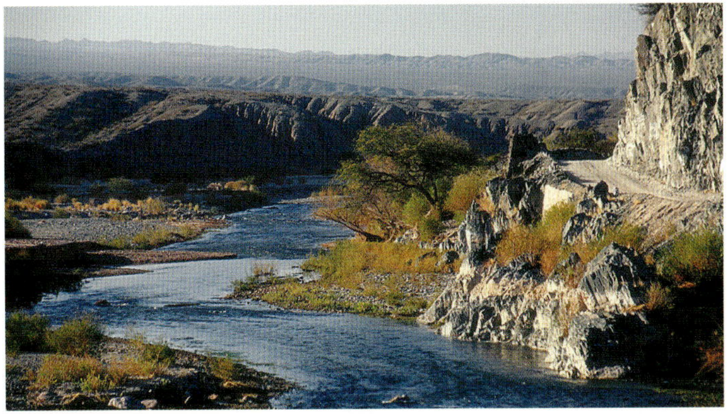

Río Calchaquí.

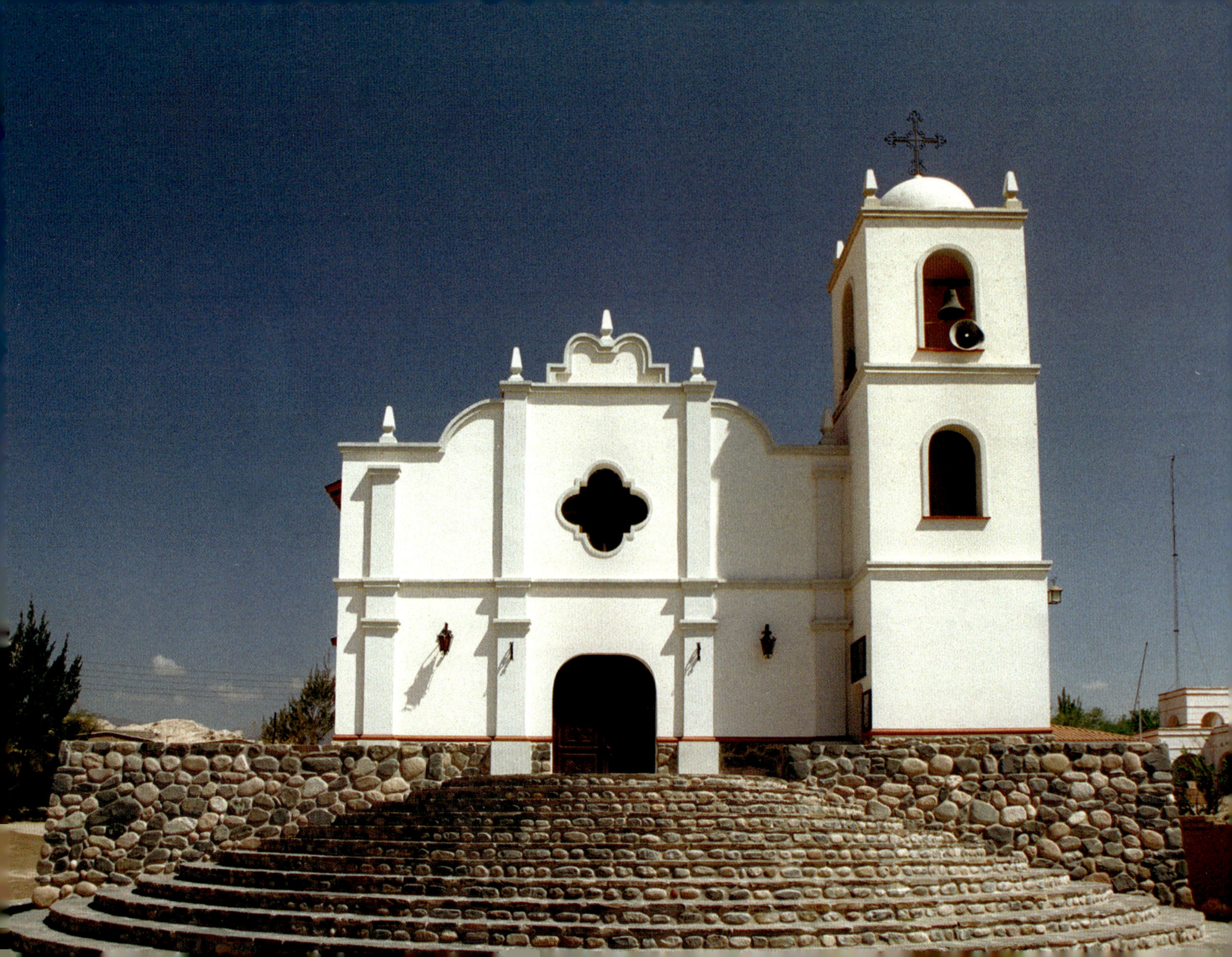

Más adelante espera Angastaco, un oasis de viñedos y álamos en medio de un paisaje que cambia y sorprende. Hace millones de años fue una selva tropical. Hoy los sedimentos están fracturados por el empuje del Plegamiento Andino. Viento y lluvias estivales hicieron el resto para formar la Quebrada de las Flechas, uno de los lugares más increíbles del Noroeste Argentino.

El camino continúa y desde las galerías de las casas se contempla el paso de la gente. Según la época del año que se elija para viajar, se verán pimientos secándose al sol formando alfombras coloradas, alfalfares verdes y violetas o maizales meciéndose al viento. Todo a la sombra de los algarrobos *(Prosopis sp.)*, árboles típicos de la región que dan sombra, madera y alimento desde tiempos inmemoriales.

Iglesia en Angastaco. (pág. 72)

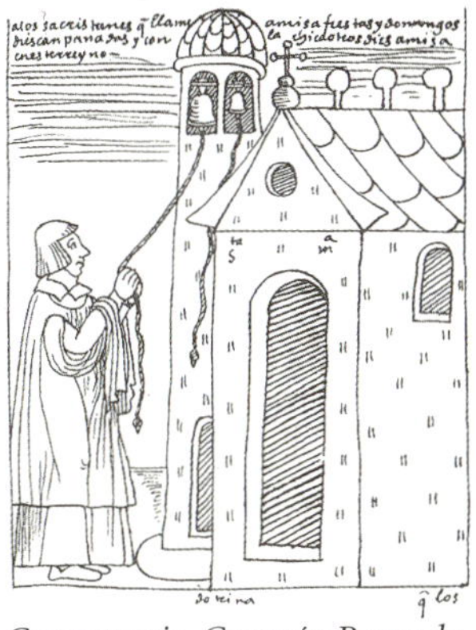

Campanario, Guamán Poma de

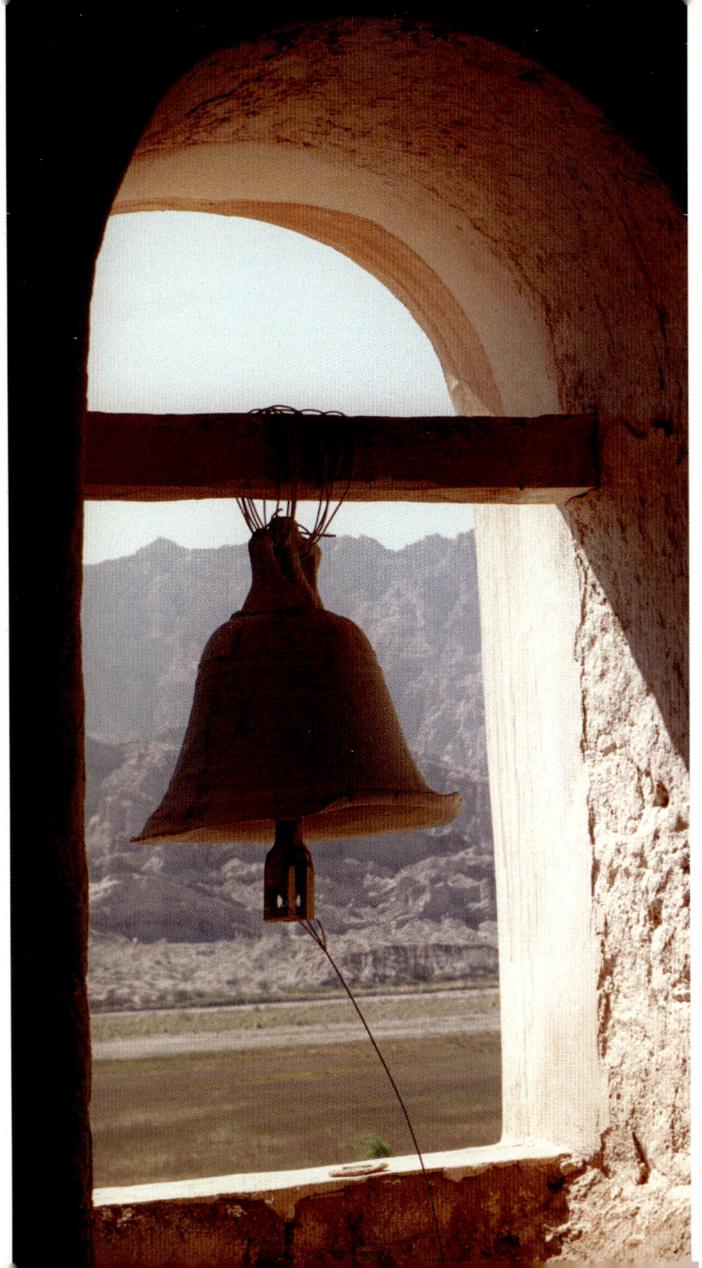

Campana de la Iglesia del Carmen.

74

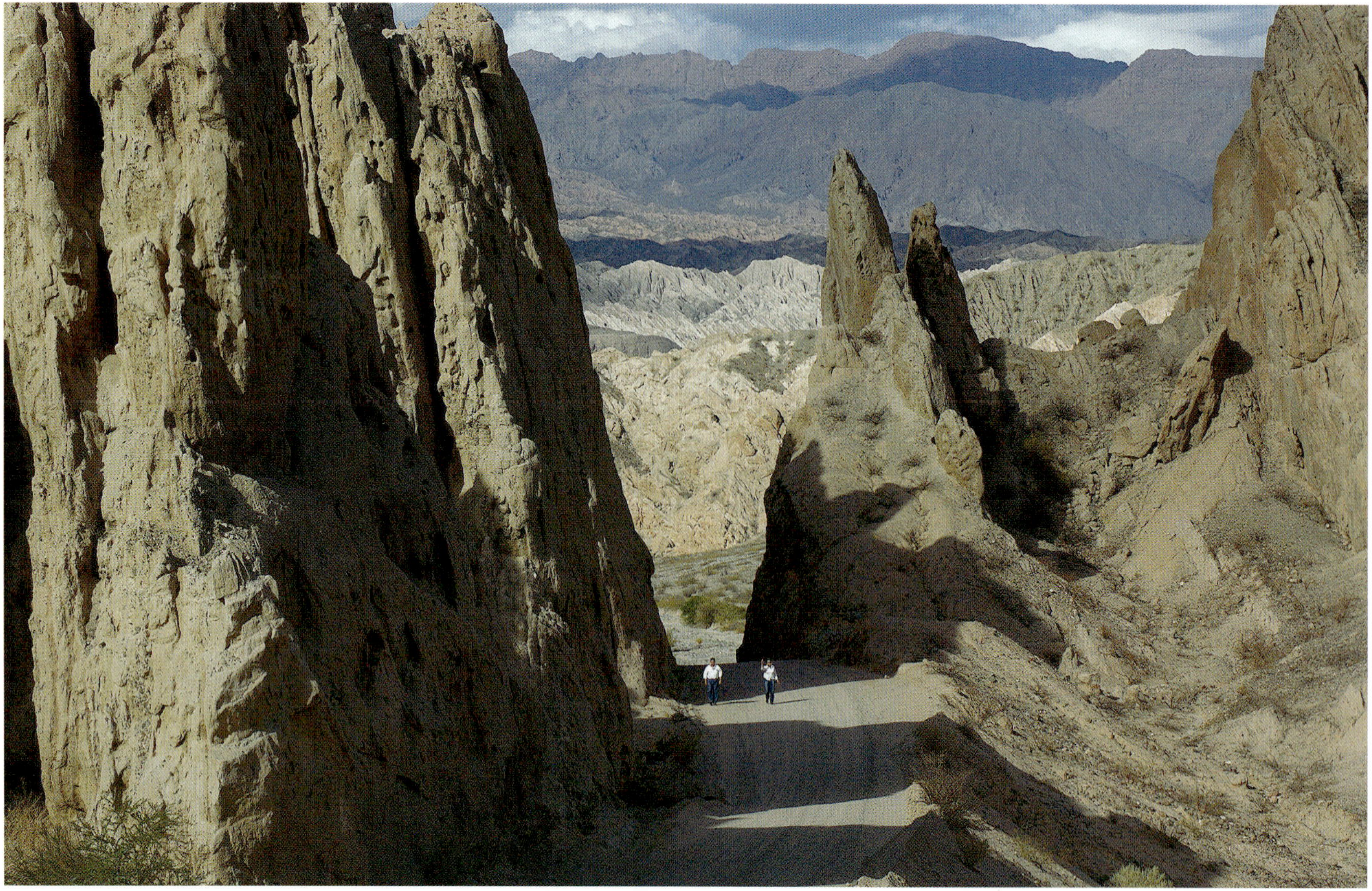

Quebrada de Las Flechas.

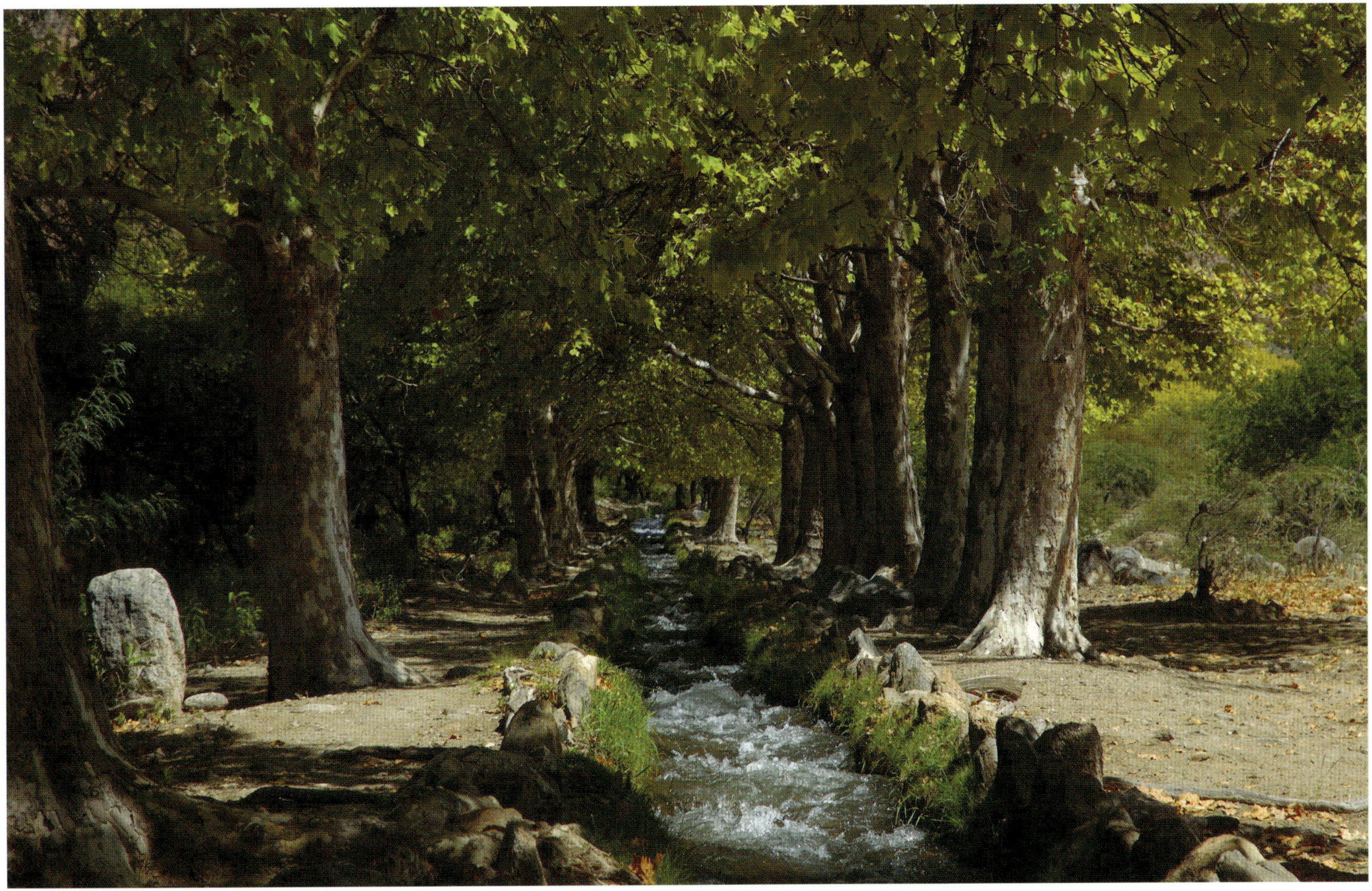

Canal de riego cerca de Cafayate. En las altas cumbres se hacen tomas de agua, esta es canalizada y llevada así a las partes bajas del valle para dar vida a los cultivos en una región semi desértica.

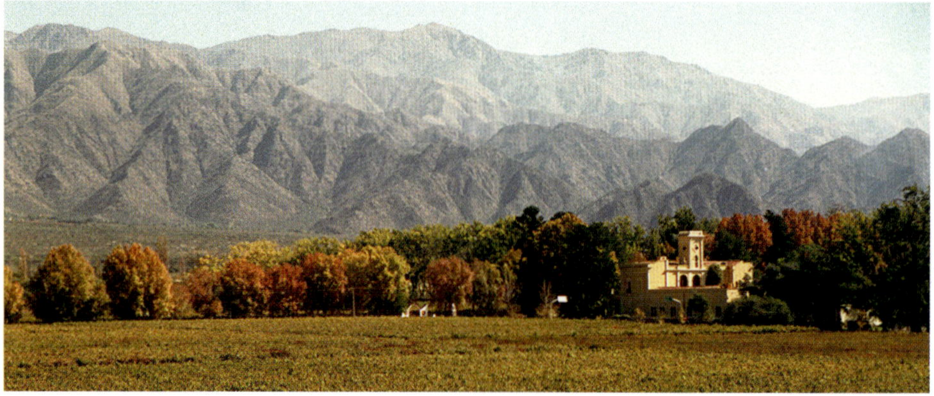

Cafayate - Plantaciones de vid, Bodega El Esteco.

Tacuil, invierno. Llamas pastando entre viñas.

De a poco el Valle se ensancha, al oeste vemos montañas de rocas grises que son precámbricas y forman las serranías de Cajón o Quilmes. Al este está el río Calchaquí, cada vez más ancho y arenoso, y en su ribera opuesta, montañas coloradas, que anticipan la cercanía de la Quebrada de las Conchas o de Cafayate.

La ruta entra en San Carlos, plena de encantos, con su iglesia reconstruida tres veces por causa de las rebeliones calchaquíes. Aquí están las canteras de arcilla con la que se fabrican los famosos baldosones de tierra cocida, utilizados en los pisos de las casonas coloniales.

En Animaná los viñedos crecen al lado del camino pavimentado que se hace recto en la parte más ancha del valle.

Al ingresar a una arboleda de álamos se sabe que ha llegado a Cafayate cuyo nombre resuena a vino, especialmente el torrontés, que en estas latitudes y altitudes obtiene el sabor que lo hace reconocible en el mundo entero. Sus tintos: malbec, cabernet sauvignon, syrah y tannat, entre otros, cuentan hoy con la aprobación de los paladares más exigentes.

Cafayate se ubica en el corazón mismo de los Valles Calchaquíes, en su sector más bajo y ancho, a 1660 m.s.n.m. y presenta un microclima soberbio para el cultivo de la vid. Por esto, y al estar rodeado de aguas es lugar de viñedos desde el siglo XVII.

Visitar una de sus tantas bodegas y luego sentarse a tomar una copa de vino frente a la plaza, es introducirse en un ritmo de descanso que, junto al de una industria pujante, hacen de este pueblo un lugar único en los Valles.

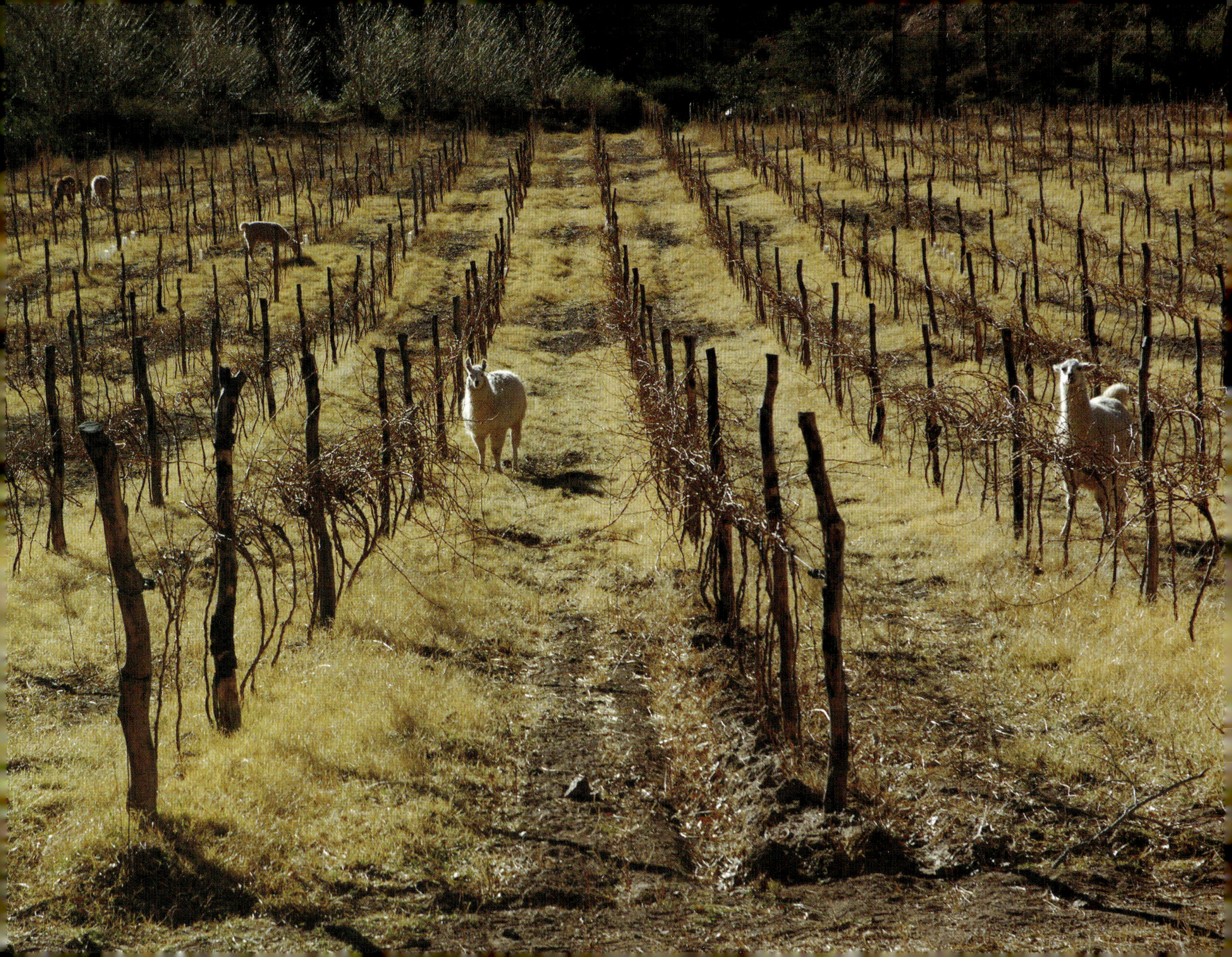

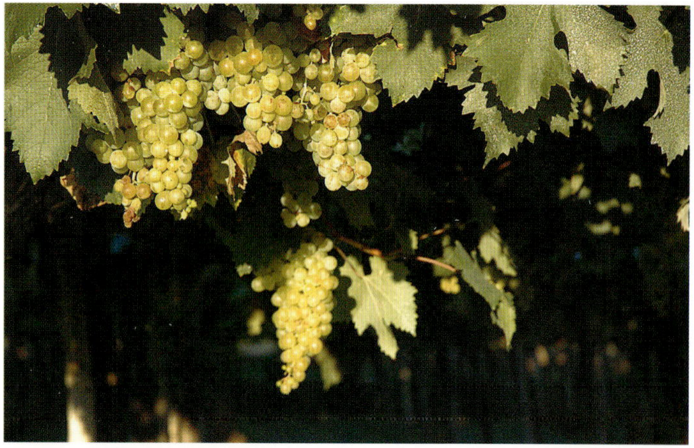

Racimos de uva Torrontés.

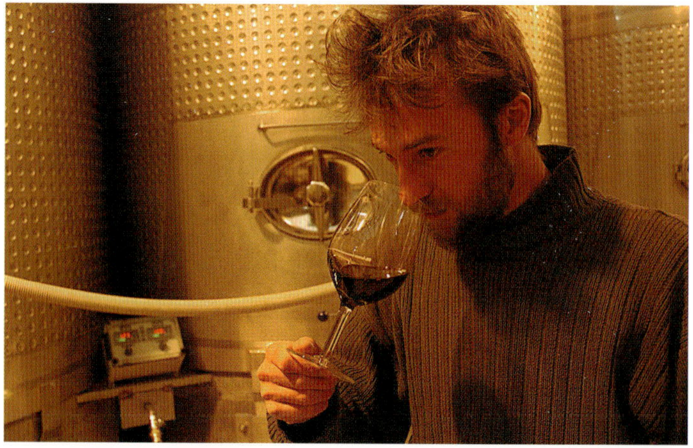

Enólogo en Bodega Colomé.

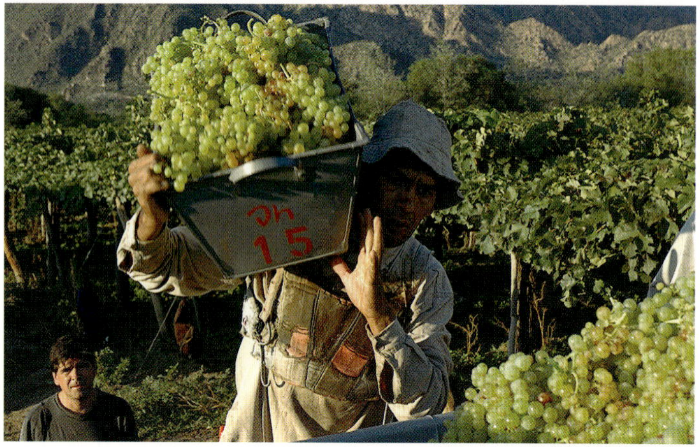

Vendimia en Bodega Domingo, realizada entre febrero y abril.

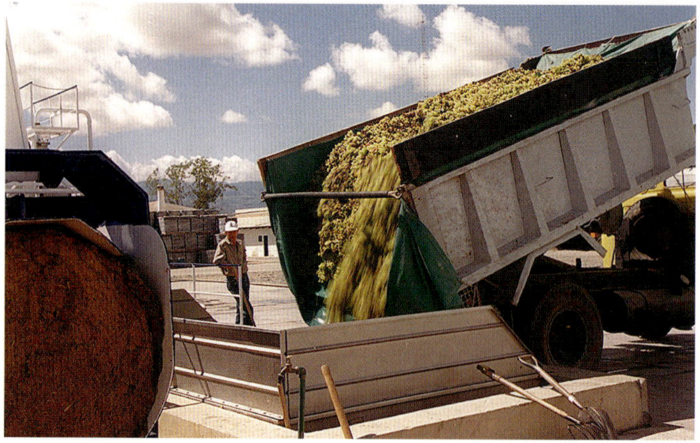

Descarga de uvas en el lagar de una bodega.

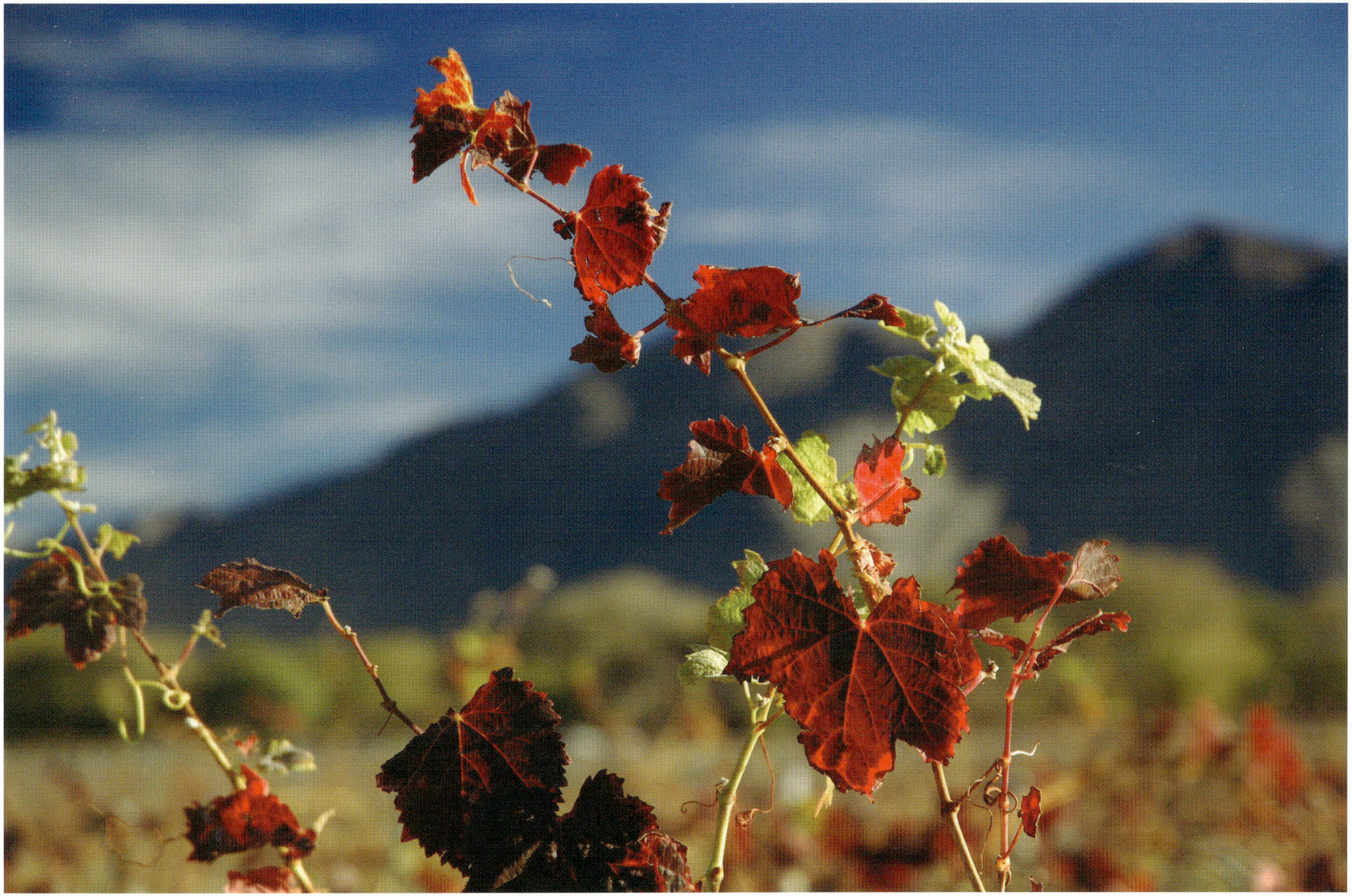

Otoño en los viñedos de Colomé.

De Salta a Jujuy por el Camino de Cornisa

El Valle de Lerma tiene forma alargada y corre de Norte a Sur. Saliendo por su extremo sur, el más seco, se ingresa a la Quebrada de Las Conchas o de Cafayate, y desde allí se pasa a los Valles Calchaquíes.

Buscando el camino que sale por el Norte, la vieja Ruta Nacional 9 que va hacia Jujuy, ingresamos al Camino de Cornisa que atraviesa un sector de la Selva de Montaña o Yungas.

A poco de salir de la ciudad el valle se estrecha. Después de Vaqueros, un poblado de chacras y artesanos, el camino bordea el costado del Río Caldera entre montañas bajas, cubiertas de vegetación.

Un poco más adelante y cruzando el río, entramos al pueblo de La Caldera, cuya calle principal está construida sobre el trazado del Camino Real Inca que unía esta región con el Cuzco en Perú. Este pueblo data del siglo XVI y es un remanso en el medio del trajín cotidiano de hoy en día. Tiene una capilla construida por los Jesuitas, orden que se estableció en 1615 hasta que en 1767 Carlos III de España los expulsó de América.

Sector del Camino de Cornisa que une Salta y Jujuy. Atrás, los Andes. (pág. 81)

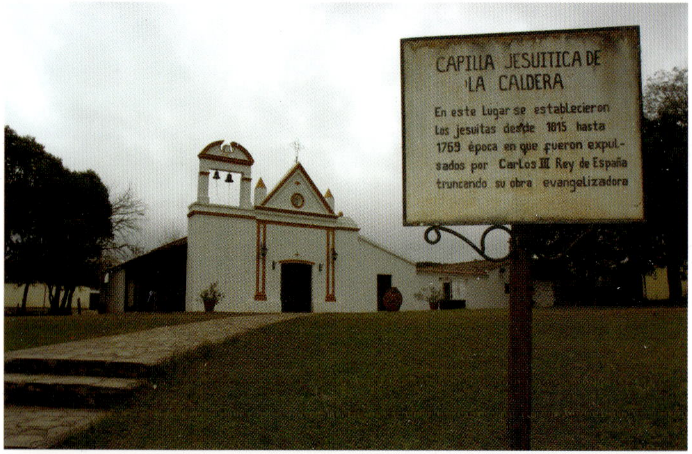

Capilla del pueblo de La Caldera.

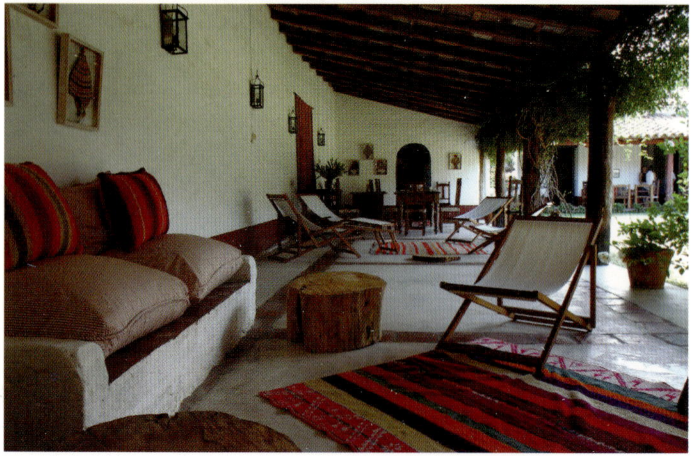

Galería de La Posada de La Caldera que recrea los encantos de una casa colonial.

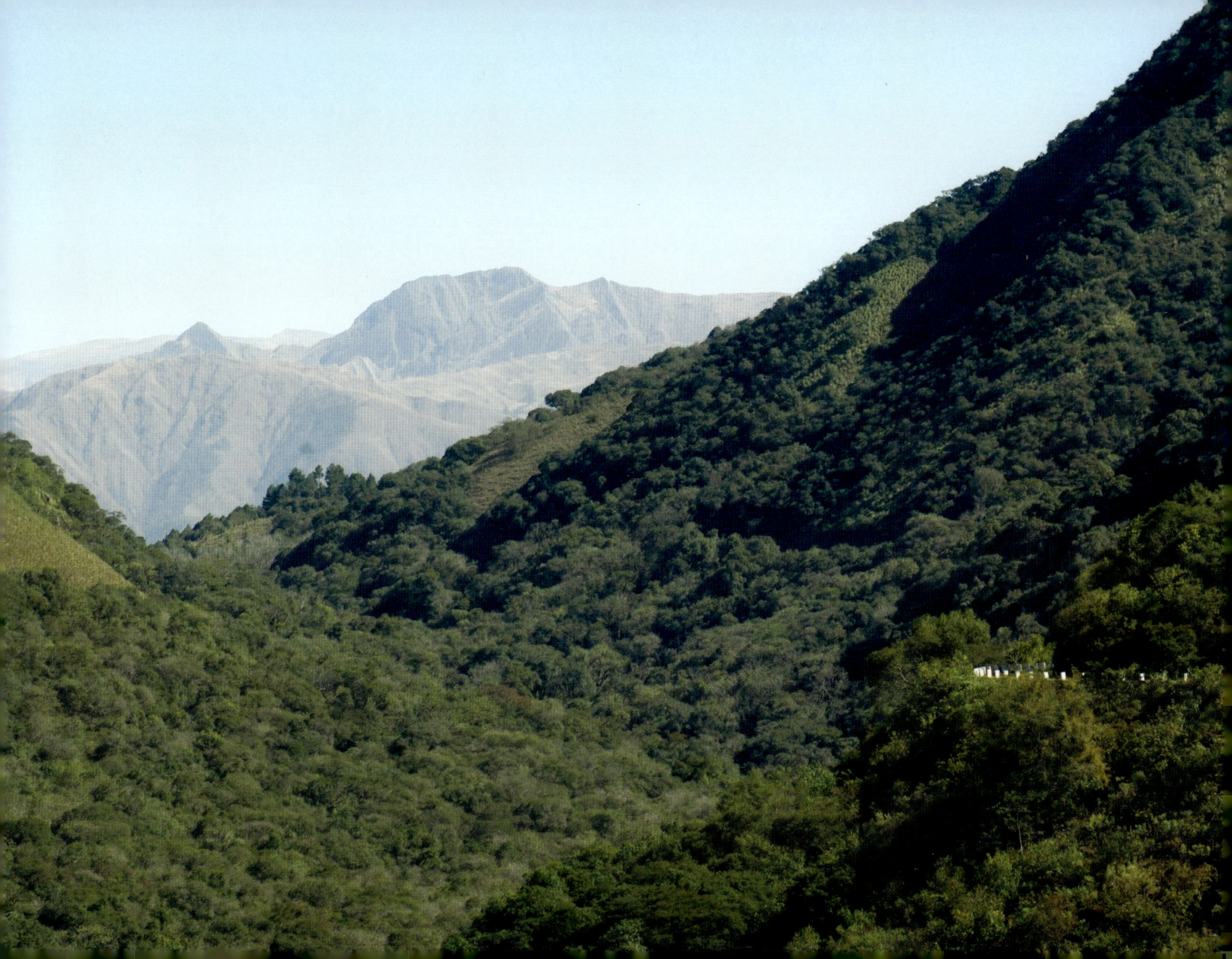

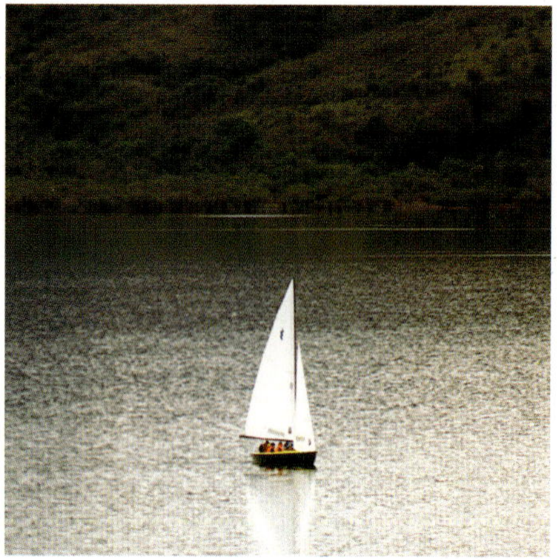

Salta. *Velero en el embalse de Campo Alegre.*

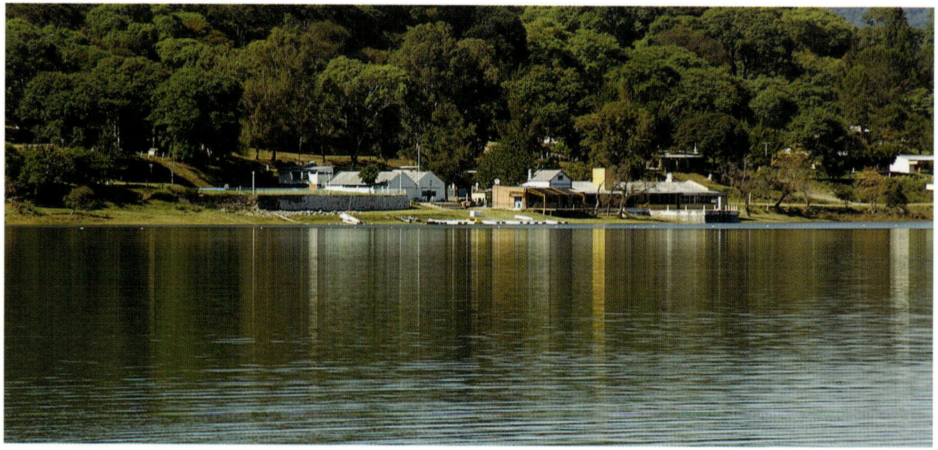

Jujuy. Dique La Cienaga.

Siguiendo rumbo al norte, se pasa por el embalse de Campo Alegre y por lomas forestadas para uso comercial.

Más adelante el camino faldea las montañas y zigzaguea bajo un túnel de vegetación formado por grandes árboles: cedro *(Cedrella sp.)*, laurel del cerro *(Phoebe porphyria)*, palo amarillo o lanza *(Phyllostylon ramnoides)*, tipas *(Tipuana tipu)*, horco molle *(Blepharocalyx gigantea)*; para sólo nombrar algunos de los magníficos árboles que cubren las laderas.

Ésta es la selva de montaña o Yungas. Nombres dados a la abundante vegetación que cubre las laderas orientales de los cordones montañosos del norte de Argentina. La espesura de esta selva cambia no sólo en sentido este–oeste, sino también de acuerdo a la altura sobre el nivel del mar.

Hasta los 500 m.s.n.m. se encuentra la llamada Selva de Transición, hoy muy talada para dar lugar a cultivos de caña de azúcar, frutales, tabaco, maíz y vegetales. A partir de esta altura, el aspecto del follaje se torna más exuberante dado que se incrementa el nivel de las precipitaciones y, alrededor de los 900 m.s.n.m. es frecuente que las laderas se encuentren cubiertas por nubes, lo que aumenta considerablemente la humedad. Aquí los árboles están cubiertos por plantas epífitas como bromelias u orquídeas, y trepadoras que suben por sus troncos buscando la luz.

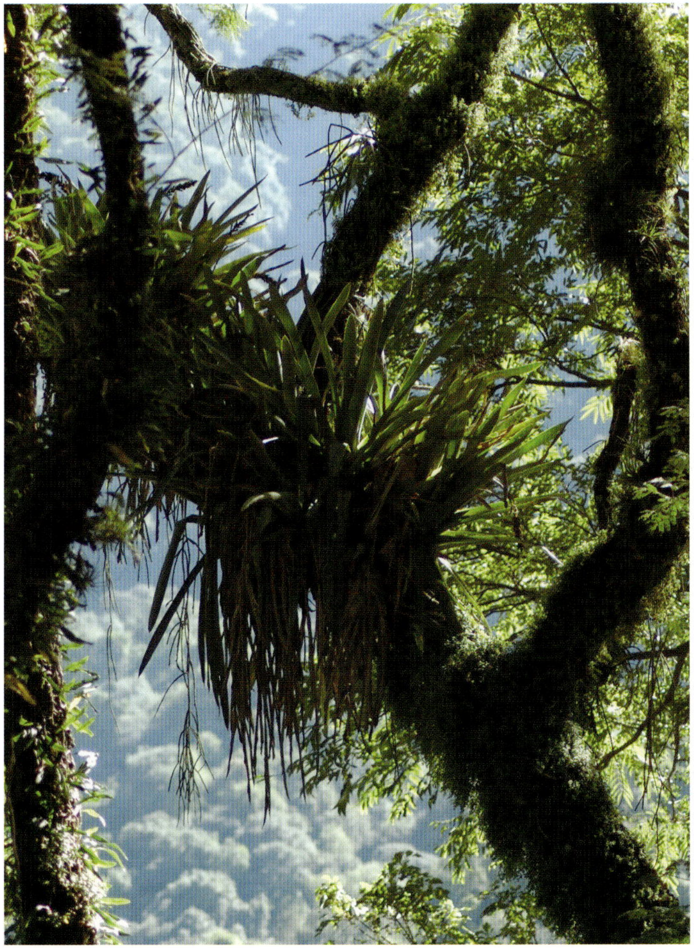

Bromelias y otras plantas epifitas cubren las ramas de un árbol.

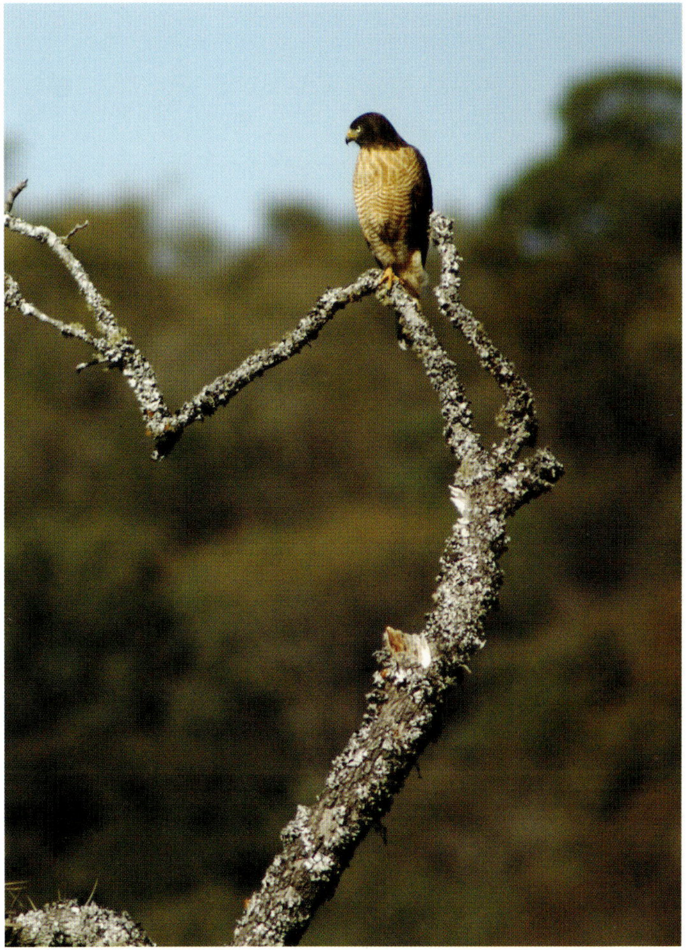

Taguato (Buteo magnirostris).

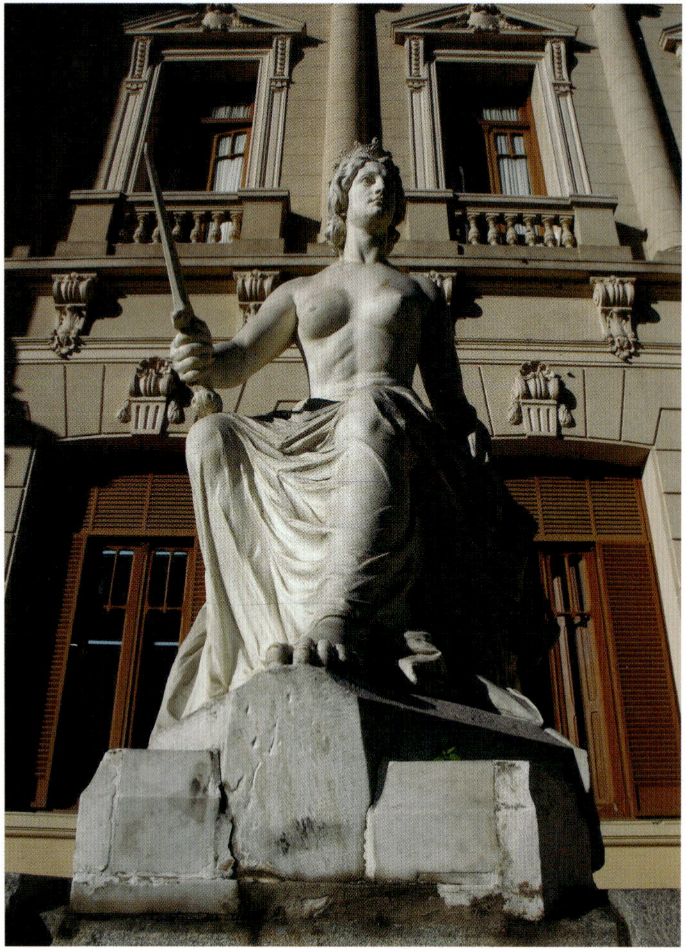

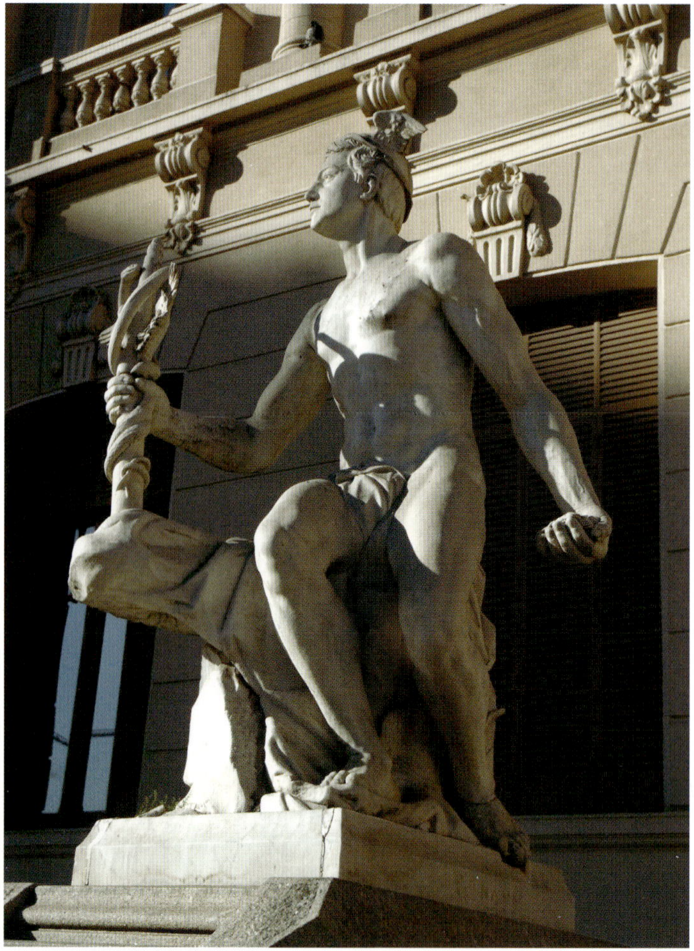

Estatuas de la escultora Lola Mora frente a la casa de Gobierno de la ciudad de San Salvador de Jujuy.

Hasta los 1600 m.s.n.m. vemos un aumento en la vegetación, con siempre verdes en las regiones más altas. Luego abundan los alisos *(Alnus jorullensis)* y pinos del cerro *(Podocarpus parlatorei)* que se encuentran hasta los 2000 m.s.n.m.

Durante la temporada seca, muchos de los árboles pierden las hojas y el sotobosque se seca.

Al salir de la selva en la zona agrícola de El Carmen, se viaja entre fincas y granjas hasta que se ingresa en la ciudad de San Salvador de Jujuy, capital de la provincia.

Situada entre los ríos Grande y Xibi Xibi, a 1259 m.s.n.m., Jujuy fue fundada en 1593 por Francisco de Argañaráz y Murguía, por mandato de Don Juan Ramírez de Velazco. Su nombre originario fue San Salvador de Velazco en el Valle de Jujuy. Su ubicación fue estratégica durante las Guerras de la Independencia, tanto es así que, entre los años de 1810 y 1822 la ciudad padeció once invasiones de tropas realistas.

Su arquitectura denota un acentuado contraste entre lo tradicional y lo moderno. La Plaza Belgrano es el centro de la ciudad, y a su alrededor están los edificios de mayor relevancia.

El Palacio de Gobierno es de estilo barroco–francés. En su interior está el Salón de la Bandera, que guarda la bandera donada por el General Belgrano al pueblo de Jujuy, después del triunfo de la Batalla de Salta, en mérito a sus sacrificios durante el éxodo de 1812 y en las Guerras de la Independencia.

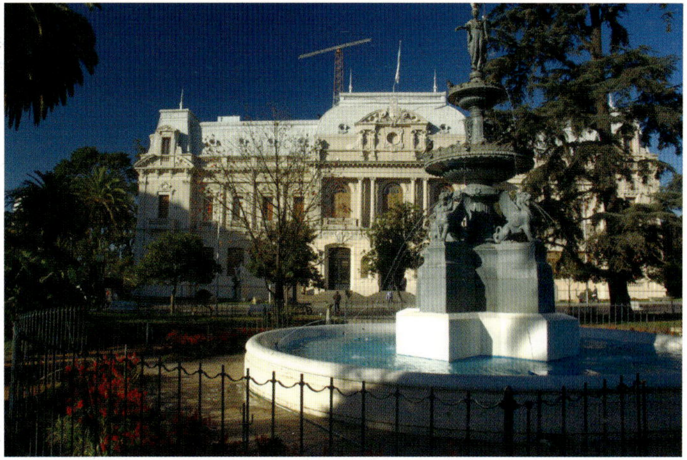

Casa de Gobierno de San Salvador de Jujuy.

La Iglesia Catedral, que data de principios del siglo XVII, tiene el famoso púlpito de estilo barroco, tallado en madera de cedro y ñandubay, cubierto con una pátina de oro, y es una de las mejores obras del género en América.

Sobre la Plaza también está el Cabildo, donde hoy funciona la Policía de la Provincia.

A dos cuadras de la plaza se levanta la Iglesia de San Francisco, barroca y con un gran atrio cercado por rejas. El Museo Histórico Provincial está instalado en la antigua casona donde fue muerto el General Lavalle en 1841.

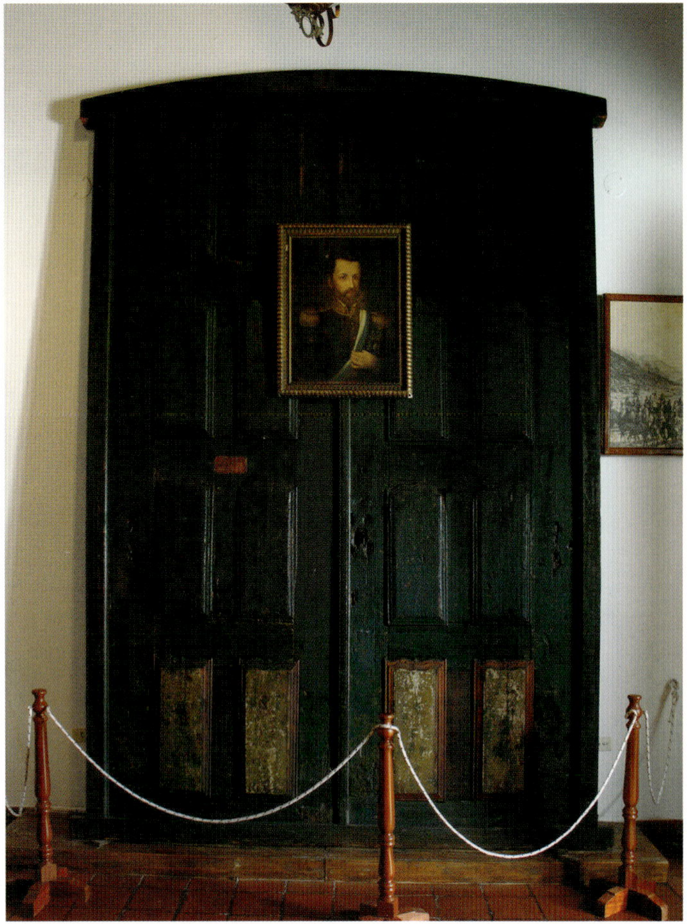

Museo Histórico Provincial. Puerta a través de la cual fue herido de muerte por un disparo el General Juan Galo Lavalle en 1841.

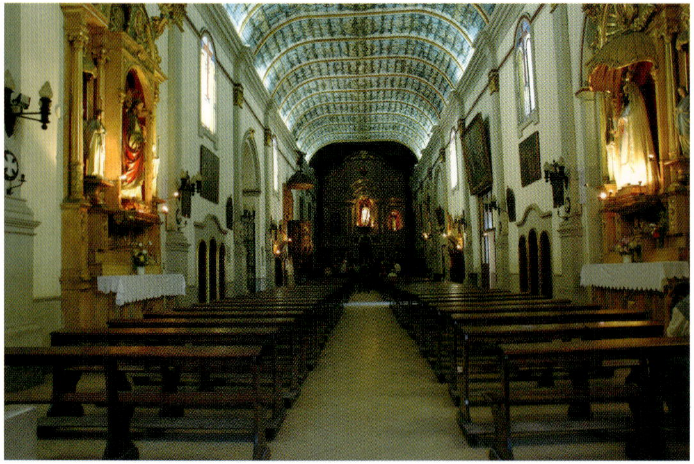

Interior de la Catedral de San Salvador de Jujuy.

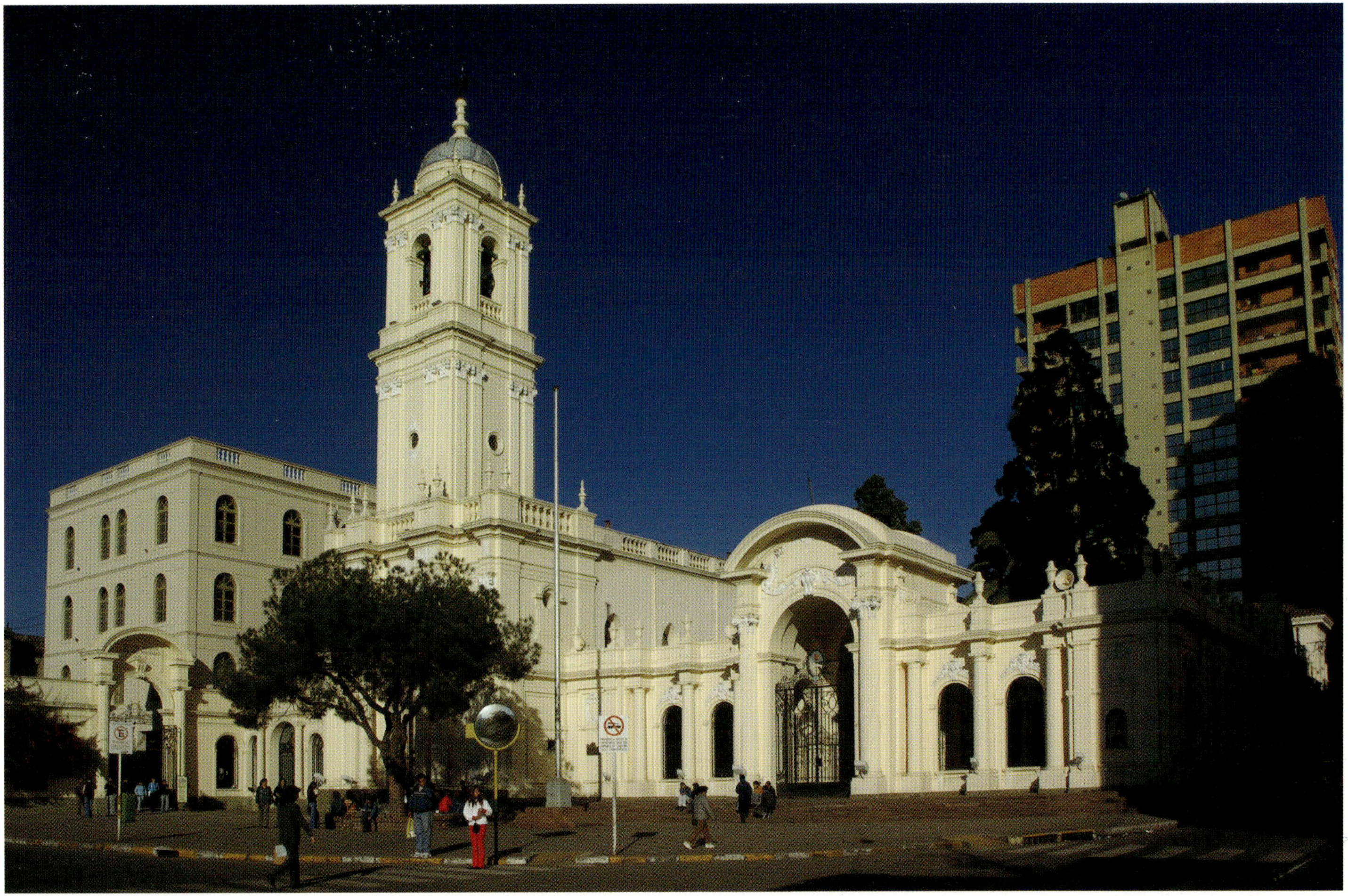

Iglesia Catedral de San Salvador de Jujuy. Es de principios del siglo xvii y es de estilo neoclásico.

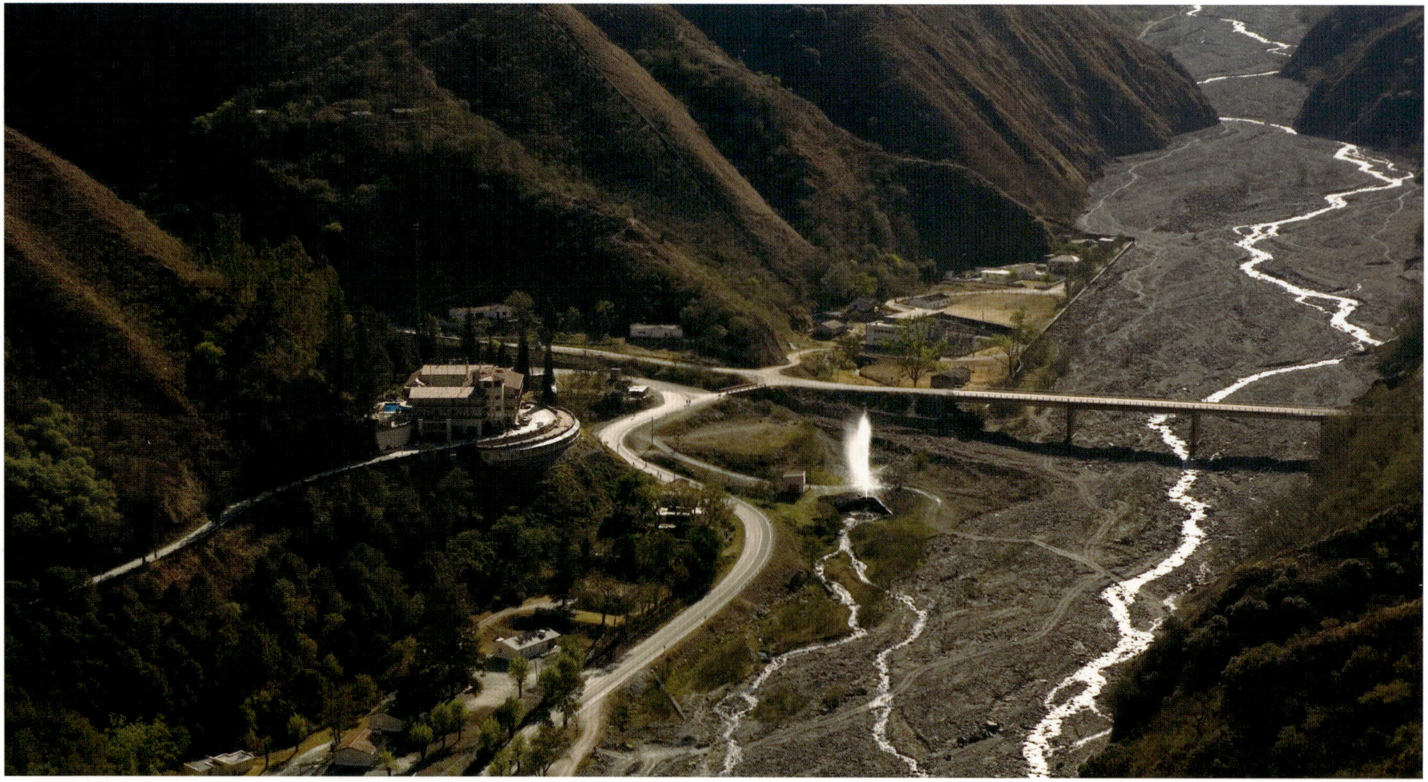

Hotel Termas de Reyes, al norte de la ciudad de Jujuy. Sus aguas termales eran empleadas por los jefes incas, de ahí el nombre dado a este lugar por los españoles.

Una vez en las afueras de la ciudad, se pasa por las localidades de Lozano, Tiraxi y Termas de Reyes, todos sitios de paisajes verdes que invitan al descanso. Las Lagunas de Yala, se llenan con el agua que cae en las cumbres andinas. Aquí el microclima permite el desarrollo de nogales, matas y helechos.

La ruta que sigue al norte se estrecha. Es el camino hacia la Quebrada de Humahuaca.

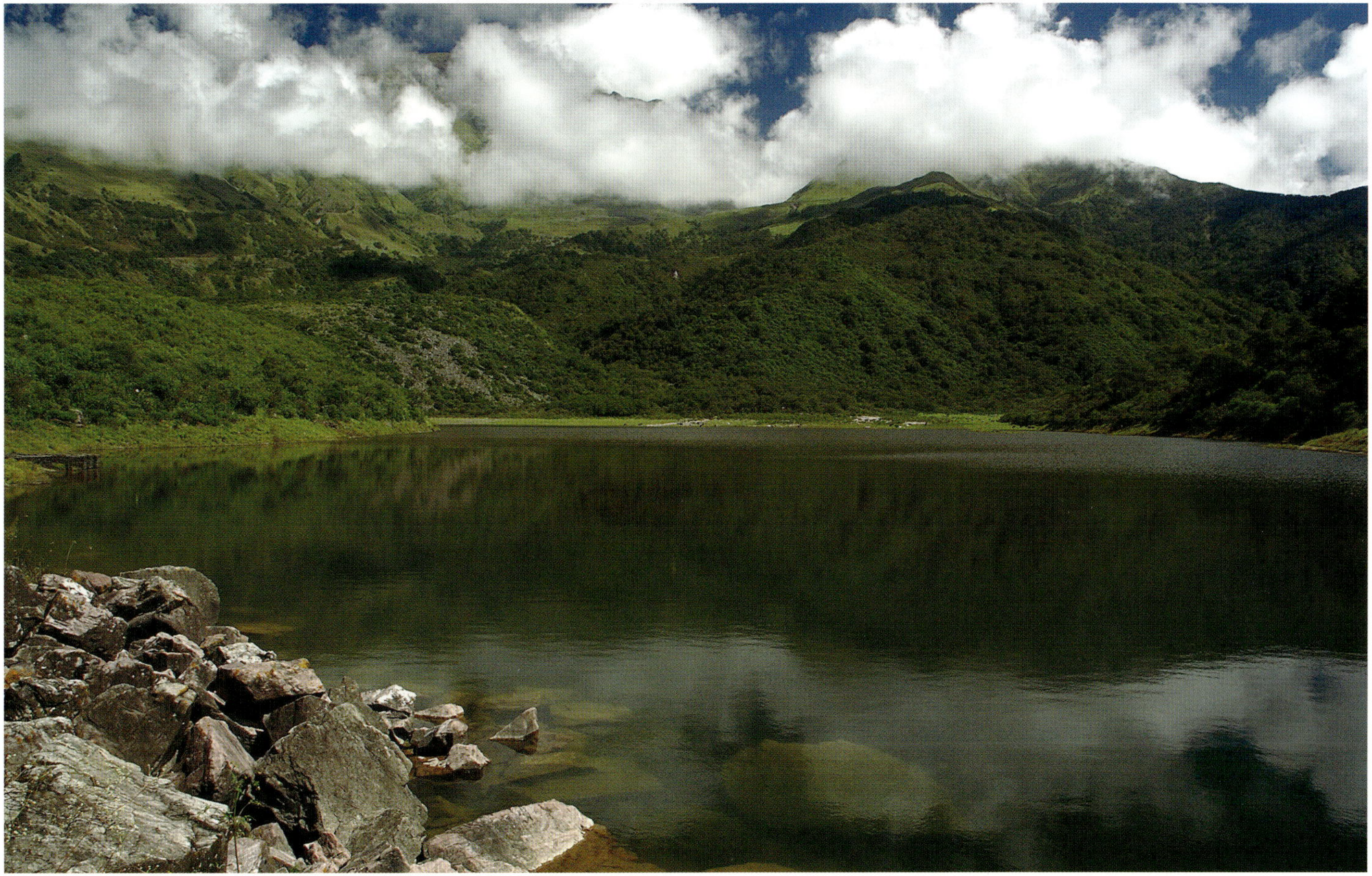

Una de las lagunas de Yala.

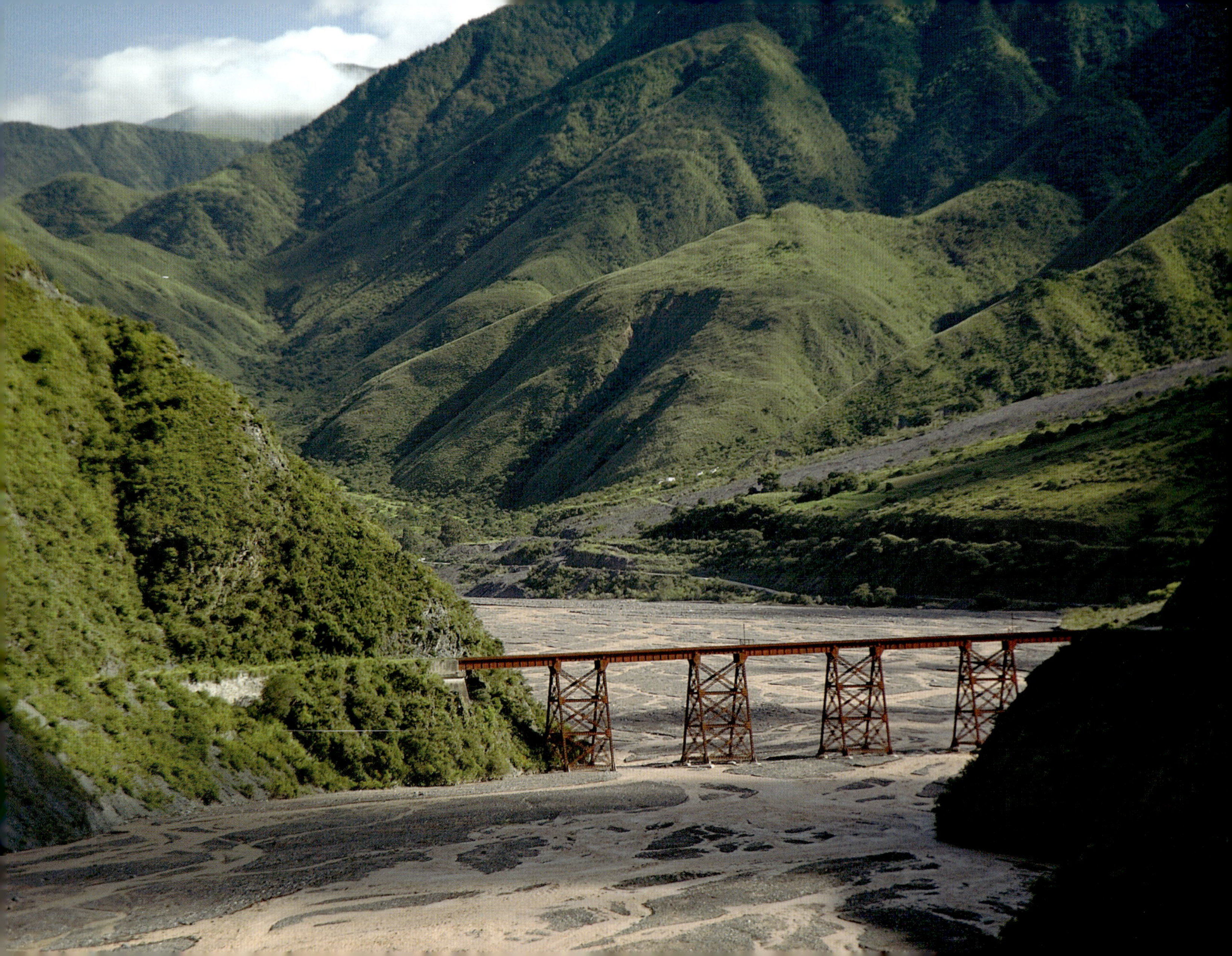

De Salta a Purmamarca por Quebrada del Toro y Puna

La Ruta Nacional 51 sale de la ciudad de Salta con rumbo oeste. El camino asciende suavemente. La ciudad queda atrás pero en ningún momento desaparecen las casas rodeadas de campos cultivados con tabaco o pasturas.

Nos acercamos a las montañas, y la vegetación se hace más abundante al pie de estos cordones.

El pueblo de Quijano es llamado el Portal de los Andes y es la última población del Valle de Lerma antes de ingresar en la Quebrada del Toro. En el se sitúa una planta de procesamiento de bórax, mineral extraído de los salares de la Puna salteña.

A la salida del pueblo, se esconde Río Blanco con sus casas tradicionales rodeadas de ceibos *(Erythrina sp.)* y helechos.

La Quebrada del Toro es un pasaje natural a través de la Cordillera Oriental, desde el Valle de Lerma hasta la Puna. Para los hombres que habitan las alturas andinas, ha sido un área de paso habitual para ir de una región a otra.

La Quebrada del Toro está surcada por el río homónimo. Las vías del tren cruzan el camino. Éste es el ramal C14 que va hasta Chile. La ruta y las vías corren a veces lado a lado, otras en riberas opuestas del río. A veces el ferrocarril va más alto que el camino.

Quebrada del Toro en verano.
Viaducto del Toro. *(pág. 90)*

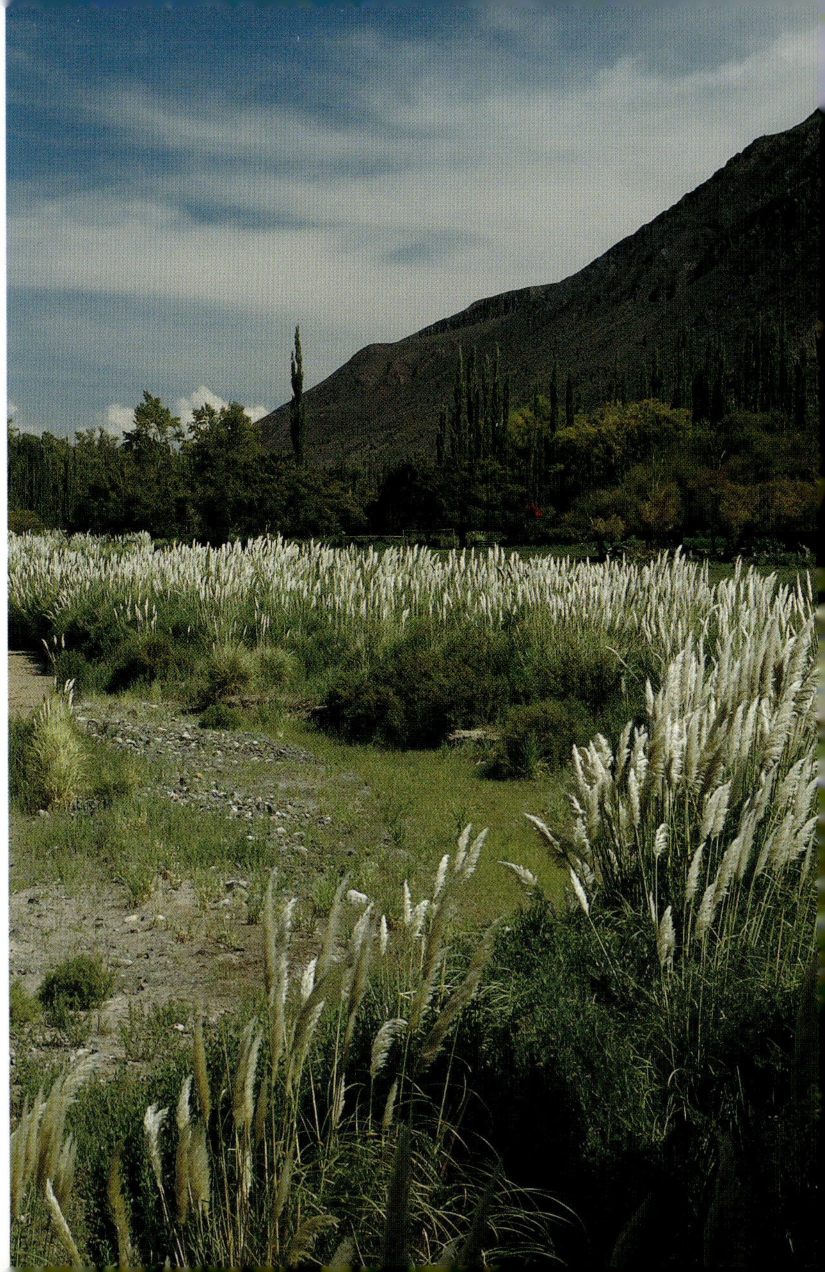

Cortaderas en el Río Toro, cerca de la Estancia El Gólgota.

El tren turístico denominado Tren a las Nubes realizó su primer viaje en 1972.

Este ramal del ferrocarril se construyó entre los años 1921 y 1948: impresionante obra de ingeniería a cargo del Ing. Fontaine Maury. Es famosa por ser la tercera vía de ferrocarril del mundo que sube tan alto, y por el hecho de no utilizar cremallera para remontar la pendiente, sino un sistema de zig–zag que le permite ascender desde los 1187 m.s.n.m. en Salta, a 4200 m.s.n.m., en el famoso Viaducto de la Polvorilla.

Tren a las Nubes cruzando el Viaducto del Toro; este es el primer puente en la quebrada y también el mas largo. A la derecha vemos el tren en el Viaducto de La Polvorilla, ubicado a 4200 m.s.n.m. y lugar culminante del recorrido turístico.

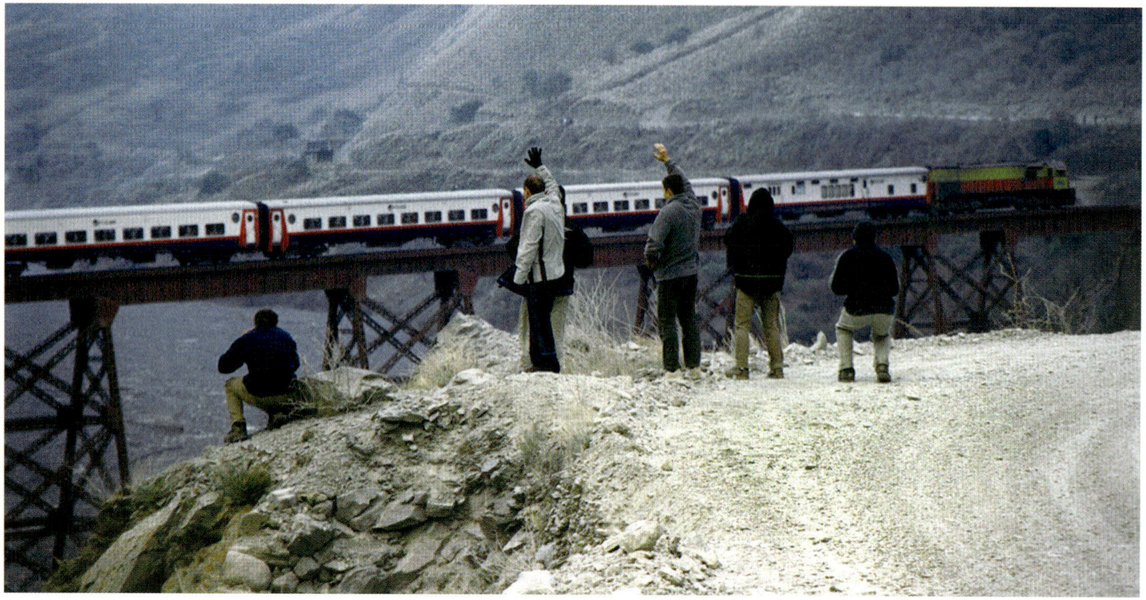

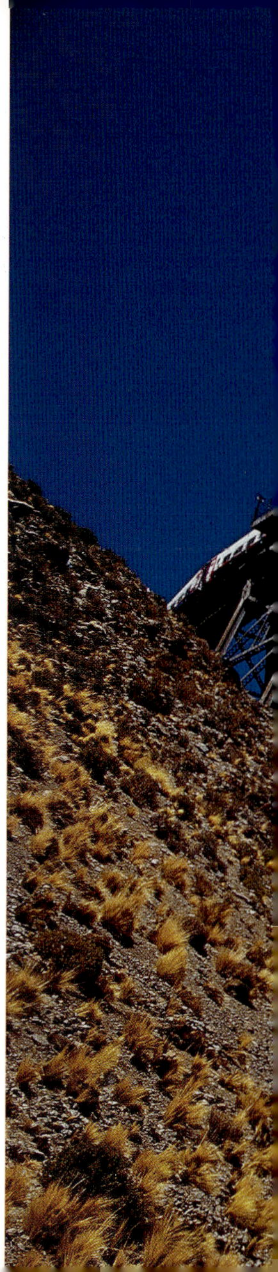

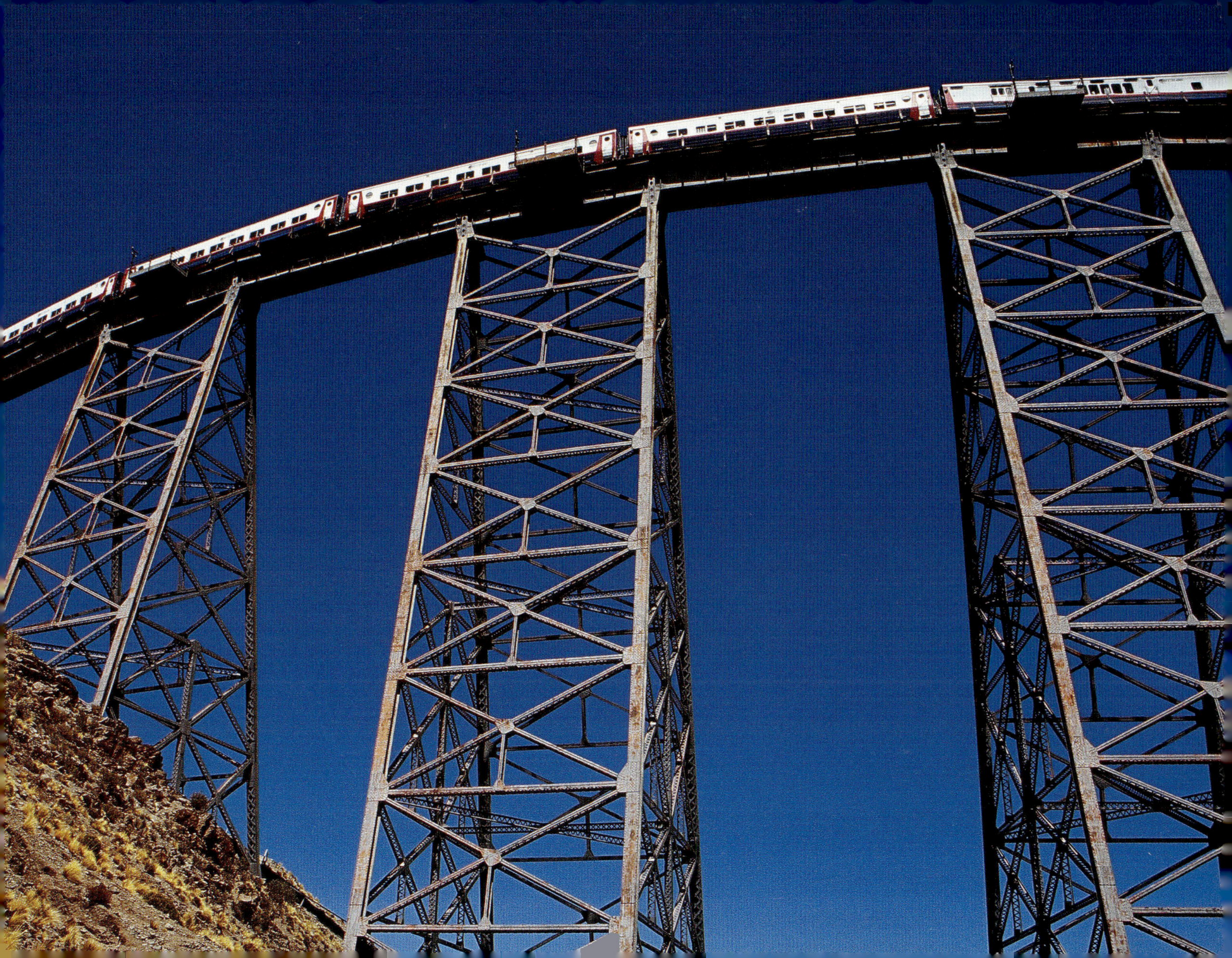

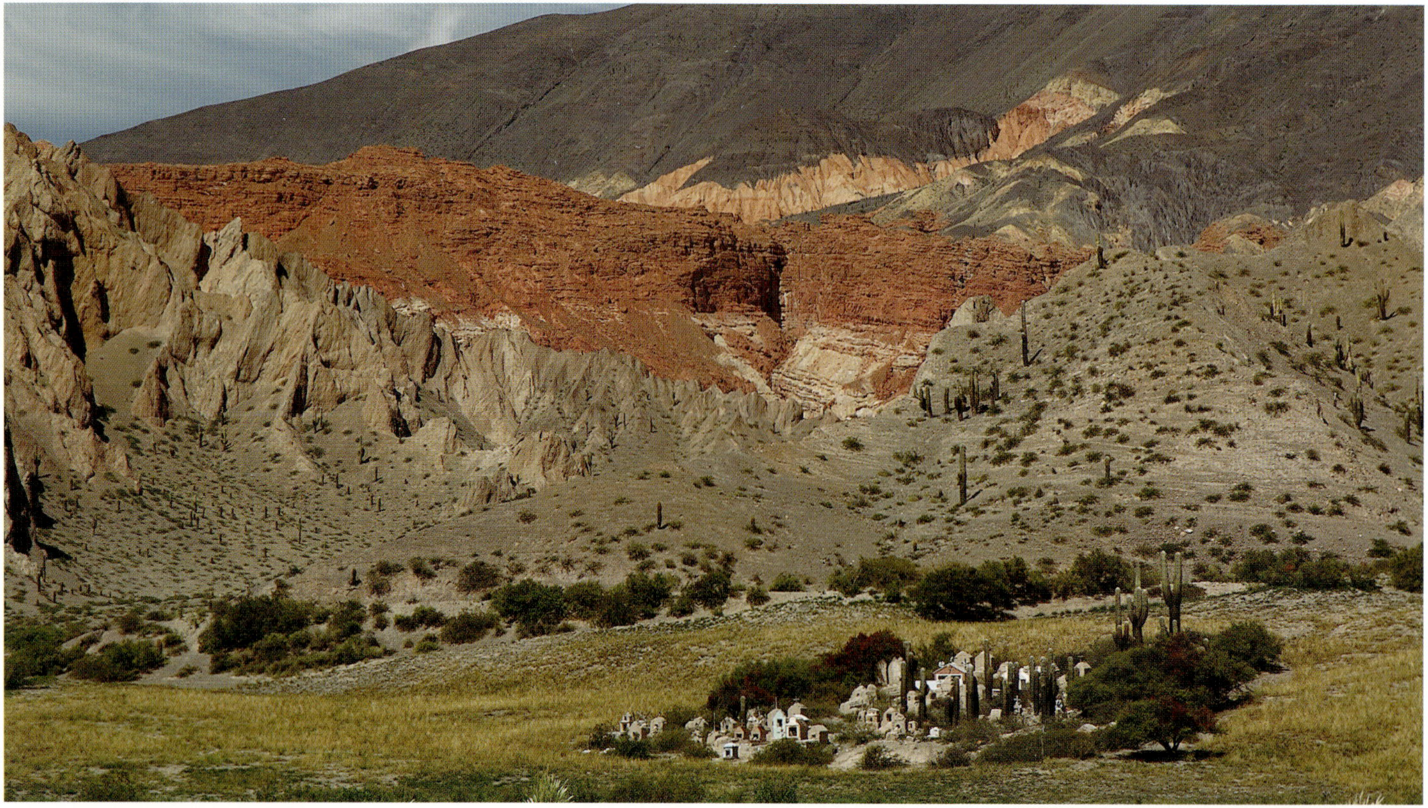

Quebrada del Toro. Un cementerio.

Esta obra se realizó para transportar nitratos usados como fertilizantes desde las alturas chilenas hasta la Argentina, pero cuando finalizó su construcción, los nitratos habían sido reemplazados por fertilizantes artificiales.

También utiliza estas vías el tren de carga, pero con una frecuencia de viajes muy baja.

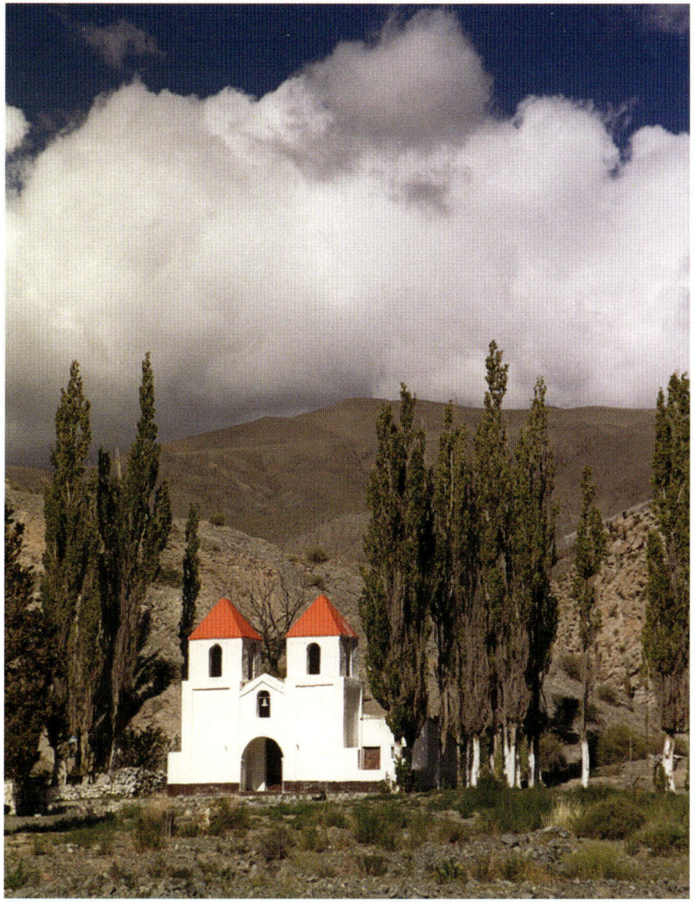

Iglesia de Alfarcito. Este pueblo debe su nombre a los alfalfares que cultivaba para alimentar a las mulas y al ganado que subían hacia la Puna.

En Alfarcito el camino asciende y el paisaje cambia, cubriéndose de pastizales y vegas para llegar a Santa Rosa de Tastil, cuyo nombre hace referencia a las ruinas detrás del poblado. Es el sitio arqueológico sin influencia incaica más importante de la región. Pertenecieron a la cultura atacama y fueron abandonadas por sus habitantes en forma pacífica alrededor del año 1439.

Después de atravesar Abra Blanca (4080 m.s.n.m.), San Antonio de los Cobres es el primer pueblo de la Puna que encontramos. El principal medio de vida de sus habitantes es el trabajo en las minas de la región, fundamentalmente la explotación de bórax y sal. También se dedican al comercio con las regiones más remotas de la Puna y los valles fértiles del Naciente.

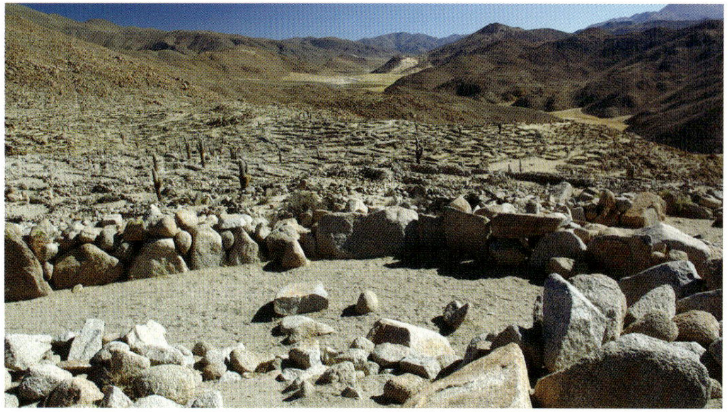

Ruinas de Tastil. Vista tomada desde el mirador.

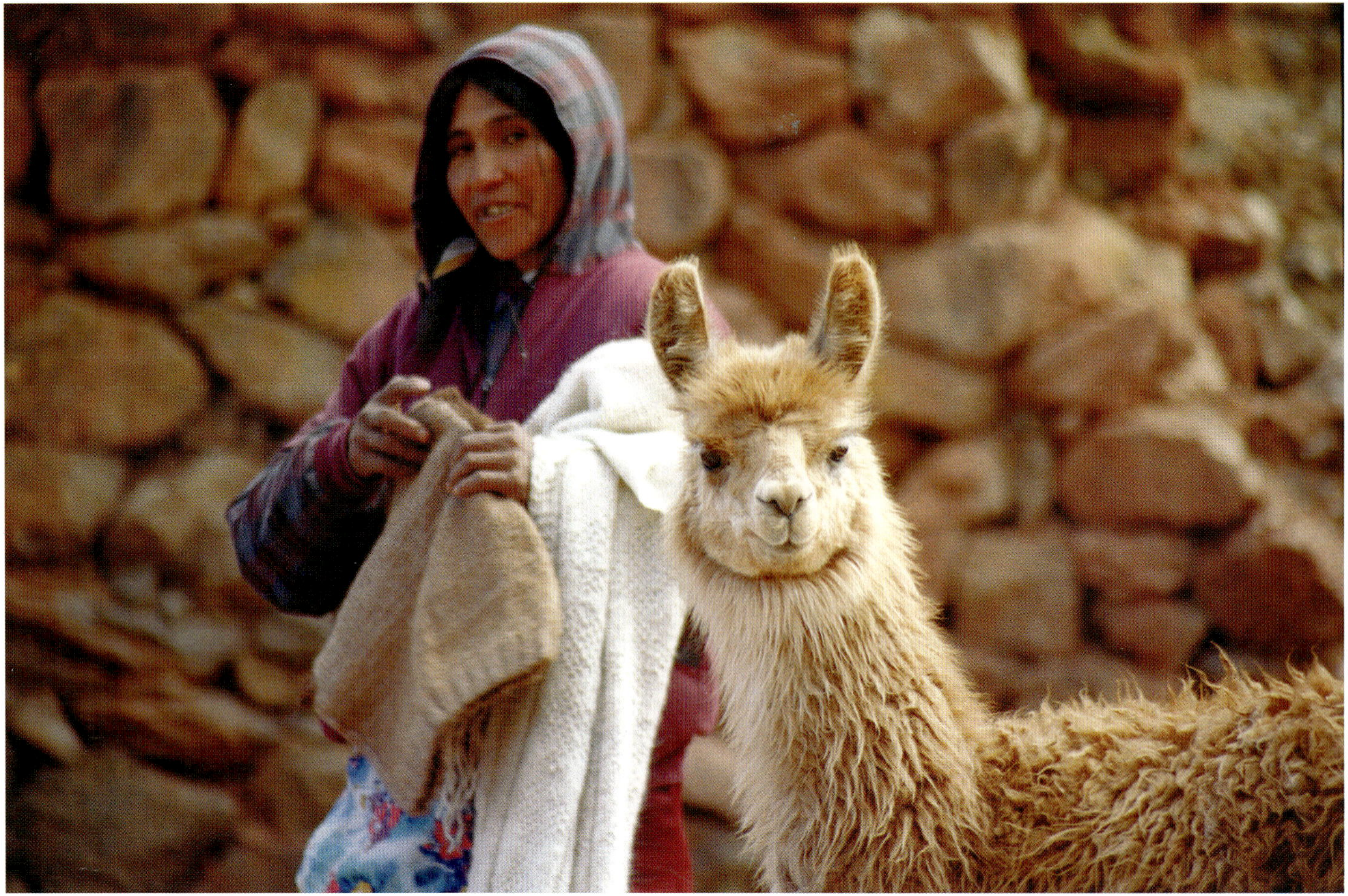

Vendedora de tejidos, junto a su llama en San Antonio de los Cobres.

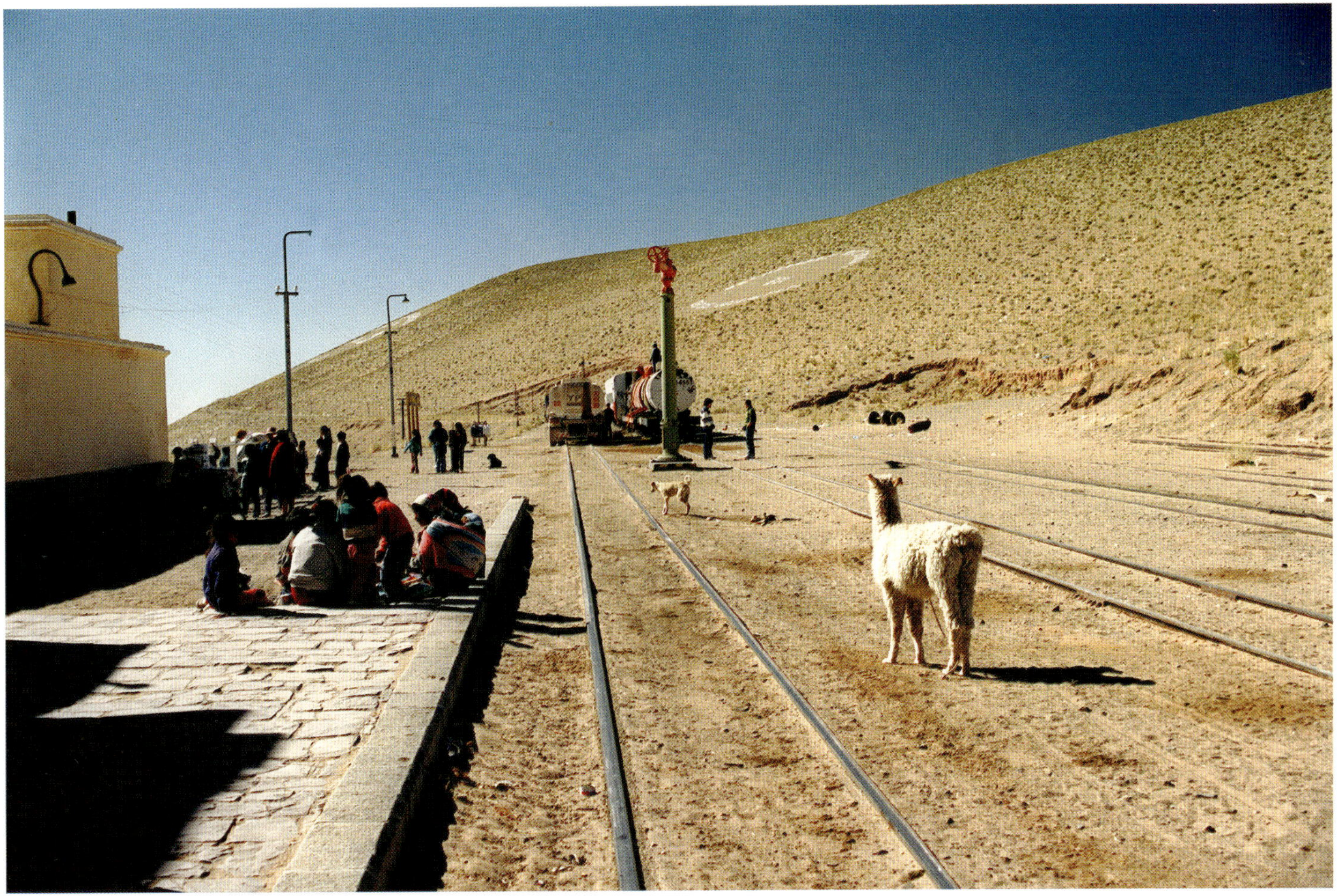

Estación de tren de San Antonio de los Cobres.

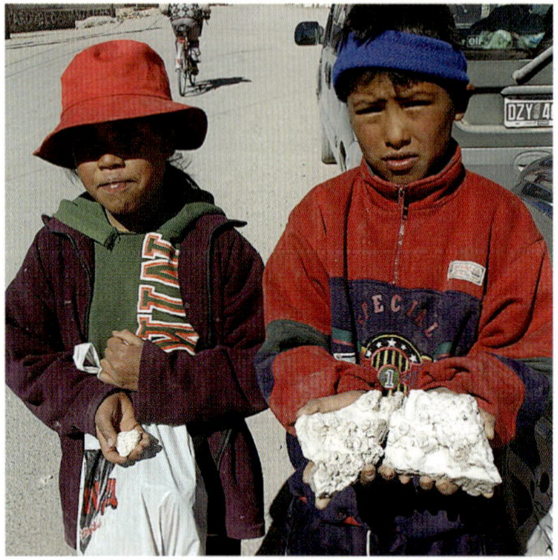

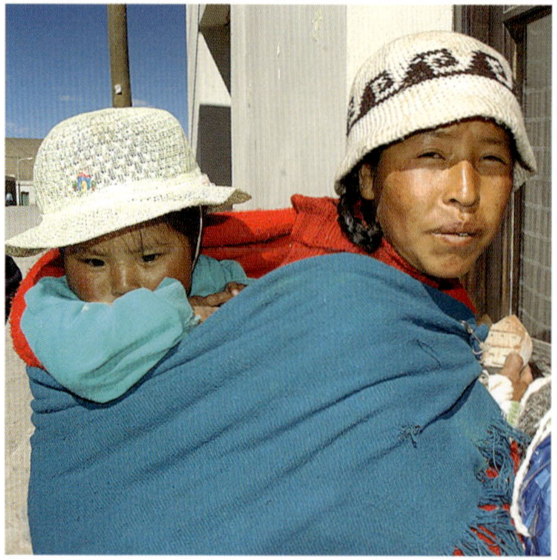

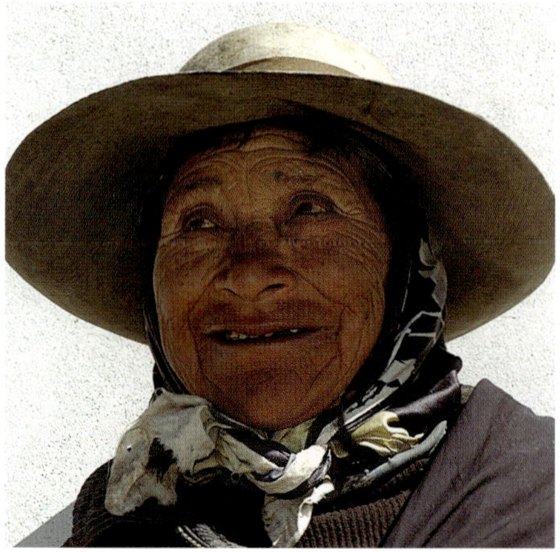

Los habitantes de la Puna pertenecen a la raza ándida como podemos ver reflejado en sus definidos rasgos faciales. Desde mucho antes de la conquista española recibieron la influencia de dos de las más importantes culturas andinas, la Tihuanacu y la Inca.

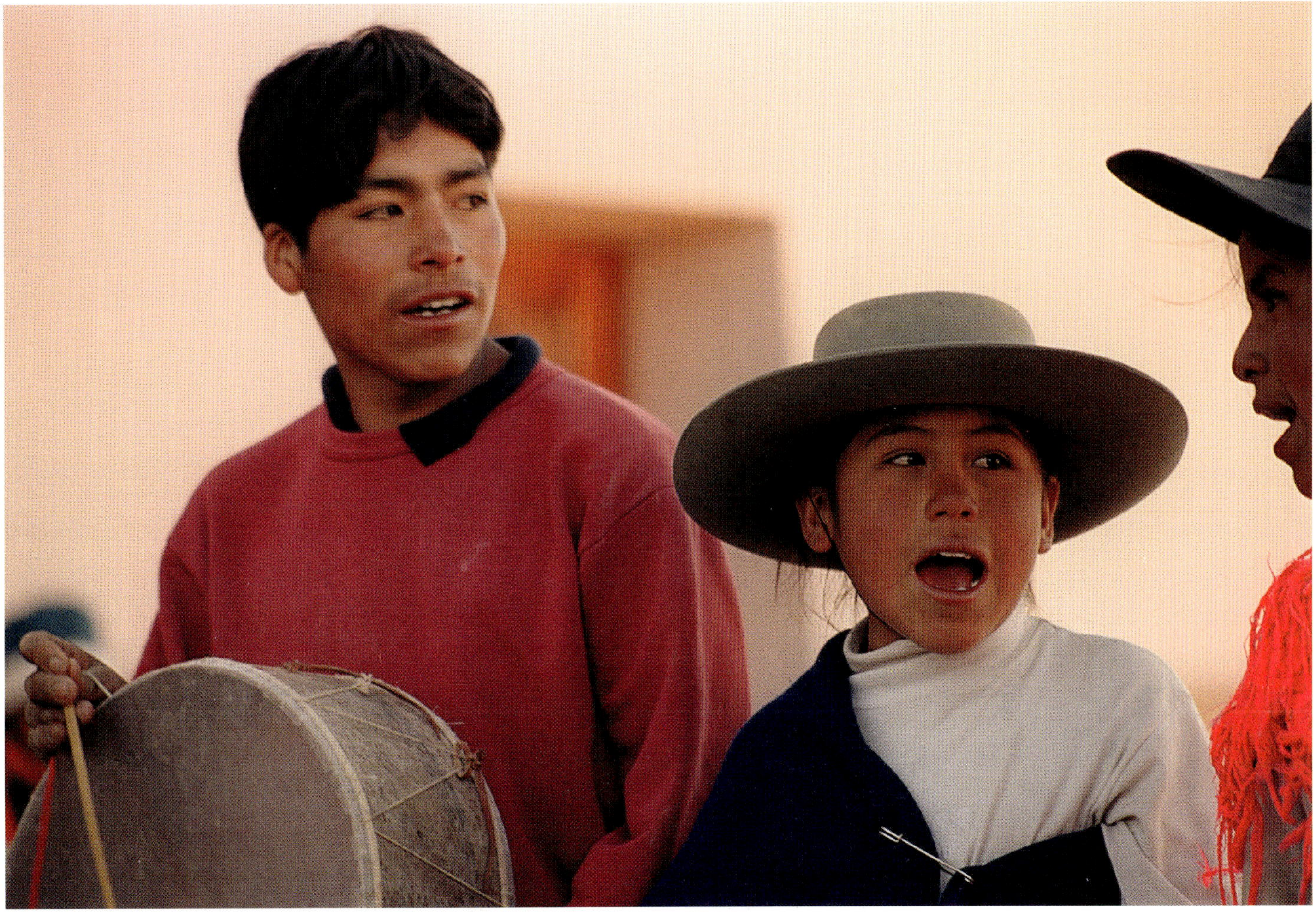

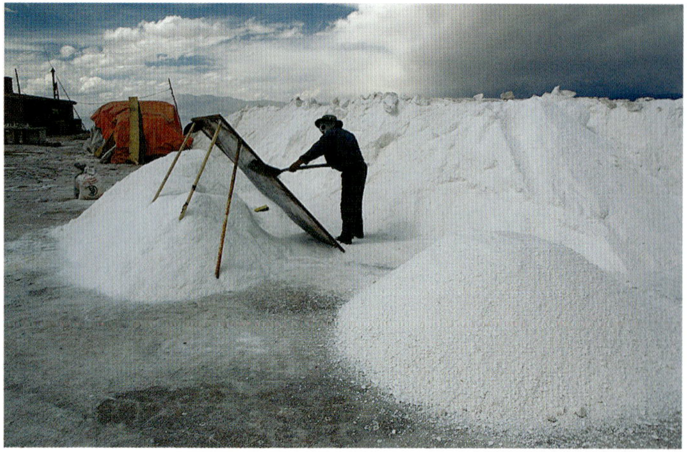

Salinas Grandes. Trabajador tamizando sal.

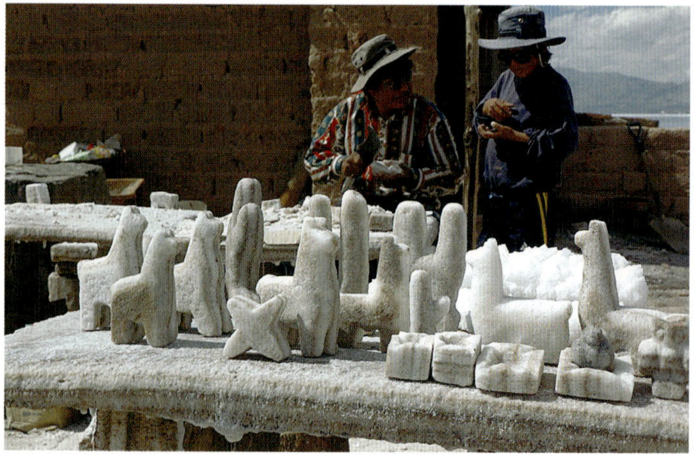

Venta de artesanías talladas en sal.

La Ruta Nacional 40 continúa hacia el Norte; la desolación sobrecoge, pero las pequeñas casas y poblados que se divisan muestran que aquí hay vida.

Las Salinas Grandes cubren la parte más baja de este bolsón de la Puna. Son antiguos lagos que aún hoy, en épocas de grandes lluvias, se cubren de unos centímetros de agua, aunque sea por un par de días.

Después de las lluvias estivales las Salinas se cubren de unos centímetros de agua.

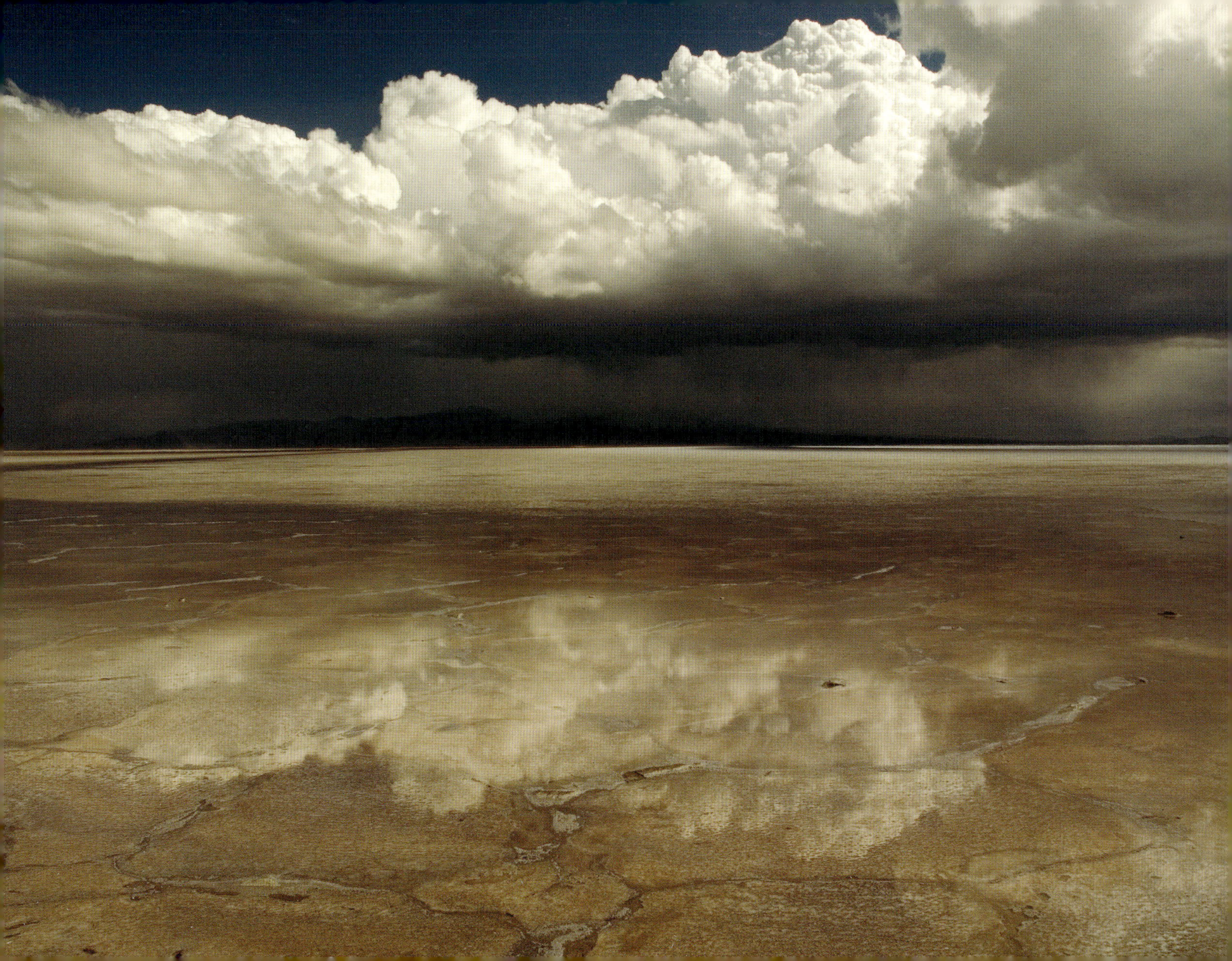

102

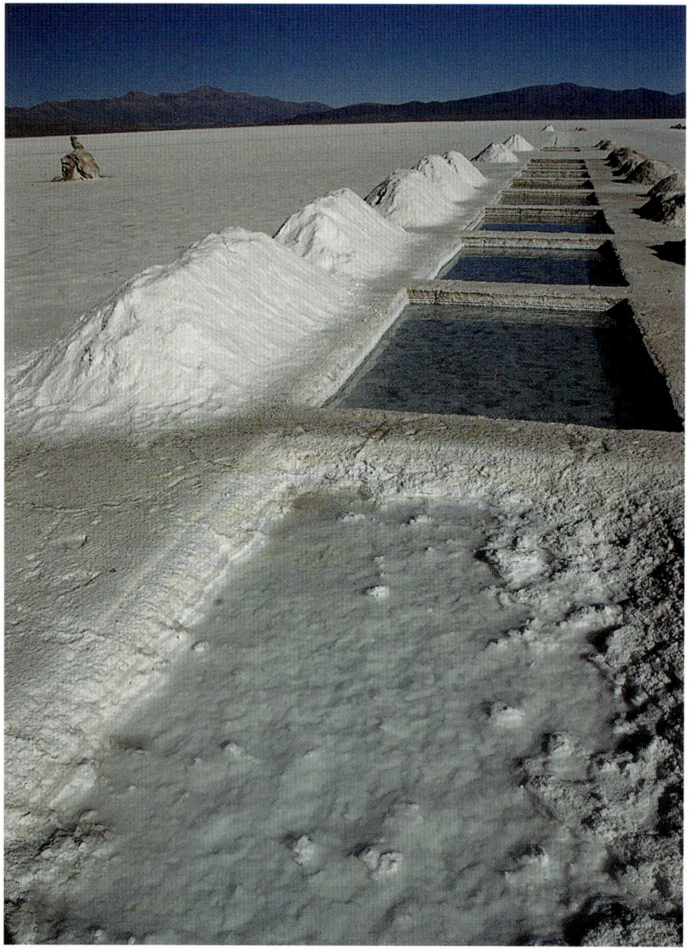

Piletones hechos a mano donde los trabajadores efectúan la extracción de sal.

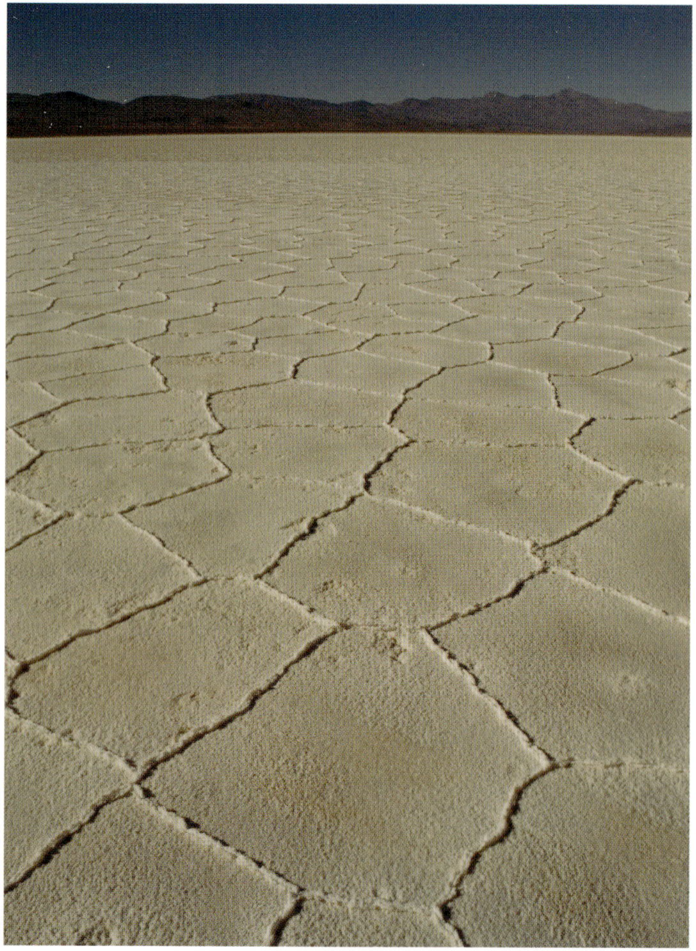

Cristalización geométrica de sal sobre la superficie de la salina.

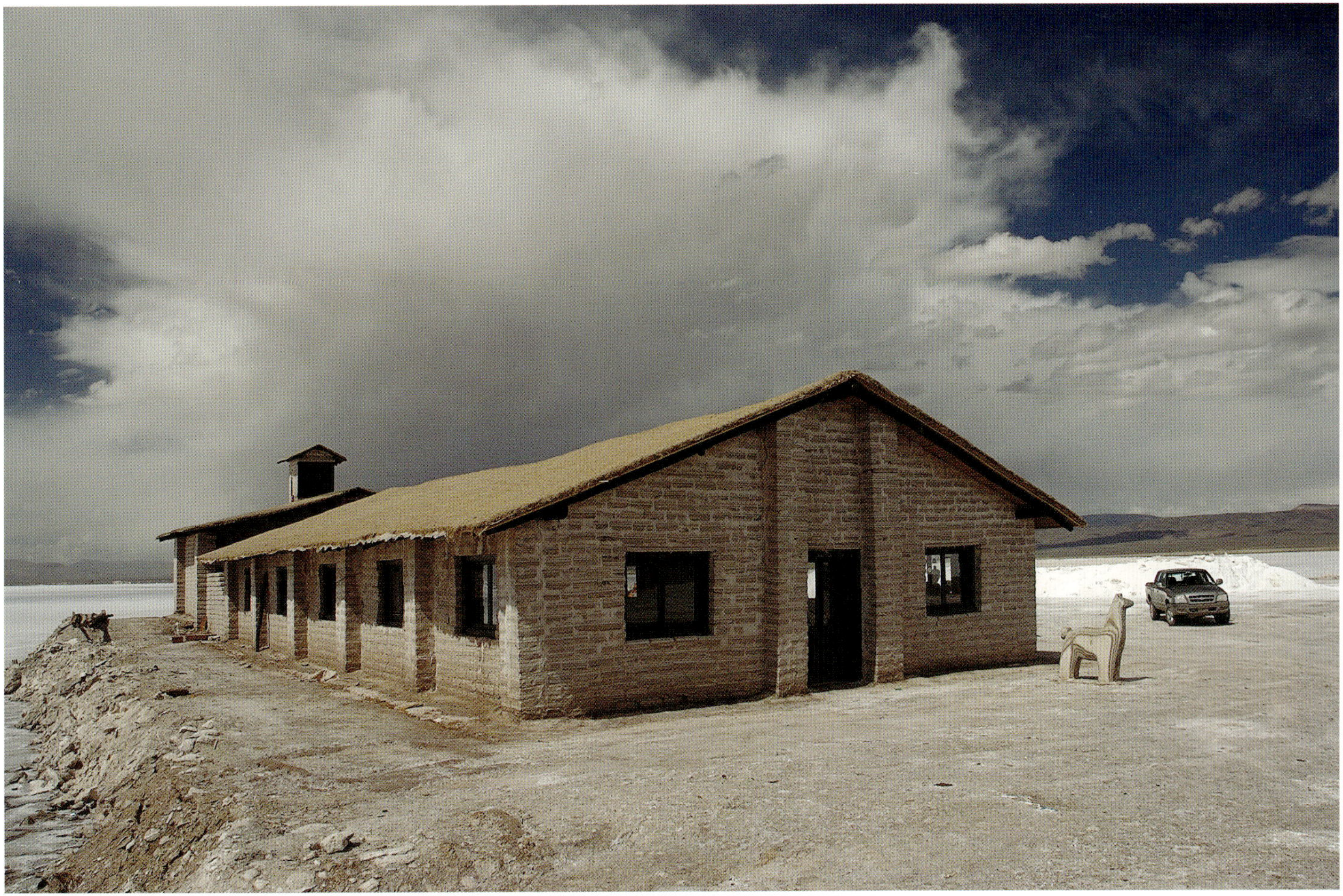

Parador construido con bloques de sal.

La Puna es una altiplanicie de altura ubicada entre dos cordones montañosos. En el Norte de Argentina, la Cordillera de los Andes se divide en dos: la Cordillera Oriental y la Occidental. Ambas se unen en la provincia de Catamarca, desde donde siguen como un solo cordón hasta el sur.

Entre estas dos Cordilleras está la Puna, con una altura promedio de 3800 m.s.n.m. Allí casi no llueve, aunque hay precipitaciones en las cimas de las montañas circundantes. Este agua, eventualmente se filtra bajo los suelos arenosos propios de estas alturas, para emerger en el centro de cada bolsón de la Puna (punto mas bajo entre montañas, que no permite la salida del agua hacia el exterior), plena de minerales, en donde formará un salar o una salina.

Esta formación de la Puna o Altiplano se extiende, con características similares, hasta el sur de Ecuador.

Cambiamos de rumbo, tomando hacia el este por la Ruta Nacional 52. Una vez más, se asciende hasta llegar a un abra a 4170 m.s.n.m. Allí todo se pinta de los colores característicos de la zona de la Cordillera Oriental. A partir de ahí comienza el descenso por la Cuesta de Lipán, nombre que recibe este camino donde el paisaje cambia tan rápido como se pierden metros.

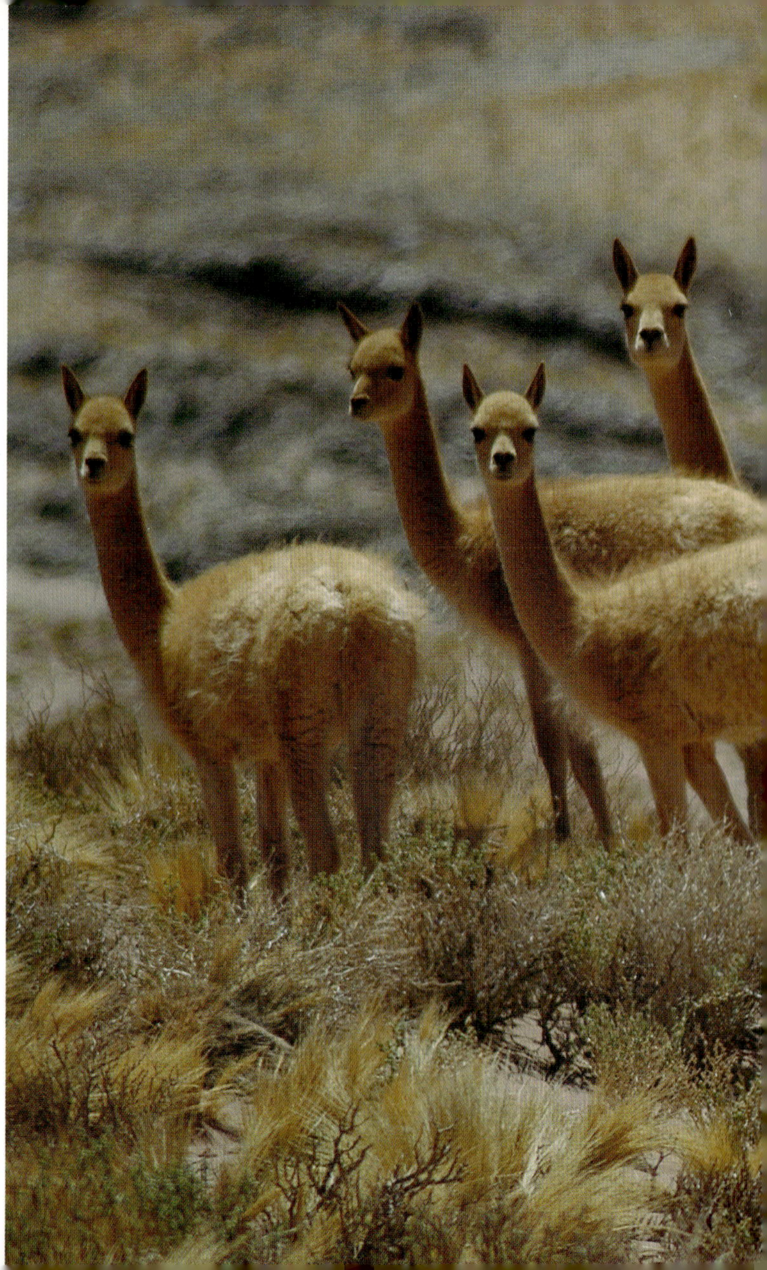

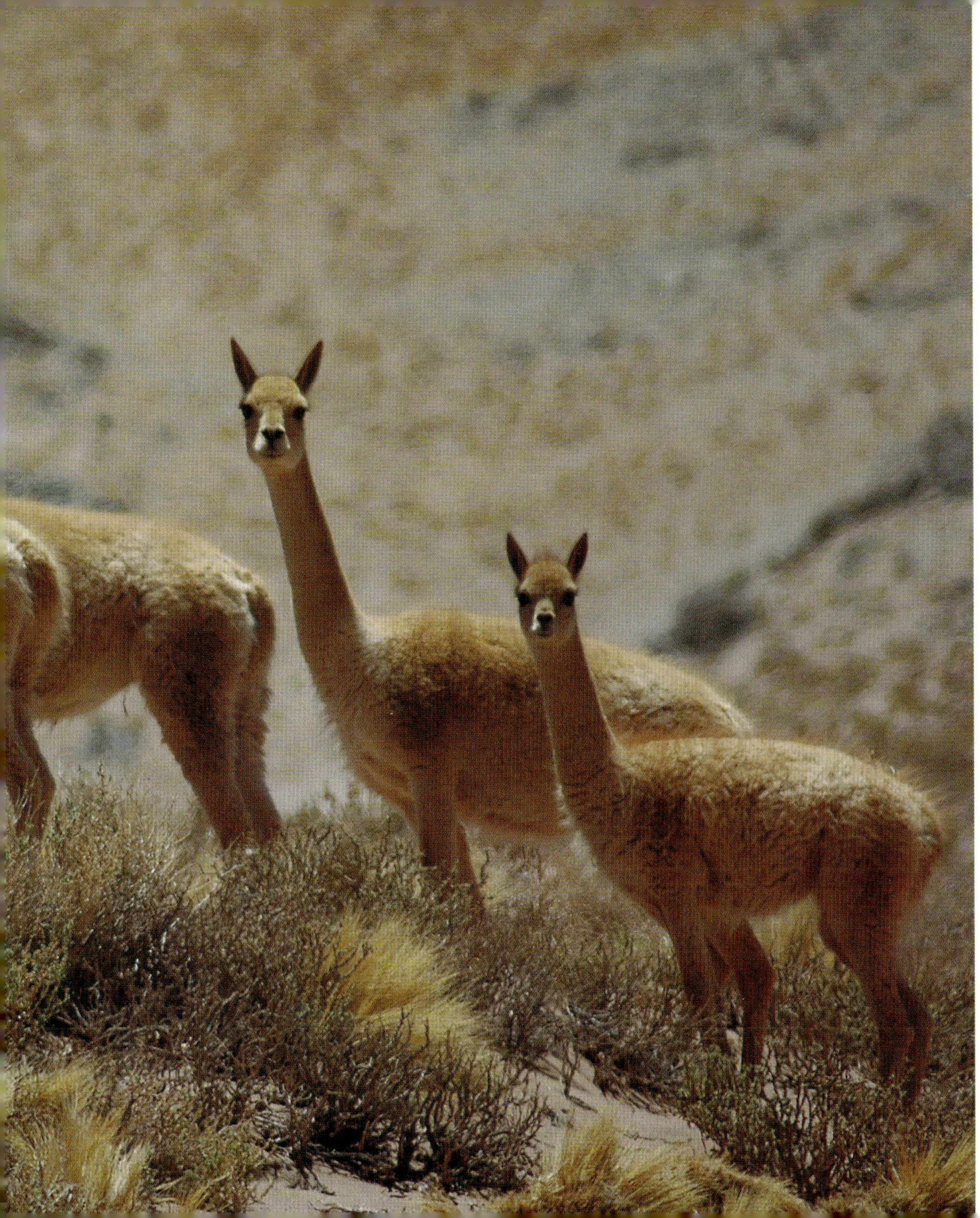

Vicuñas (Vicugna vicugna). Éste es uno de los cuatro camélidos andinos. Son salvajes y una especie amenazada, ya que durante años ha sido diezmada por cazadores a causa de su pelaje, pues los tejidos hechos con su vellón son muy apreciados.

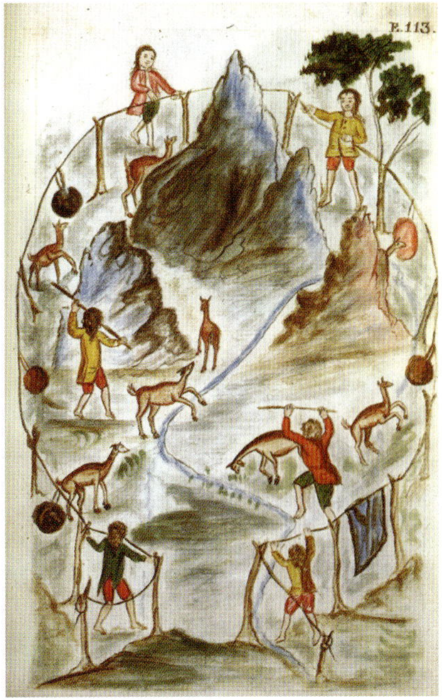

Martínez Compañón (1735–1797), Chaco de Vicuñas.

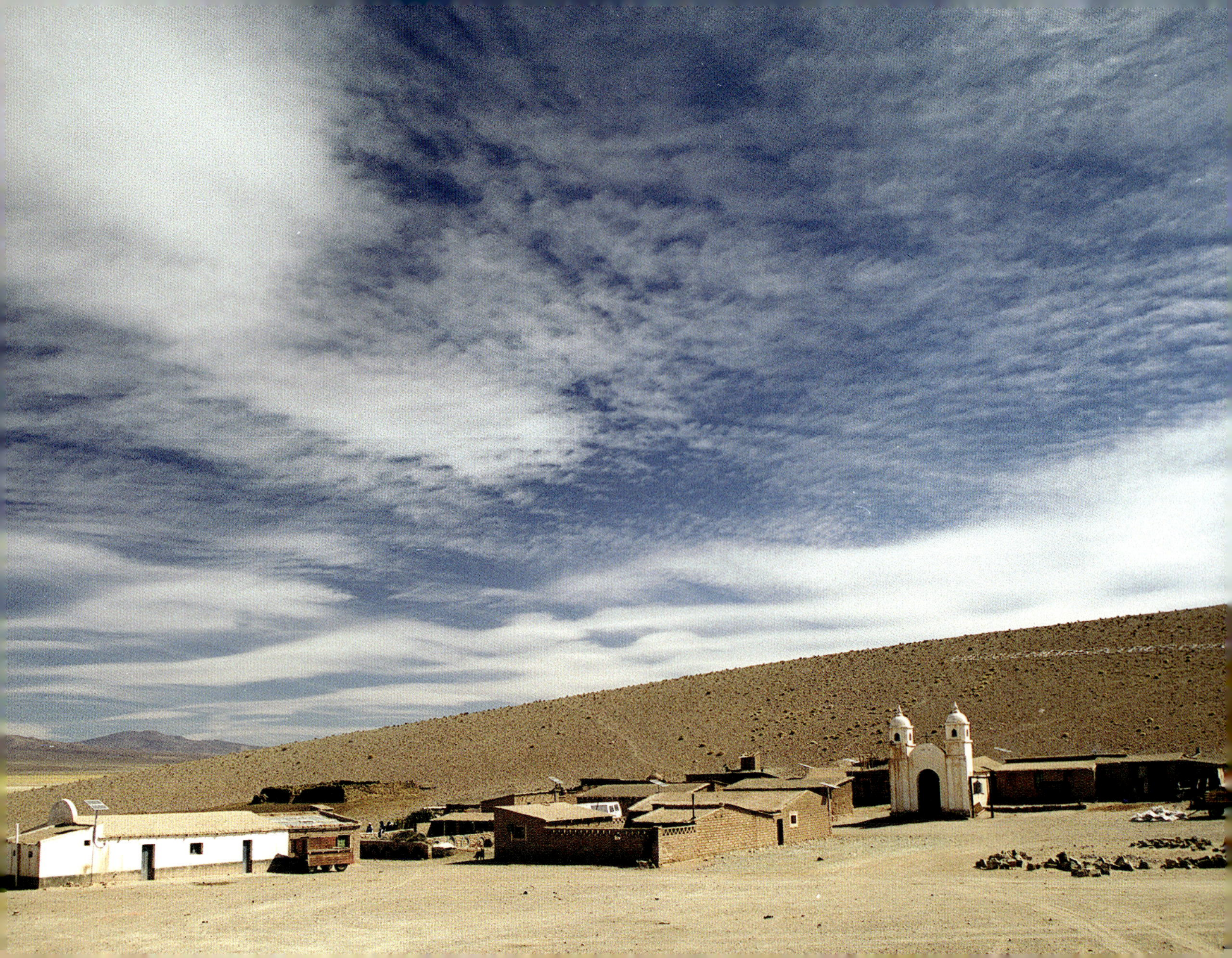

Abajo espera el pueblo de Purmamarca. Su proximidad está anunciada por casas cada vez más cercanas entre sí, rodeadas de frutales y cultivos de maíz, pimientos y verduras.

Los colores de las montañas despliegan toda su paleta, llegar a la tarde permite verlos en toda su grandiosidad.

Ingresamos al pueblo y nos encontramos con una plaza llena de lugareños que ofrecen sus artesanías. Los edificios principales la rodean, como es tradicional en todo poblado hispánico, sólo que aquí el tiempo se detuvo y el encanto de siglos pasados perdura.

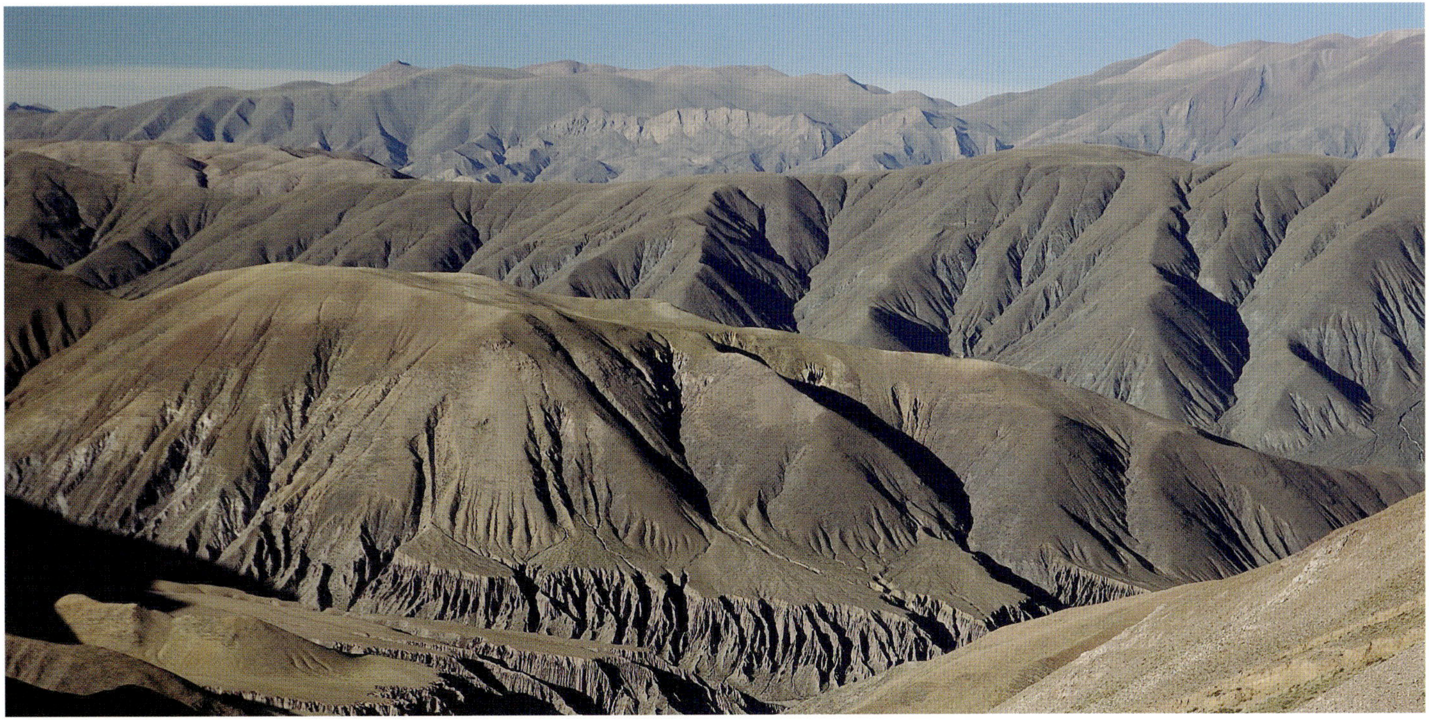

Vista de la Cuesta de Lipán al comenzar el descenso hacia Purmamarca.

Pueblo de Tres Morros, a orillas de las Salinas. (pág. 106)

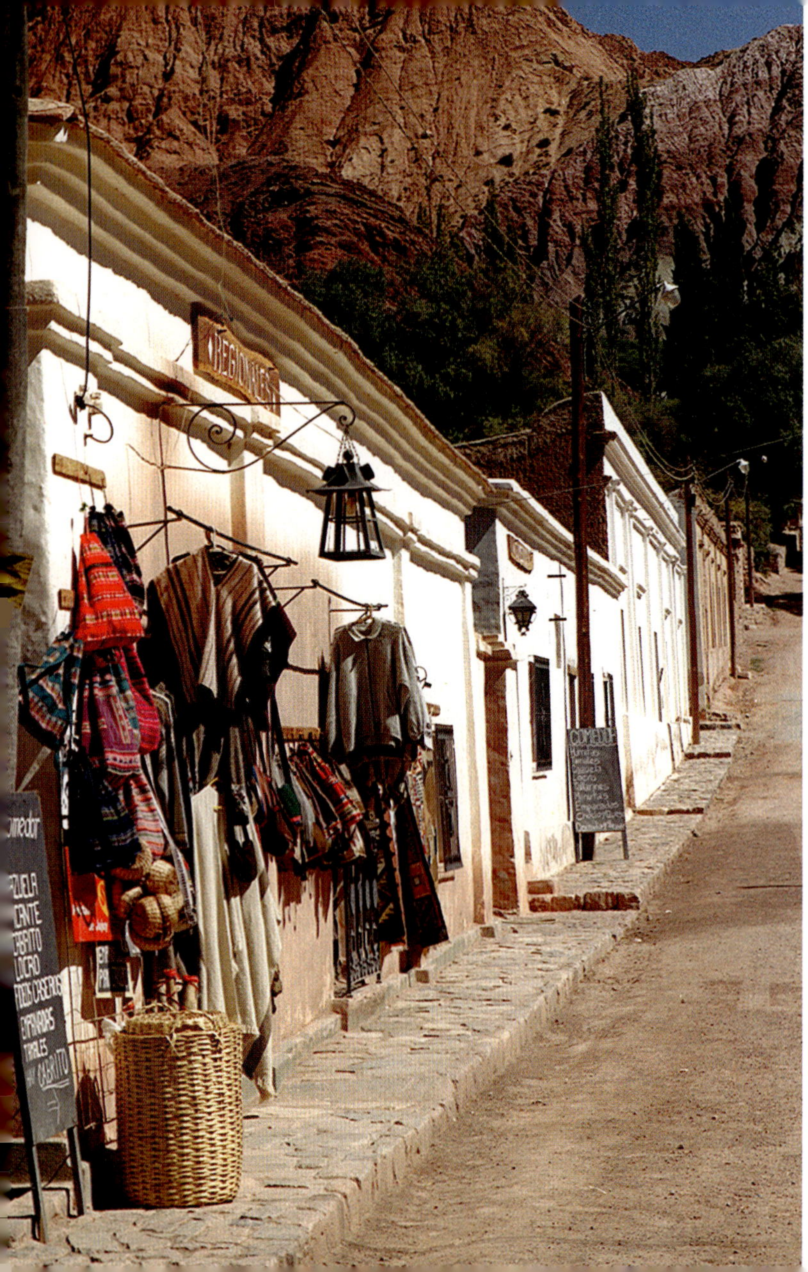

Quebrada de Humahuaca e Iruya

La Quebrada de Humahaca debe su nombre a la tribu de los Omaguacas, sus pobladores originales.

En el año 2003 fue declarada Patrimonio de la Humanidad por la UNESCO, para resguardar sus cambiantes paisajes y la riqueza cultural y arqueológica que alberga.

Es un corredor natural de 170 kilómetros de largo que une la región norte de Argentina con el Altiplano, repartido entre Chile, Argentina, Bolivia y Perú. Aquí las tradiciones de sus habitantes datan de tiempos prehispánicos.

Tejido, cerámica, cultivo de hortalizas; comercio, trueque; cría de llamas, cabras y ovejas. Las actividades de este rincón del norte argentino lo convierten en un lugar para recorrer con los sentidos bien despiertos.

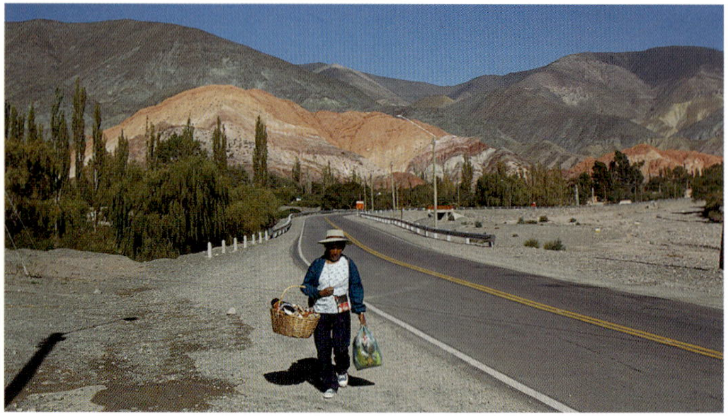

Ruta Nacional 52 y atrás el Cerro de los Siete Colores.

Calle en Purmamarca.

Señora en antiguo Cabildo de Purmamarca.

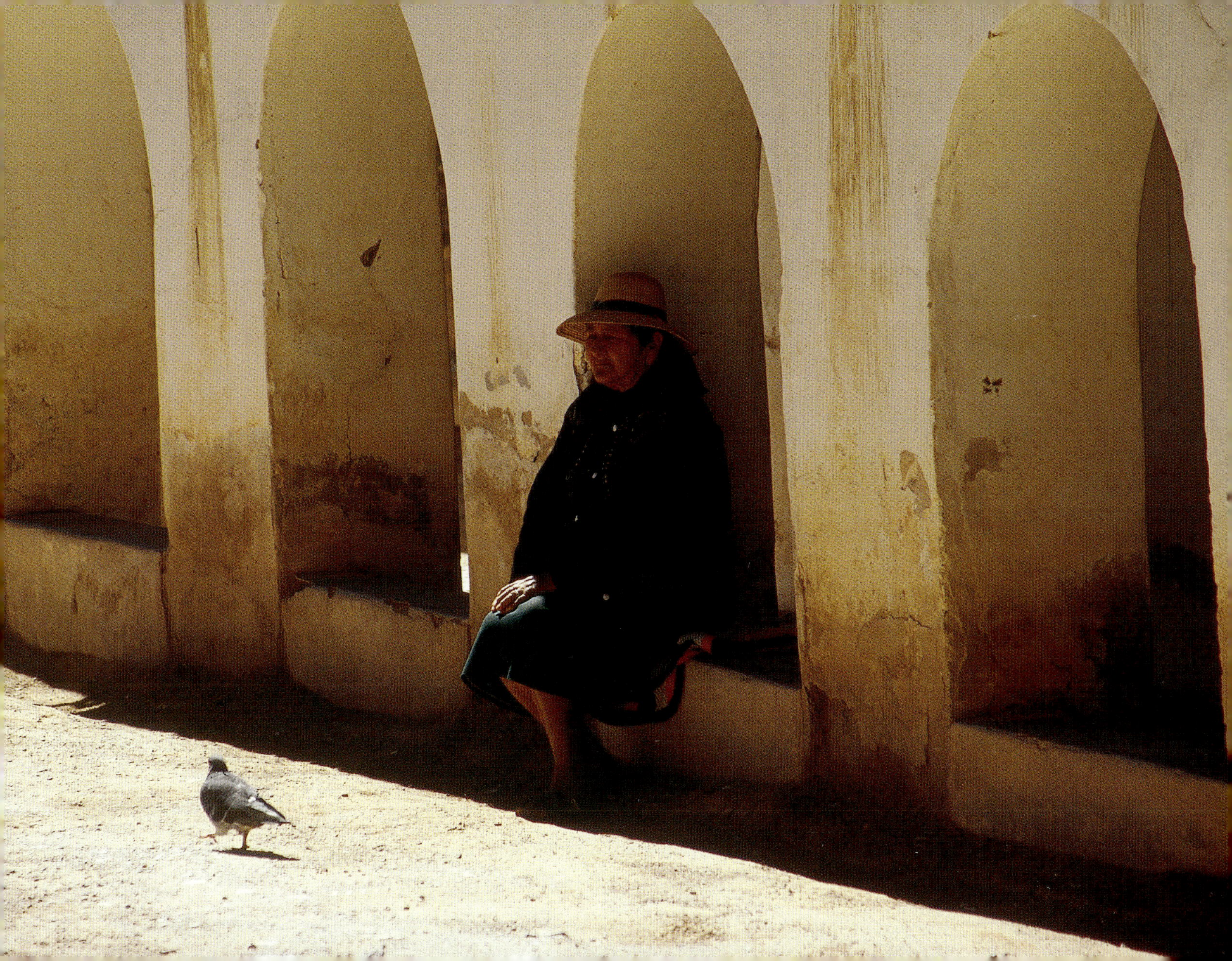

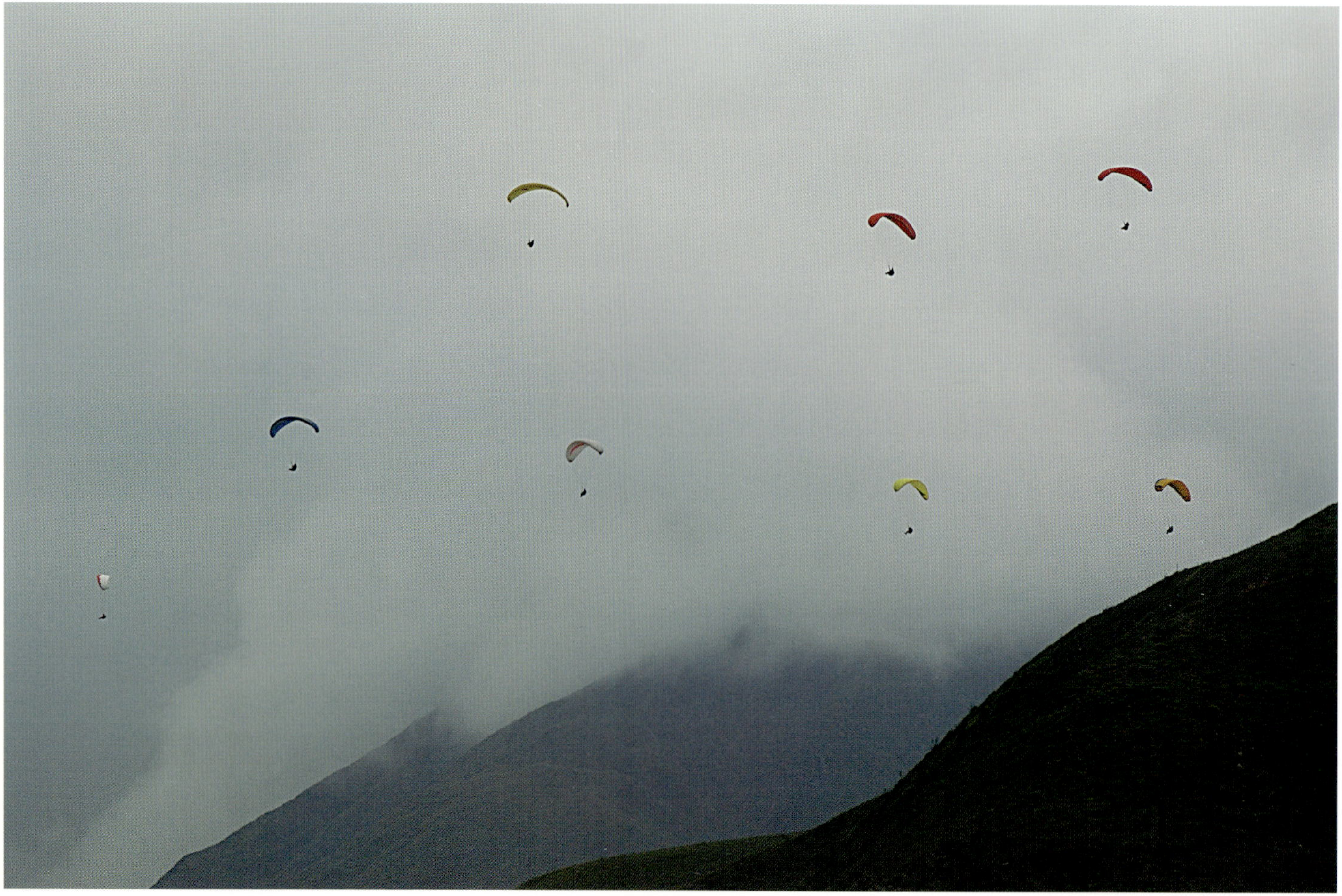

Parapentes en la zona de Volcán.

Desde la ciudad de San Salvador de Jujuy, por la Ruta Nacional 9 en dirección norte se llega a Yala. El estrechamiento del valle da lugar a la Quebrada. El camino corre junto al Río Grande, desde aquí hasta Tres Cruces.

En la zona de Volcán alcanzamos los 2000 m.s.n.m. y cuando abajo en el valle está nublado, aquí es donde se atraviesan las nubes. Hasta esta altura se encuentran árboles creciendo en las laderas protegidas, más arriba sólo hay pastizales. A medida que ascendemos, cactus, matas con espinas y arriba, lejos en las montañas, el singular árbol de queñoa *(Polylepis australis)*.

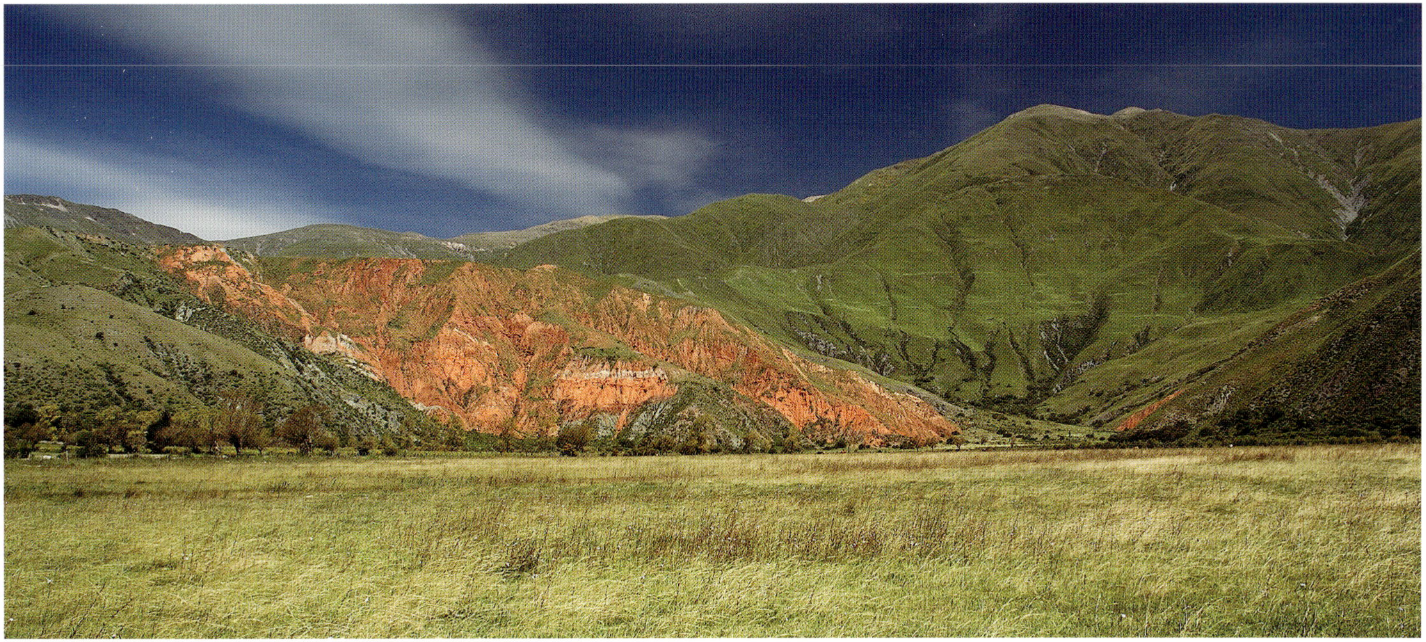

Volcán. Aparecen los colores.

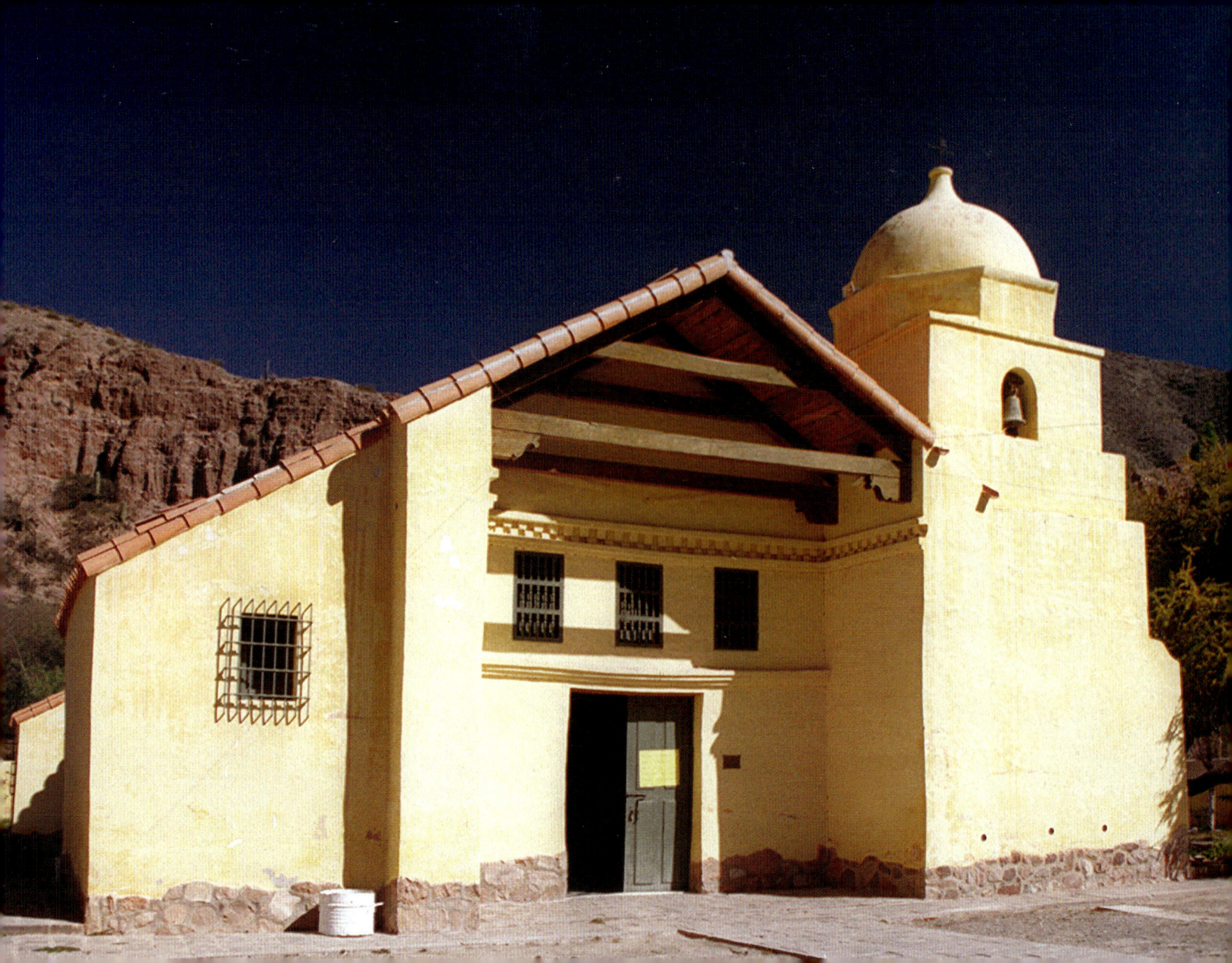

Un poco más adelante, cerca de Tumbaya, aparecen los primeros cardones *(Trichocereus sp.)*. Si pasamos por este pueblo durante Semana Santa, quizás tendremos la oportunidad de cruzarnos con una procesión que baja de los cerros al compás de los sikuris.

La Quebrada se estrecha. Al este se levantan las serranías de Zenta; al oeste los Andes Orientales que en sus alturas esconden la Puna. A ella se puede llegar desde Purmamarca por la Cuesta de Lipán.

Purmamarca, situada casi en la confluencia del Río Purmamarca con el Grande, creció al pie del famoso Cerro de los Siete Colores. Es uno de los poblados con mayor personalidad de la Quebrada. Allí encontramos la Iglesia de Santa Rosa de Lima y el Cabildo más pequeño de la Argentina, que hoy funciona como biblioteca popular.

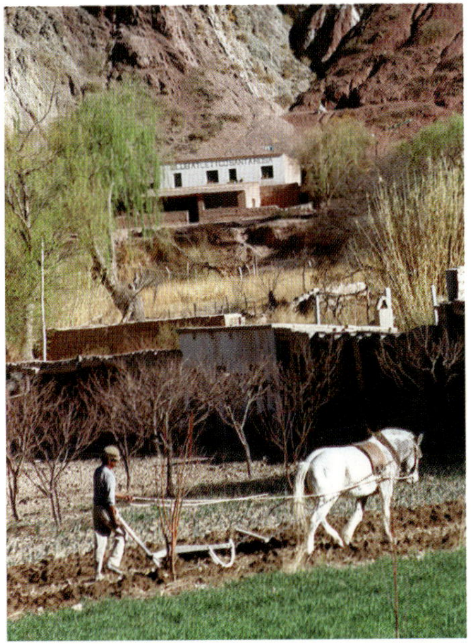

Purmamarca. Labrando la tierra.

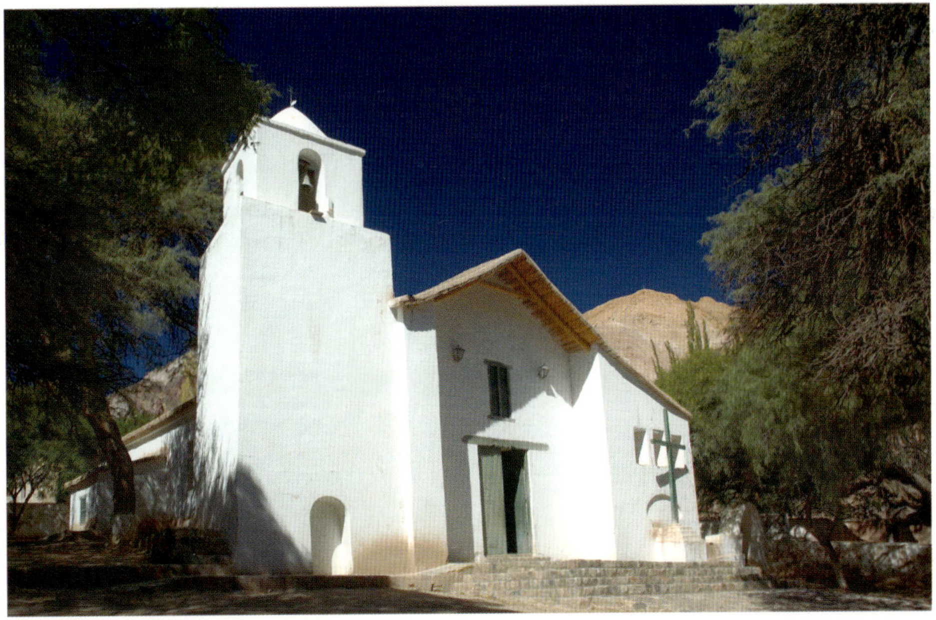

Purmamarca. Iglesia de Santa Rosa de Lima, de 1648.

Iglesia de Tumbaya, data de 1796 y conserva pinturas de la escuela Cuzqueña. (pág. 112)

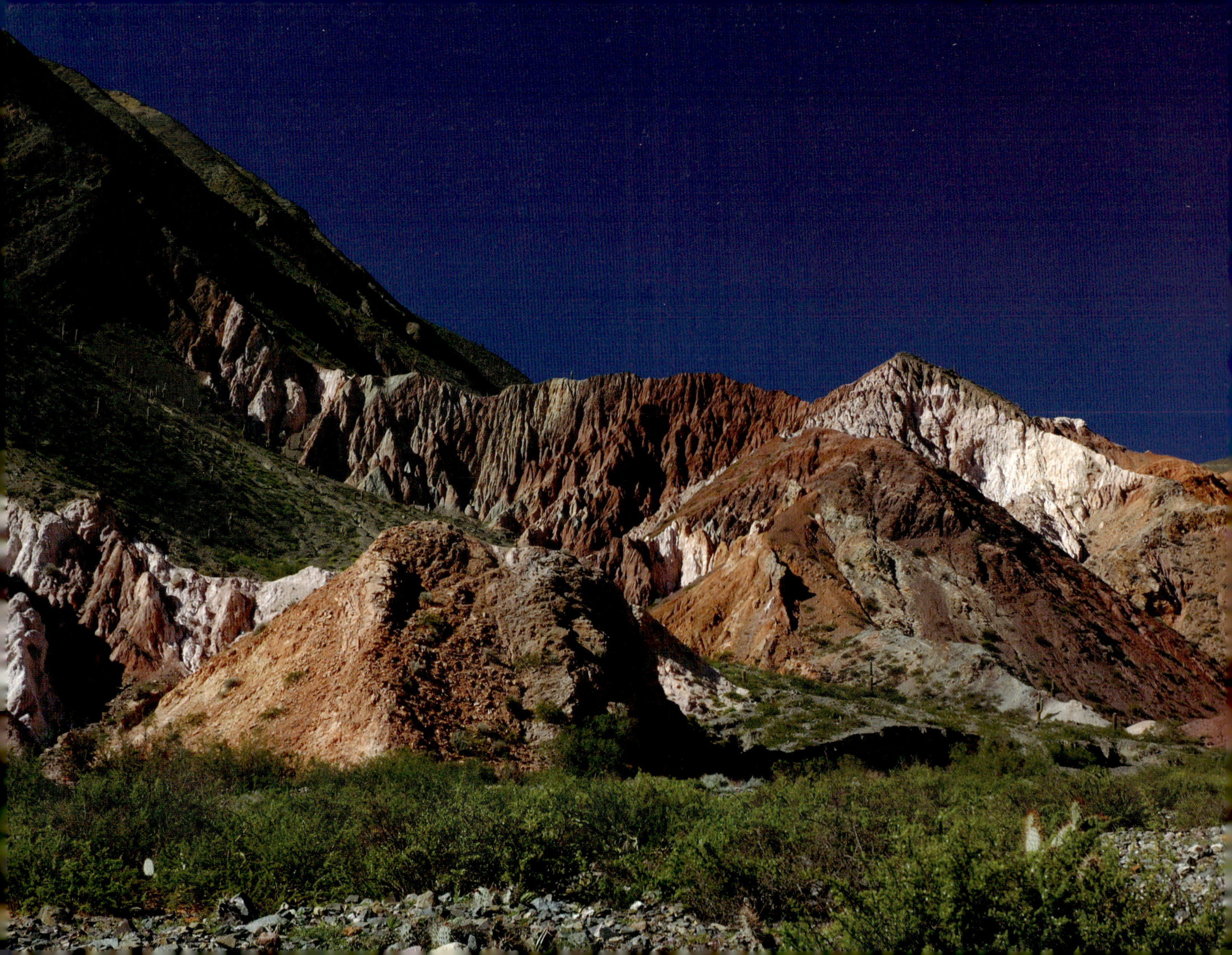

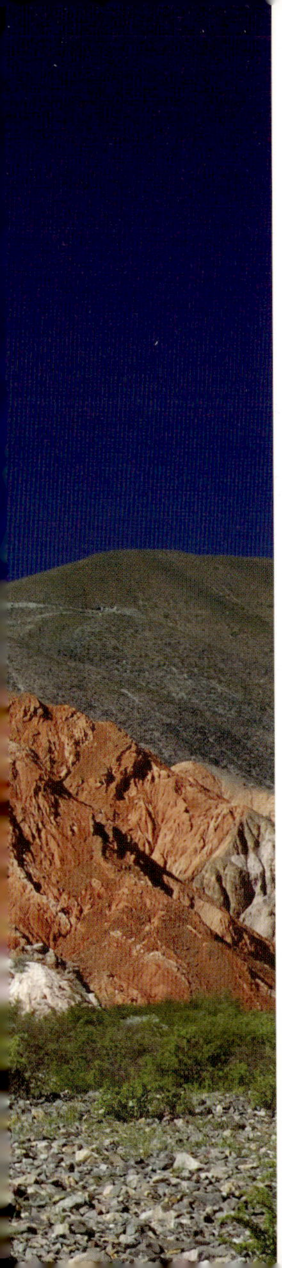

115

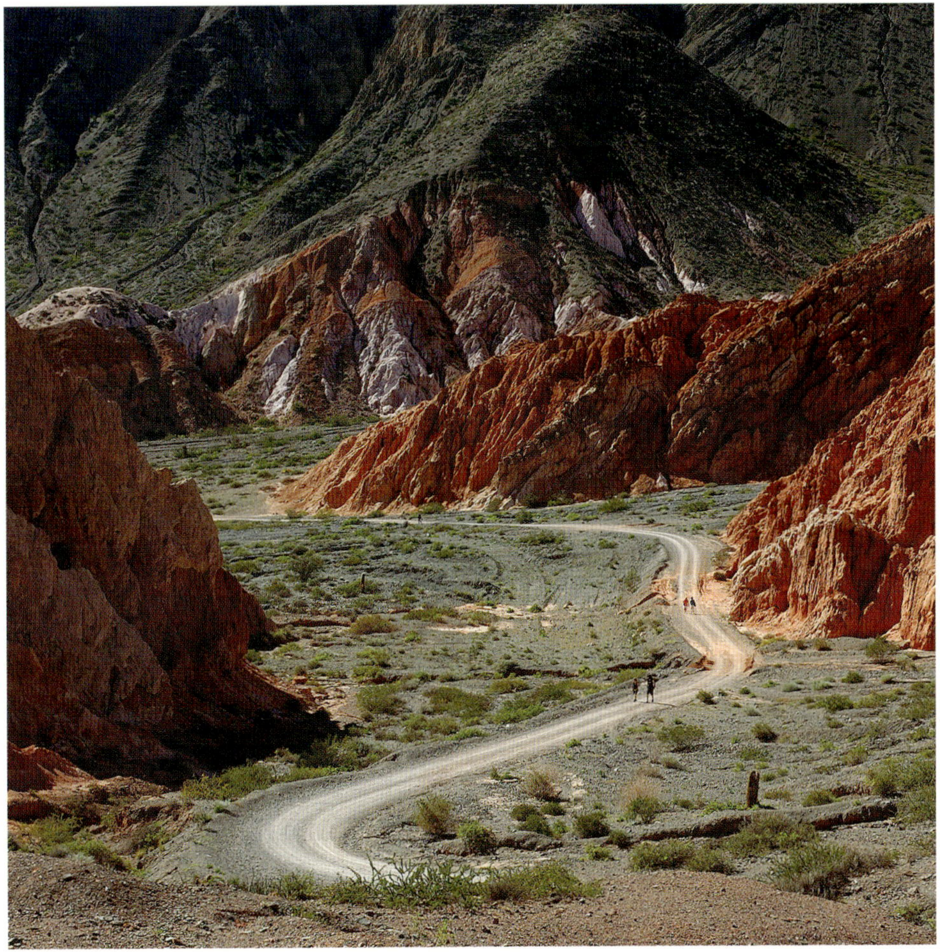

El Paseo de Los Colorados, Purmamarca.

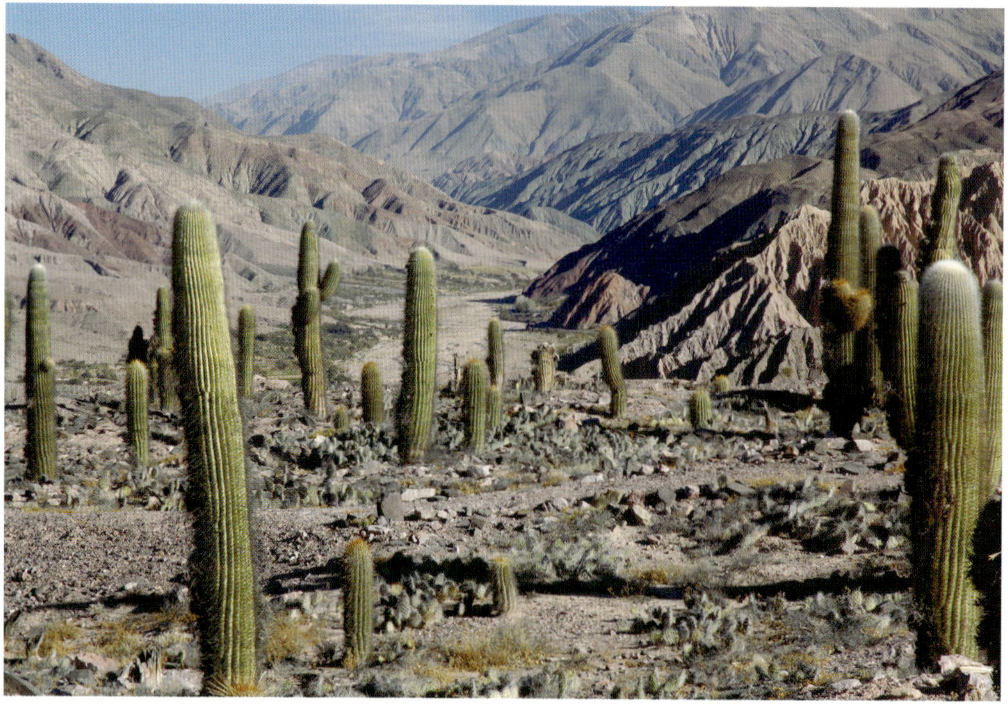

Ruinas del Pucará de Hornillos.

El camino sigue hacia el Norte, y pronto nos encontramos con La Posta de Hornillos levantada como apoyo a los viajeros que realizaban la travesía entre Buenos Aires y el Alto Perú en la época virreinal. Las mercaderías eran transportadas en carretas hasta la boca de la Quebrada de Humahuaca, pero como a partir de allí la escabrosidad del terreno les impedía continuar, se mudaba la carga a tropillas de mulas.

Capilla de la Posta de Hornillos. Este lugar fue cuartel general durante las guerras de la independencia. (pág. 117)

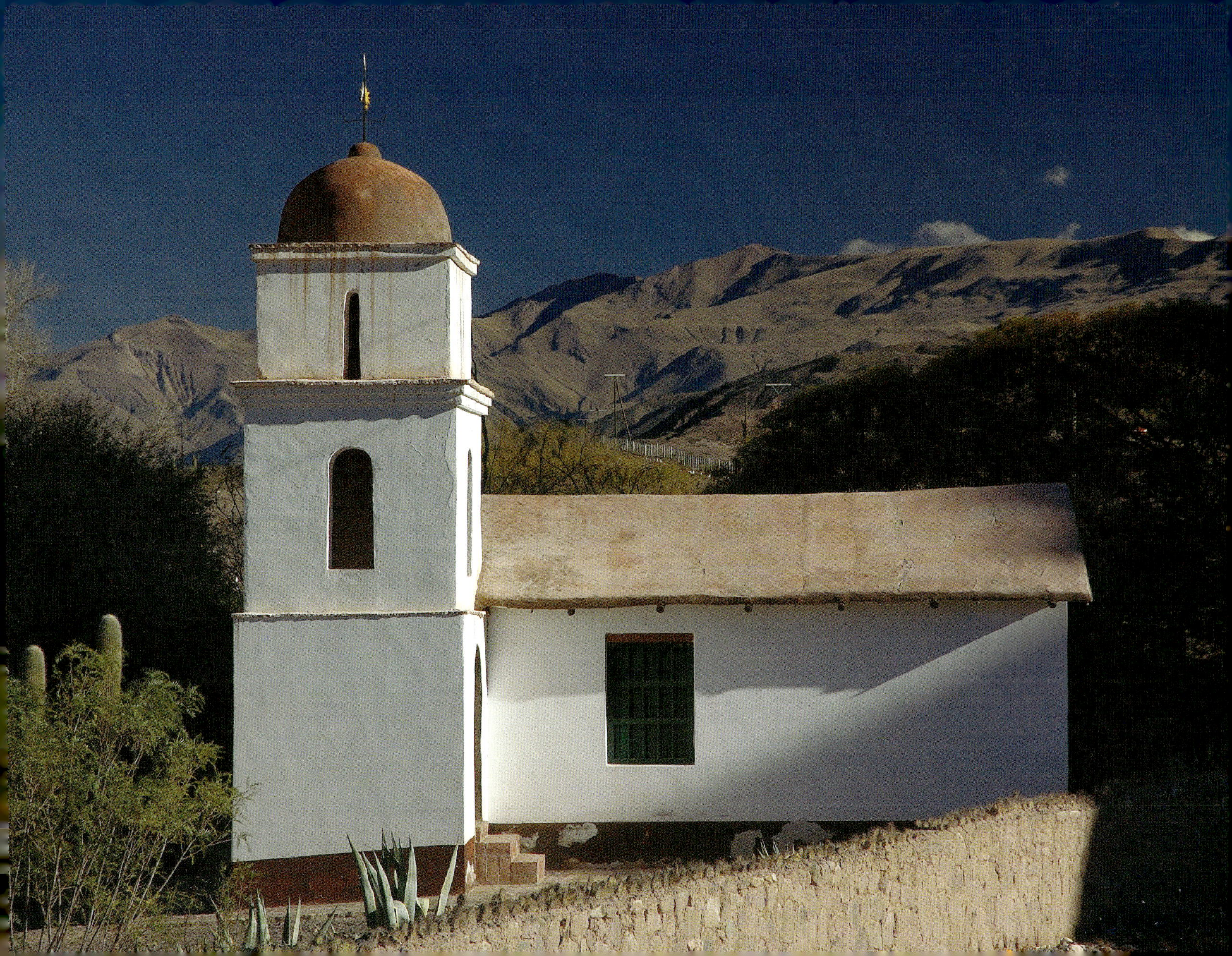

Sigue Maimará con su producción de flores; sus montañas multicolores asombran al viajero.

Tilcara está al pie del pucará del mismo nombre, con ruinas parcialmente reconstruidas. Pucará significa fortaleza, mirador. Éste es uno de los tantos de la Quebrada, situados estratégicamente para controlar el paso de todo aquel que intentara pasar por ella. Tilcara, Perchel, Juella, Yacoraite… nombres para buscar en el mapa y descubrir.

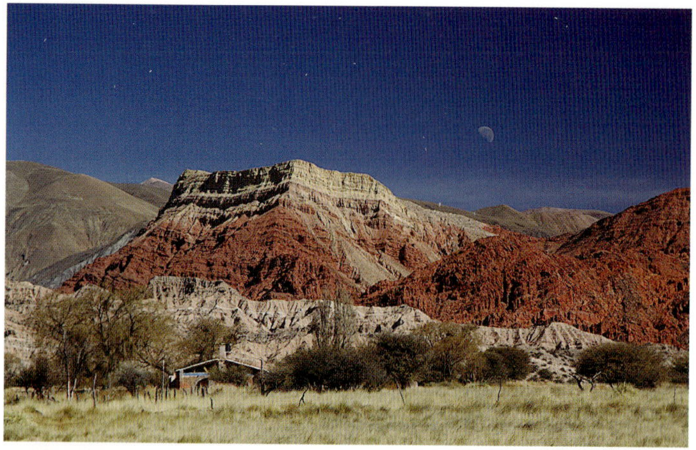

Cerro Pollera, Yacoraite.

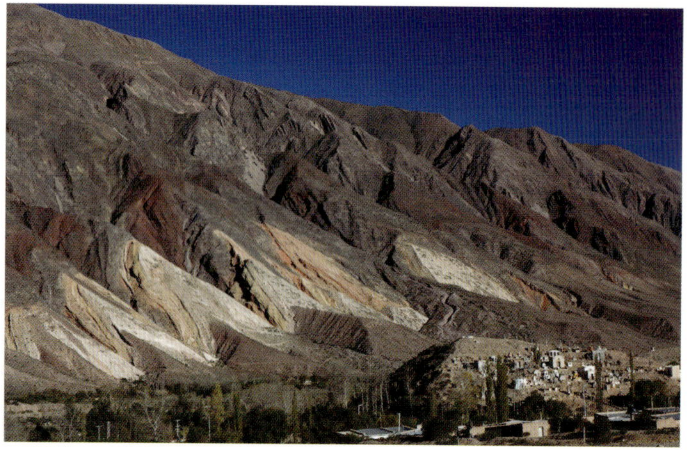

Cerro Paleta del Pintor, Maimará.

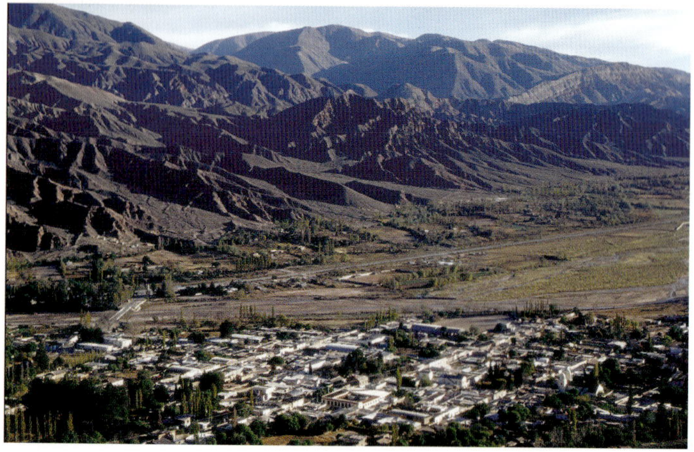

Pueblo de Tilcara.

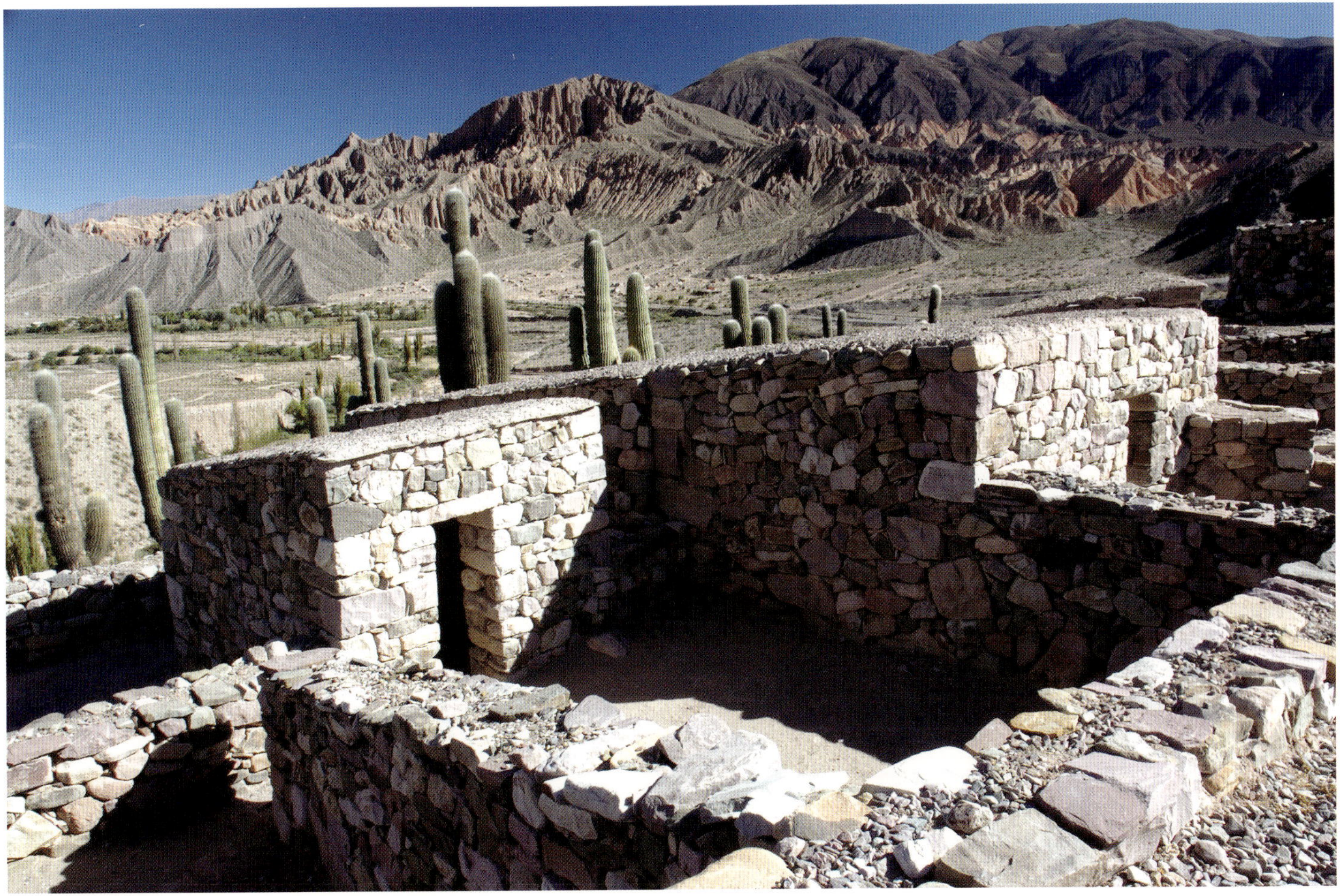

Pucará de Tilcara.

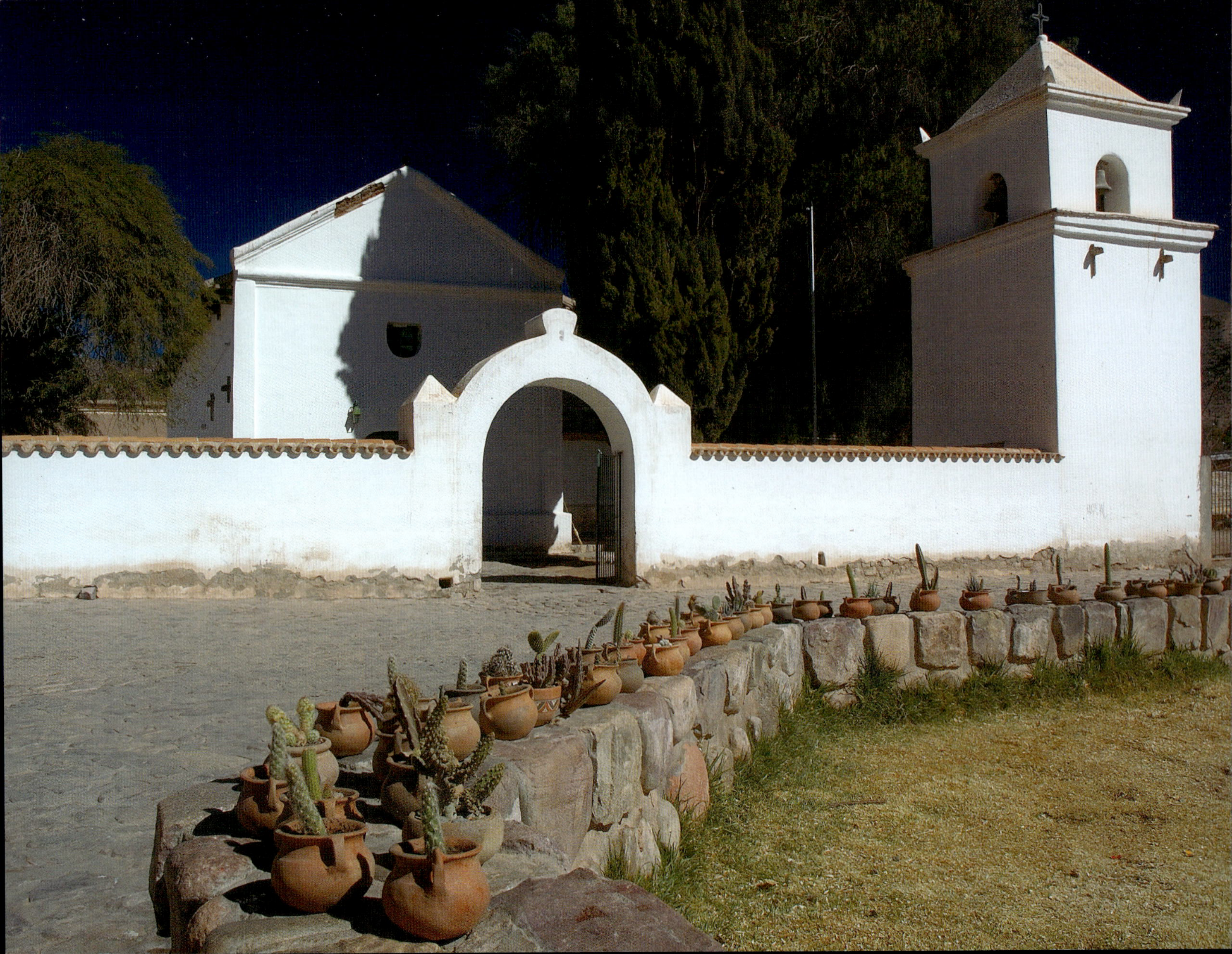

Antes de llegar a Huacalera se cruza el Trópico de Capricornio. Estamos a 23°27' de latitud sur.

El paisaje se ensancha y la aridez se impone. Salimos de la ruta, y bajando en dirección al río, entramos en Humahuaca, la ciudad más grande de la región, fundada sobre un tampu Inca. En su mercado encontramos una mezcla de productos de Argentina, Bolivia y Chile.

Las calles son estrechas y empedradas; las fachadas de las casas muestran una escenografía diferente a las otras de la región.

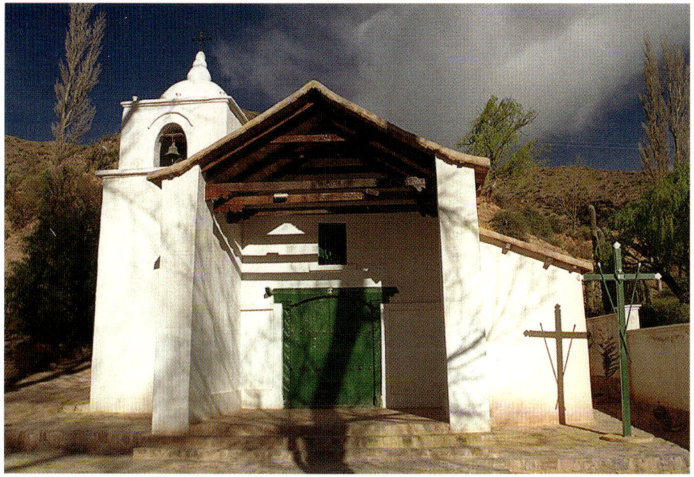

Iglesia de Huacalera, siglo xvii.

Uquía. Iglesia de San Francisco de Pula, siglo xvii. (pág. 120)

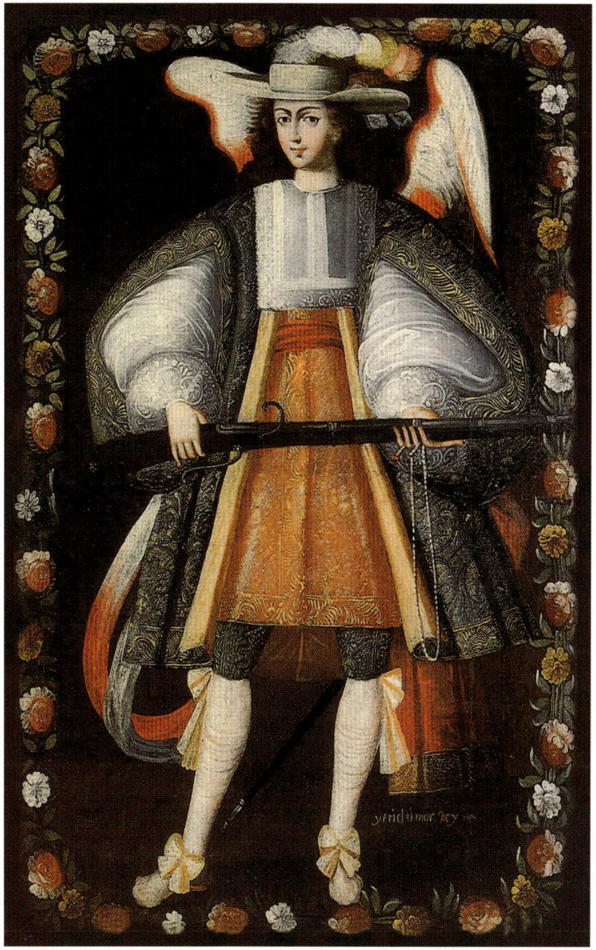

Ángel Yeriel, Iglesia de San Francisco de Paula, Uquía, siglo xvii.

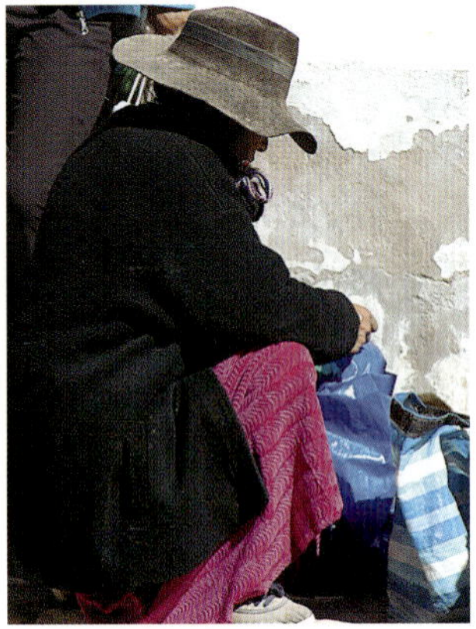

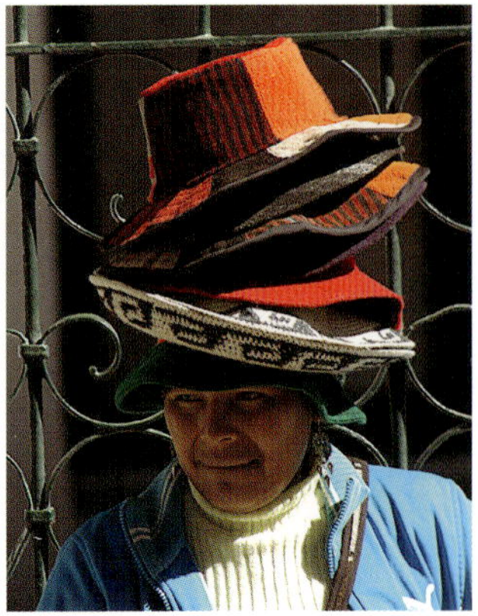

Humahuaca. Vendedoras de hojas de coca y de sombreros.

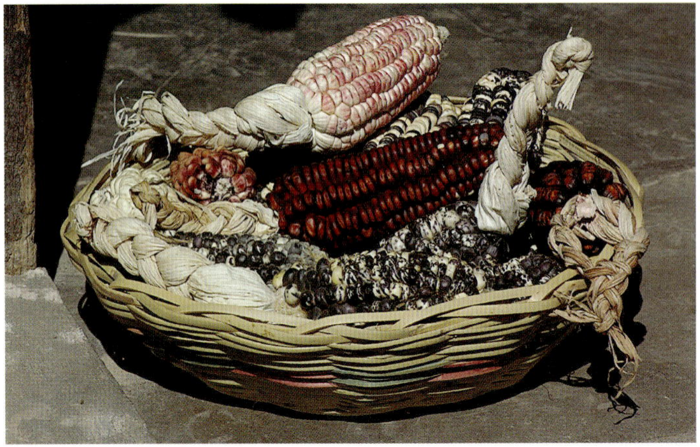

Maíz.

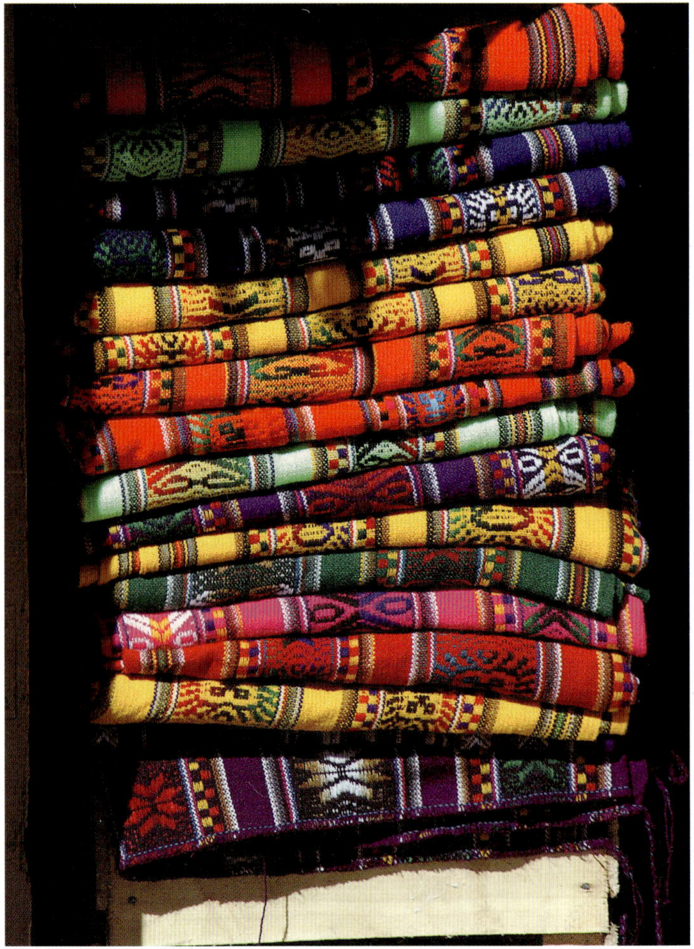

Aguayos.

En la Quebrada es clara la fusión de las tradiciones andinas con las europeas. Lo vemos en fiestas, carnavales y misachicos; llenos de colores, música y viento.

Todo cambia con el transcurrir de las estaciones del año. Lluvia y ríos crecidos color barro que permiten cosechas de flores y verduras. Heladas y sol, más el Viento Norte que vuela con la aridez de la Puna. El culto a la Pachamama. Y más tarde las ceremonias pidiendo lluvia, para que todo vuelva a comenzar.

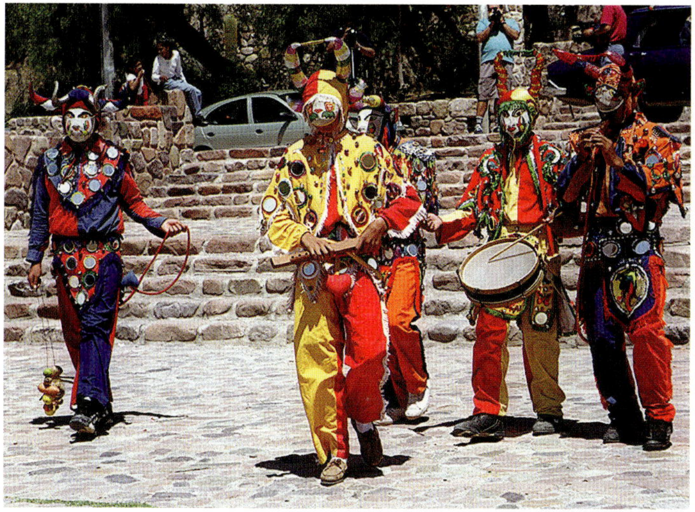

Carnaval en Humahuaca. Fiesta plena de sincretismo cultural.

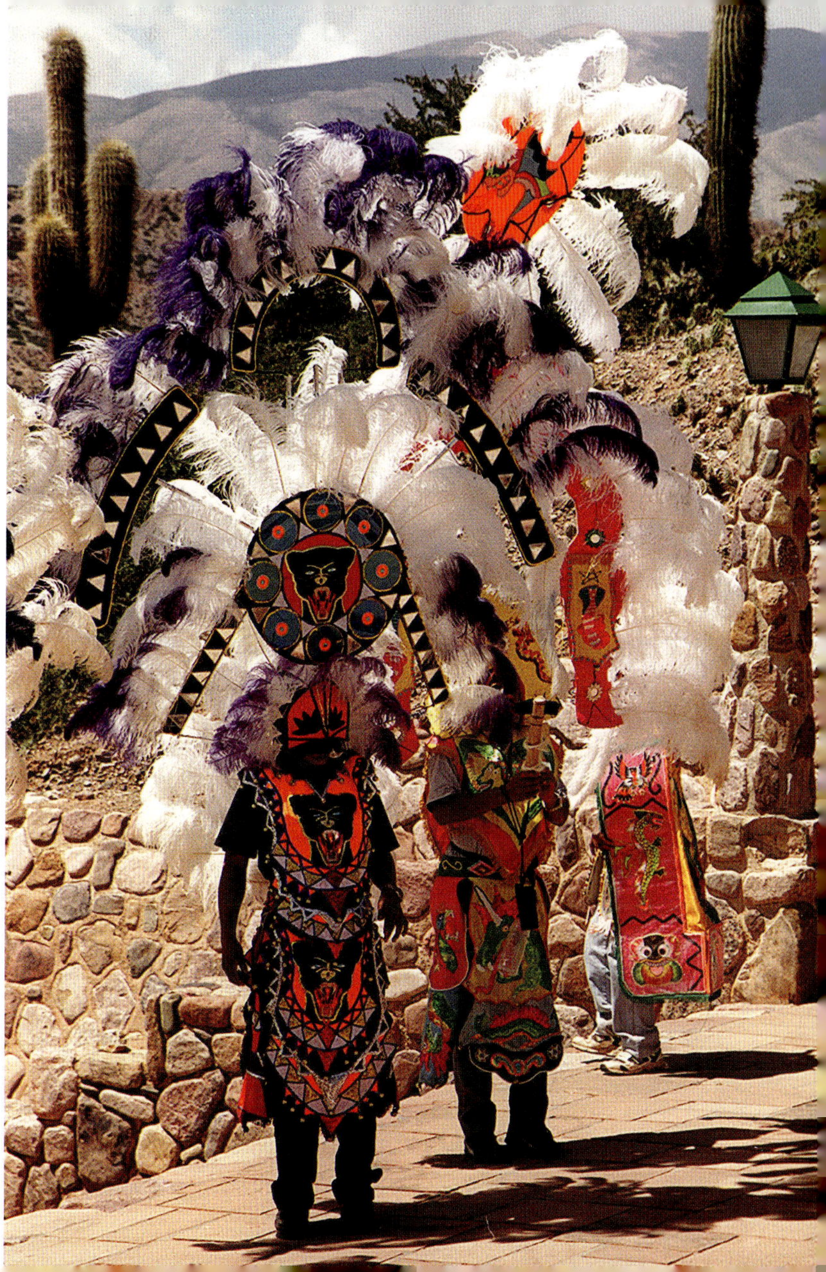

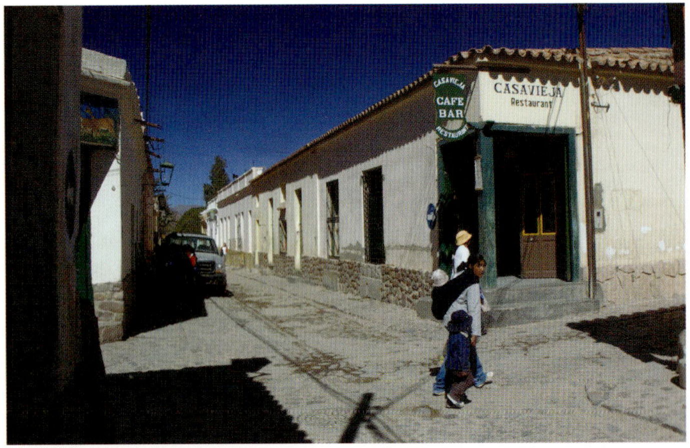

Calle de Humahuaca.

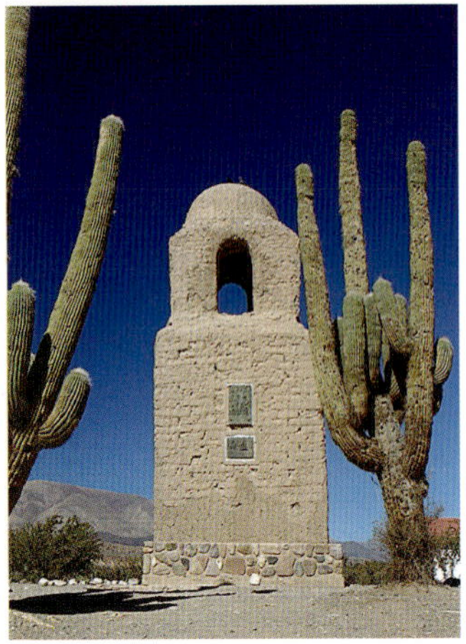

Torre de Santa Barbara, siglo xix, usada por los españoles como fuerte.

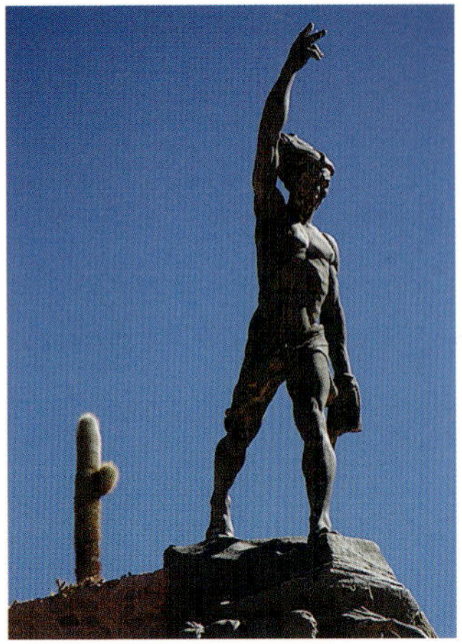

Monumento a la Independencia, de 1950.

Unos kilómetros después de Humahuaca hay un camino que sale hacia las serranías del Este, con un cartel que indica Iruya entre otros nombres propios de la cultura del Norte.

Iruya es un regalo escondido. Ir, descubrir, transitar este camino de mil curvas nos llenará de alegría.

Serpenteando sobre lomas de pasto y piedras, cruzamos el pueblo de Iturbe, con su otrora importante estación del tren que llevaba a la Quiaca, perteneciente al FC General Belgrano. Hoy, que el tren ya no corre más, su explanada sirve de cancha de fútbol para los niños de un pueblo de puertas y ventanas de colores que alegran las paredes de adobe.

Más adelante el camino cruza un río para seguir dentro del curso de otro menor. En estos lugares de sierras escarpadas, a veces sólo se puede transitar por el lecho del río ya que el resto del paisaje está formado por pendientes empinadas y poco firmes como para poder asentar allí un camino.

A medida que trepamos, el camino se hace más angosto, y las casas ya no son de adobe sino de piedra con techo de paja y barro. Los corrales también son de piedra.

Salvo algún sauce o álamo plantado hace años por la mano del hombre, en este paraje sólo hay pastizales. Los cardones se quedaron en la Quebrada, esta zona es demasiado alta para ellos. A la derecha vemos un coloso enorme de cumbres redondeadas, es El Morado, que debe su nombre al color de las tierras de su cumbre. Es probable que encontremos vicuñas, o algún guanaco que nos mire altivo.

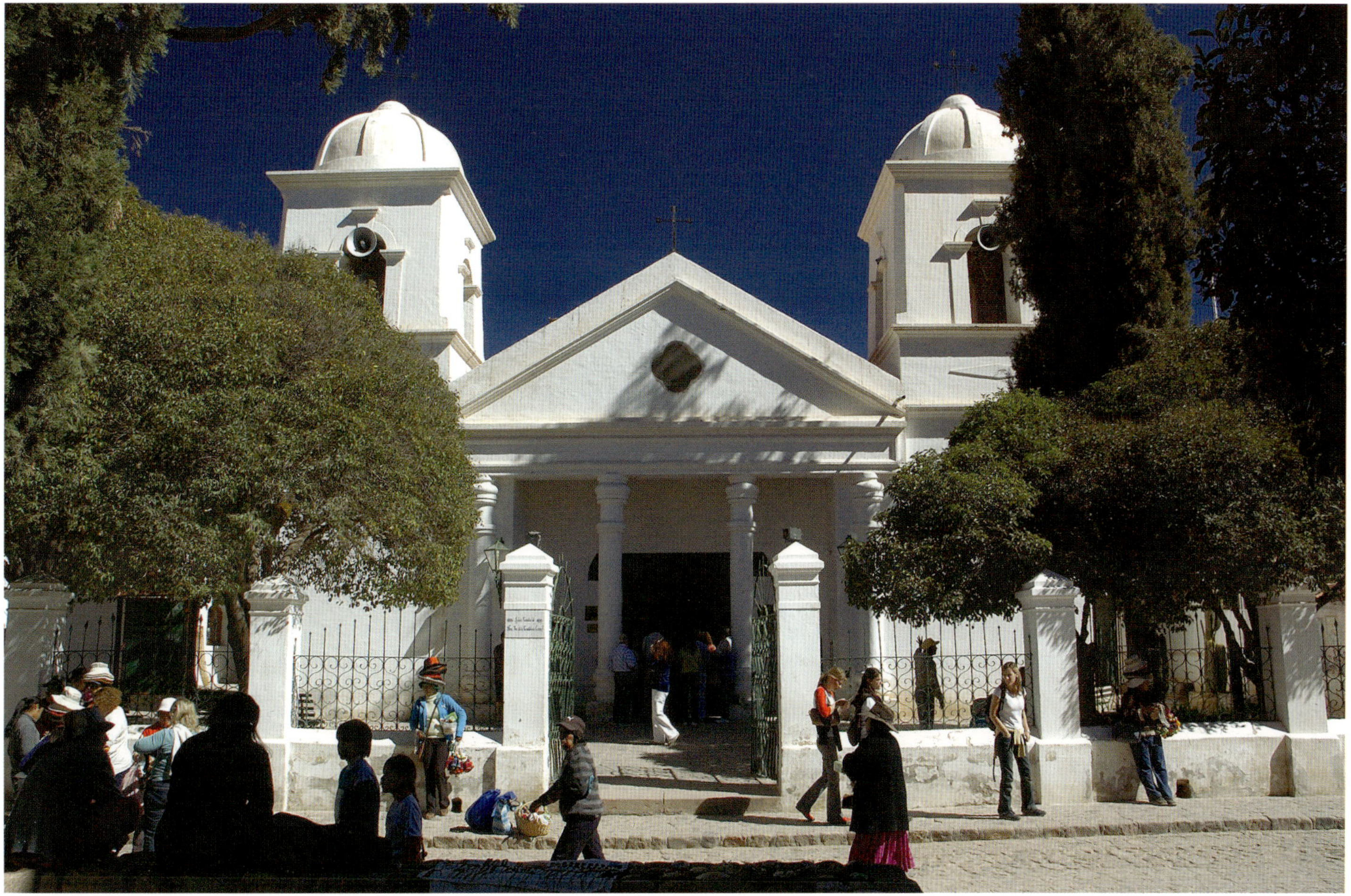

Catedral de Humahuaca, de 1641. Consagrada a Nuestra Señora de La Candelaria.

Llegamos al Abra El Cóndor, a 4.000 m.s.n.m., y desde allí comienza el descenso. El paisaje emociona.

Estamos en medio de las Sierras de Zenta. Las pendientes de las montañas caen a pique en todas direcciones erosionadas por los cursos de agua que bajan sólo en verano.

Finalmente llegamos a Iruya, nombre que, según los lugareños, deriva del vocablo Iruyoc, que en lengua indígena significa "sitio de pastizales abundantes".

Las casas están colgadas de las laderas y las calles empedradas trepan en pendientes casi imposibles.

Cada faldeo de las montañas circundantes esconde comunidades que no han alterado su ritmo de vida en años. Viven del comercio entre regiones de selvas tropicales al este y aquellas áridas del oeste. A estos lugares sólo se puede acceder a pie o en lomo de mula. Cada tanto llegan a Iruya las mulas cargadas de tejidos de llama, papas andinas o miel y frutos comestibles de otros climas. Entonces es un día de fiesta en Iruya: hay trueque, música, baile y misa en la Iglesia de San Roque.

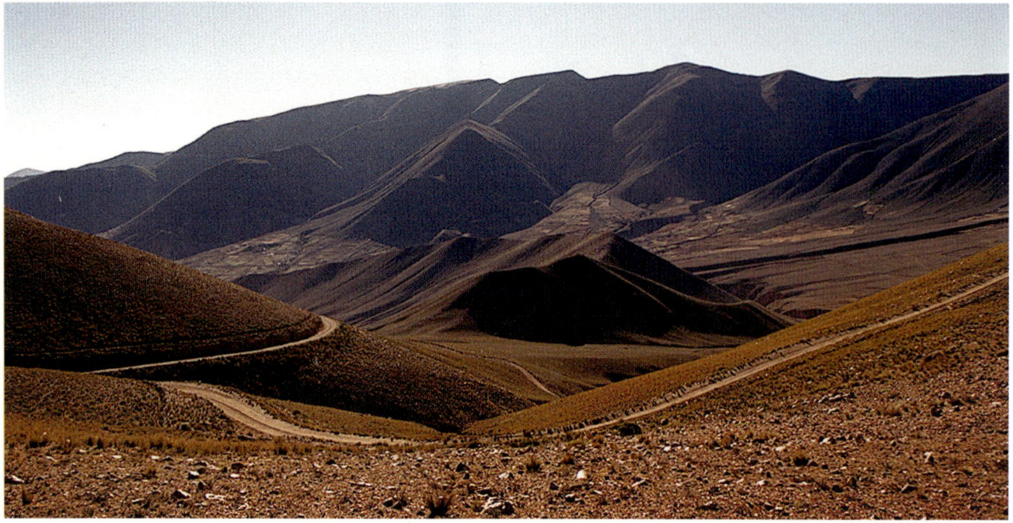

Vista hacia el este desde el Abra del Cóndor, a 4000 m.s.n.m.

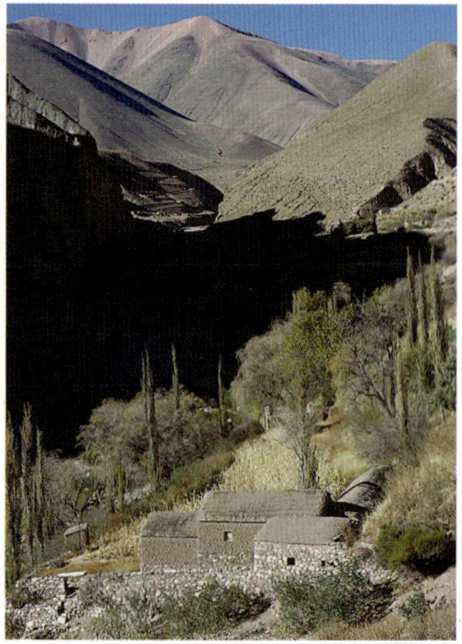

Casas de piedra camino a Iruya.

Iglesia de San Roque en Iruya. (pág. 127)

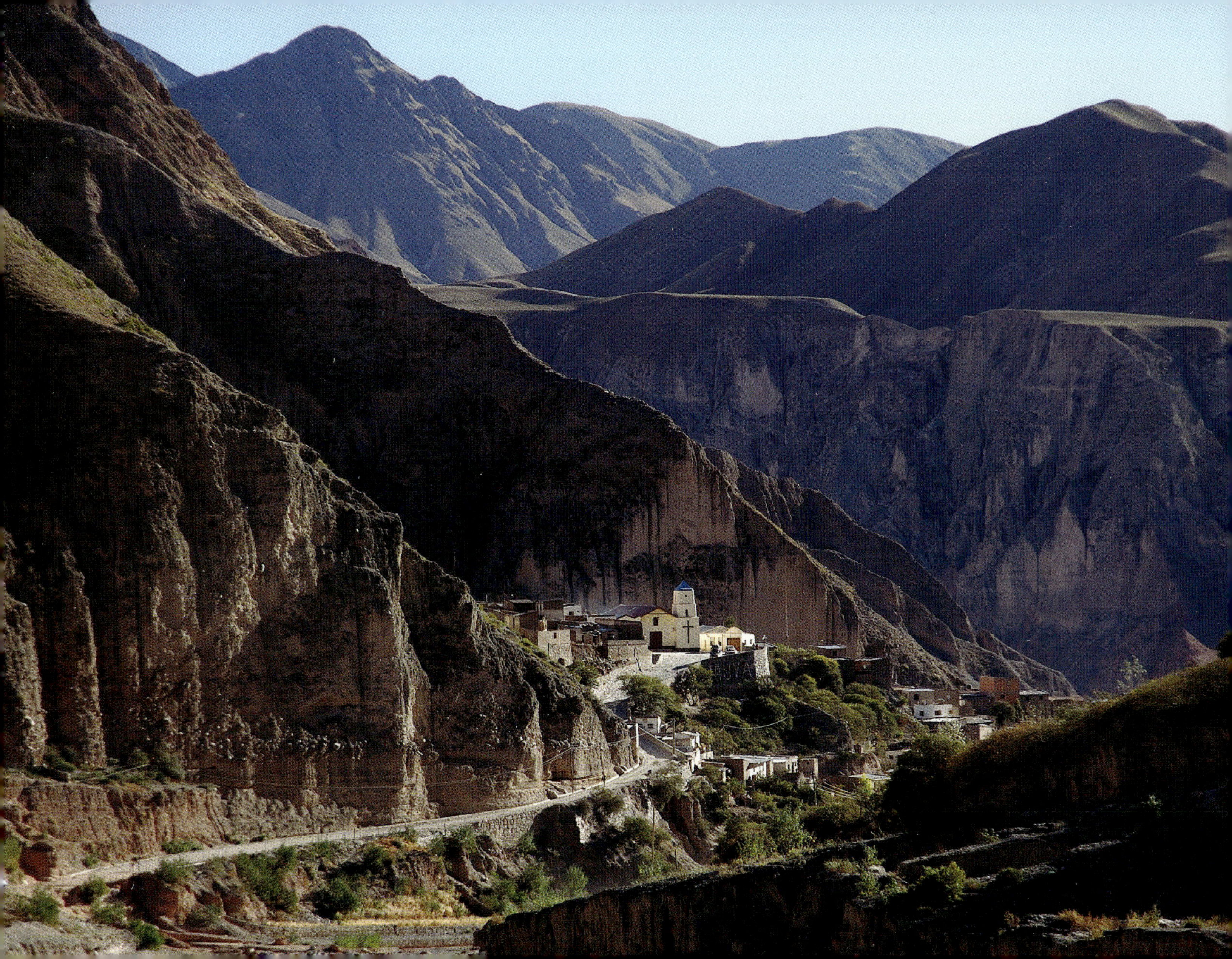

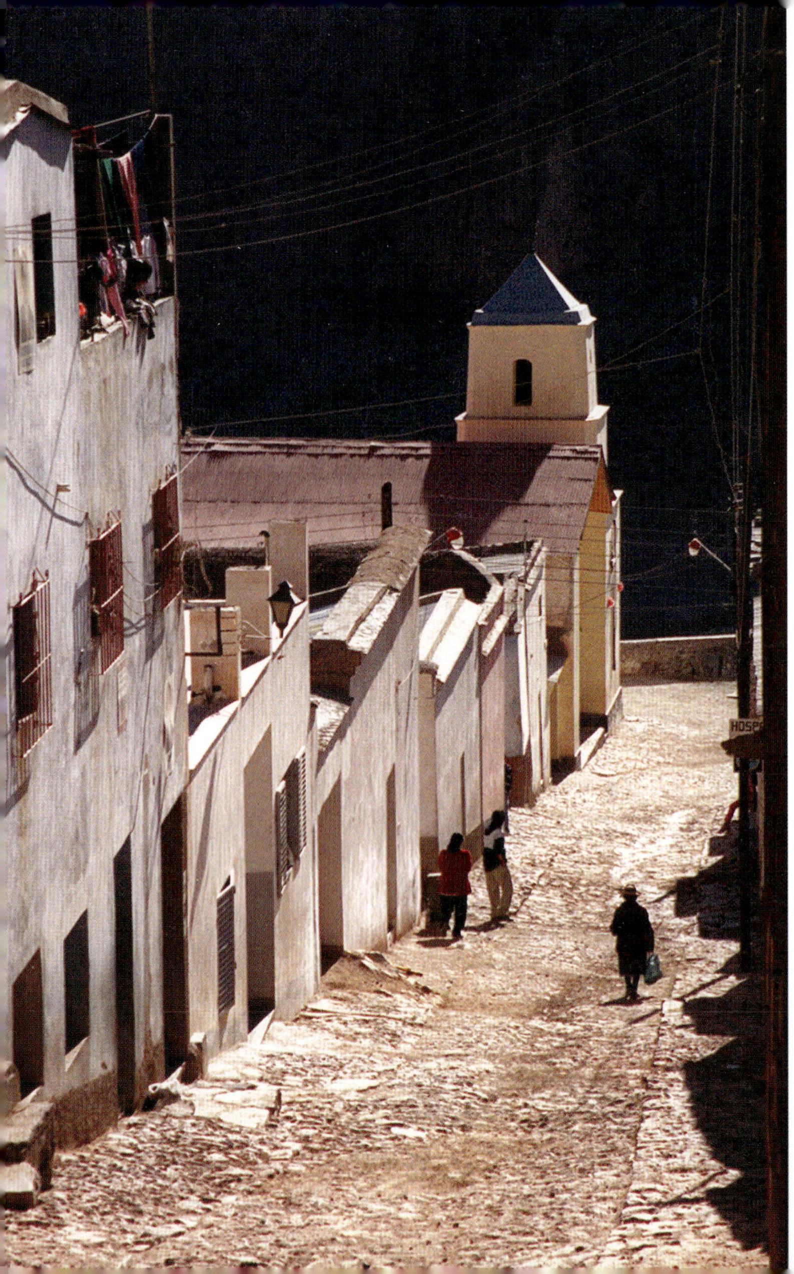

Índice

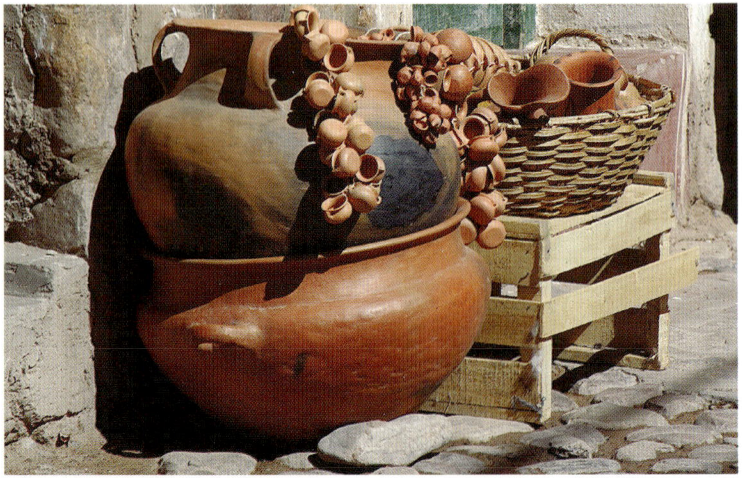

Calle de Iruya.